JN088216

朝鮮半島史

姜 在彦

角川文庫
22613

朝鮮半島史　目次

序章　半島的風土

第一章　朝鮮半島の古代

第二章　三国時代——高句麗・百済・新羅

第三章　統一新羅

第四章　高麗時代

第五章　朝鮮時代前期

第六章　朝鮮時代後期

第七章　朝鮮の近代

序章　半島的風土

長白山脈
白頭山
豆満江
咸鏡山脈
清津
白茂高原
蓋馬高原
鴨緑江
長津江
虚川江
摩天嶺山脈
狼林山脈
赴戦江
城津
赴戦嶺山脈
妙香山
清川江
興南
大同江
ピョンヤン
臨津江
金剛山
東海(日本海)
九月山
礼成江
雪岳山
五台山
漢江
ソウル
江華島
太白山脈
太白山
小白山脈
西海(黄海)
錦江
智異山
洛東江
蟾津江
栄山江
巨済島
対馬
珍島
漢拏山
済州島
済州道
九州

半島の主な山脈と河川

朝鮮の領域

朝鮮の歴史上には、いろいろな名称をもった王朝の交替があった。たとえば高句麗《コグリョ》、百済《ペクチェ》、新羅《シルラ》、高麗《コリョ》、朝鮮《チョソン》というように。今も北は朝鮮民主主義人民共和国（略して「北朝鮮」）、南は大韓民国（略して「韓国」）となっている。

ここではそれらの王朝や政権を超えた地理的名称として「朝鮮」を自由に使うことにしたい。同じことは中国にもある。統一王朝として秦《しん》、漢、隋《ずい》、唐……今の中華人民共和国と中華民国（台湾）を包括した地理的名称としての「中国」が、世界的に通用している。

朝鮮史の中心舞台は、中国大陸と日本列島との間に、アジア大陸の東端から南に長く突き出した、南北一〇〇〇キロの朝鮮半島である。その地理的環境の半島的性格は、おのずから中国とも日本とも違った朝鮮史の特質を規定する要因になっている。

朝鮮の北部国境線は、高さ二七四四メートルの白頭山《ペクトウサン》を分水嶺として西流する鴨緑《アムノッ》江《カン》、東流する豆満江《トウマンガン》によってアジア大陸と連結している。国境線の長さはほぼ一三〇〇キロ、そのうち豆満江下流の一六・五キロだけがロシア沿海州と接し、その他は中国と接している。半島の東部、西部、南部は海に囲まれ、さらに南部は玄界灘を挟んで北九州と向かいあっている。

半島の総面積は二二万二〇三〇平方キロで、そのうち北（朝鮮民主主義人民共和国）が一二万二七六二平方キロ、南（大韓民国）が九万九二六八平方キロに分断されている。日本の面積は三七万七九七六平方キロであり、朝鮮の南北を合わせても日本の本州（二二万七九三九平方キロ）に及ばない（二〇二〇年一〇月時点）。

韓国の人口はその統計庁の発表によると、二〇一九年一一月一日現在、五一七七万九〇〇〇人、つまり五一〇〇万人余りになっている。北朝鮮からは人口統計の発表がないが、二五〇〇万人と推定されている。南北の人口を合わせるとほぼ七五〇〇万人になる。

もし南北が統一すれば、二二万平方キロに七五〇〇万人、大きからず小さからず、ほぼ中程度の適正規模の国家になるのではあるまいか。

ちなみにイギリス（グレートブリテン＋北アイルランドの連合王国）は面積二四万八七一〇平方キロに人口六六七九万人（二〇一九年現在）となっている。

韓国だけをとってみると、面積約一〇万平方キロに人口五一〇〇万人、世界的に人口密度の高い国である。たとえば人口密度が高いことで知られるオランダの場合、一平方キロ当たりの人口密度四〇九人、ベルギーの場合三七一人、日本の場合三四〇人であるのにたいし、韓国の場合はずば抜けて多く、五一一人となっている（総務省

「世界の統計 2018」参照)。

ここで一九八一年三月、戦後はじめて訪韓したときの体験を挟みたい。当時は一流のホテル（五つ星）でも、飯には三割の雑穀を混ぜることになっており、米による酒造りは禁止され、雑穀によるマッコリ（どぶろく）が主流であった。つまり米と雑穀とによって、ようやく食糧の自給を達成した段階であった。戦後李《イ》承晩《スンマン》政権（一九四八〜一九六〇）のときはアメリカの剰余農産物援助に依存してきたことを考えると、食糧自給体制の確立は、朴正熙《パクチョンヒ》政権（一九六三〜一九七九）が達成した貴重な成果の一つである。

いま韓国は、北朝鮮にたいして食糧や肥料の人道的援助をするゆとりをもつようになった。隔世の感がある。

地理的環境

山岳・河川・平野

一般的に朝鮮は山の多い国である。海抜二〇〇メートル以下の低地は二五パーセントだが、しかし高低起伏ははげしくなく、一五〇〇メートル以上の山地は、全面積の四・四パーセントしかない。たとえば日本と比べてみると、朝鮮の最高峰白頭山の二七四四メートルにたいし、日本の富士山は三七七六メートル、このほかにも三〇〇〇メートル以上の山がかなりある。

とくに朝鮮半島の山岳地帯は、北の部分では北東部、南の部分では東部に偏在している。冒頭の図で分かるように、北部の中央を狼林《ランリム》山脈が南北に走り、東海（日本海）寄りに赴戦嶺《プジョンリョン》山脈と咸鏡《ハムギョン》山脈が北東に延びている。赴戦嶺山脈の北側には標高一〇〇〇～二〇〇〇メートルの広大な蓋馬《ケマ》高原が開けている。

じつはこの蓋馬高原は日本の植民地時代、電源開発の中心地であった。蓋馬高原を北流する赴戦江《プジョンガン》、長津江《チャンジンガン》、虚川江《ホチョンガン》が鴨緑江の上流に合流している。これらの河川を人造湖で堰き止め、トンネルと鉄管によって落差およそ一〇〇〇メートルの東海側に落とす流路変更式の水力発電所であった。この豊富な電力によって興南《フンナム》は化学肥料工業、清津《チョンジン》や城津《ソンジン》（今の金策《キムチェク》市）は金属工業の中心地であった。ところがいま北朝鮮ではエネルギーの不足が叫ばれている。一九四五年の解放直前の統計によると、南北合わせた電力生産（一四六万八七九〇キロワット）の八六パーセントを、北朝鮮が占めていた。恐らく老朽化した設備の更新ができなかったせいだろう。

先の狼林山脈につづいて、その南方には東海寄りに太白《テベク》山脈が南北に走っている。この二つの山脈は、半島を南北に貫く背骨のような脊梁《せきりょう》山脈をなす。太白山脈の北端には山岳美を誇る金剛山《クムガンサン》（一六三八メートル）と雪岳山《ソラクサン》（一七〇八メートル）があり、太白山脈の太白山から分かれて西南方に走る小《ソ》白《ペク》山脈の南端には智《チ》異山《リサン》（一九一五メートル）、さらに海を越えた済州島《チェジュド》には漢拏《ハルラ》山《サン》（一九五〇メートル）がある。韓国での最高峰がこの漢拏山である。雪岳山、智異山、漢拏山は韓国の三大名山として、四季を通じて観光客や登山客が絶えない。

　したがって分水界が東海寄りに偏っているため、東海に注ぐ河川としては、豆満江（五二〇キロ）のほかに大きな河川はほとんどなく、最大の鴨緑江（七九〇キロ）をはじめ、大同江《テドンガン》、漢江《ハンガン》、錦江《クムガン》、栄山江《ヨンサンガン》などは黄海に、蟾津江《ソムジンガン》、洛東江《ナクトンガン》などは南海に注ぎ、その流域に平野が開けている。

　ただし半島の河川は、多雨期と渇水期の流量の差がはなはだしい。その差を縮め、水害と旱害の悪循環を断つためには山林の緑化しかありえない。かつて「はげ山」は朝鮮の名物であった。しかしいま韓国を旅行した人は誰でも知っているように「はげ山」は見当たらない。ところが北朝鮮では水害が頻発している。食糧増産の大号令のもと、山のてっぺんまで木を伐り倒し、とうもろこし（玉蜀黍）を植えるため開墾したせいらしい。

気候の半島的性格

　朝鮮半島は、北半球の温帯のほぼ中央に位置している。正確にいえば半島の最北端

（咸鏡北道穏城郡豊西里）は北緯四三度〇分、最南端（済州道馬羅島）は三三度六分である。これを日本でいえば、ほぼ北は北海道の札幌、南は福岡県の大牟田《おおむた》に当たる。

もちろん南北一〇〇〇キロの半島であり、北はアジア大陸に接境し、三面は海に囲まれているから、北部と南部では気候のあり方がかなり違う。

それらをひっくるめて分かりやすく単純化すれば、大陸性気候と海洋性気候の中間的性格を帯びている。冬は前者の影響が強く、夏は後者の影響が強い。

朝鮮半島はモンスーン（季節風）地帯に属しているから、冬には大陸内部から乾燥した冷たい北西風が吹く。夏には北太平洋気団の支配をうけて、海洋からの南東風が吹いて高温多雨となる。紀元前から米作農業が発達した理由である。古来朝鮮の農家では春は田植えの準備に忙しく、秋は収穫と越冬準備に忙しいのは、日本の農村風景と変わらない。

半島の年平均降水量は一〇五三ミリで、世界陸地の年平均降水量八四〇ミリよりは多い方である。ところが年間降水量の五～七割が六月から八月に集中する。治山と造林が国土管理の根幹にならざるをえない。

同じ緯度でも朝鮮と日本との違いは、冬と夏との寒暑の差が大きく、また乾季と雨季とがはっきり分かれていることである。その分だけ四季の変化が顕著である。今のようなビニールハウス栽培がなかった時代、済州島のほかは冬の間野菜の露地栽培ができなかった。さいきん日本でもヘルシーな食品として評判になっているキムチも、厳しい冬に新鮮な野菜を味わうための工夫であった。朝鮮の住宅の構造が夏のためのマル房《バン》（板間）、冬のためのオンドル房を欠かせないのも、同じ理由からである。

行政区分

南北における今日の行政区分は、基本的には朝鮮王朝時代の八道を細分化したものである。

朝鮮王朝時代　首都漢城《ハンソン》（今のソウル）
八道――平安道《ピョンアンド》、咸鏡道《ハムギョンド》、黄海道《ファンヘド》、京畿道《キョンギド》、江原道《カンウオンド》、忠清道《チュンチョンド》、全羅道《チョルラド》、慶尚道《キョンサンド》

ちなみに慶尚道の「道」とは、首都漢城から慶州と尚州の方向の地域を指す。全羅道は全州と羅州の方向、忠清道は忠州と清州の方向というように。

日本の植民地時代　首府京城《キョンソン》
一三道――平安北道、平安南道、咸鏡北道、咸鏡南道、黄海道、京畿道、

江原道、忠清北道、忠清南道、全羅北道、全羅南道、慶尚北道、慶尚南道

現在の南北朝鮮

大韓民国　首都ソウル

九道――京畿道、江原道、忠清北道、忠清南道、全羅北道、全羅南道、慶尚北道、
慶尚南道、済州道《チェジュド》

朝鮮民主主義人民共和国　首都平壌《ピョンヤン》

九道――平安北道、平安南道、慈江道《チャガンド》、両江道《リャンガンド》、咸鏡北道、咸鏡南道、黄海北道、
黄海南道、江原道

半島のまん中には、延長二五〇キロの軍事境界線が、東西を横に貫いている。解放後はいわゆる三八度線が引かれ、その北には旧ソ連軍、南にはアメリカ軍が、日本軍の武装解除のために進駐した。今の軍事分界線は三年余りにわたる朝鮮戦争（一九五〇年六月～一九五三年七月）の停戦ラインである。軍事境界線の南北には、それぞれ二キロの非武装地帯（DMZ）が設定されている。冷戦時代の忌まわしい「化石」である。

第一章　朝鮮半島の古代

前一九四年～後三七一年

西暦	朝鮮	西暦	日本
紀元前 194	衛満、古朝鮮を滅ぼす		
108	漢の武帝、衛氏朝鮮を滅ぼし、四郡を置く		
57	赫居正、新羅を建国		
37	朱蒙、高句麗を建国		
18	温祚、百済を建国		
		紀元後 57	倭の奴国の使者、後漢の光武帝から金印を授けられる
		107	倭国王帥升ら後漢に朝貢
紀元後 197	高句麗、丸都城（集安）を築城		
		239	魏の明帝、卑弥呼を親《しん》魏《ぎ》倭《わ》王《おう》とす
313	高句麗、楽浪・帯方郡を滅ぼす		
371	百済の近肖古王、高句麗の平壌城を攻め、故国原王戦死		

年表　古代の朝鮮と日本

朝鮮の古代

建国神話――「檀君」と「箕子」

いずれの国にも、建国にまつわる神話があり、伝説がある。古代史の研究では、どこまでが神話と伝説であり、どこからが史実であるかを確定することは、きわめて困難である。だから延々と、果てしのない古代史論争がつづく。

朝鮮古代史の舞台は、こんにちの朝鮮半島に限定されたものではなかった。中国東北地方や黄河流域にわたって諸民族が流動し、文化が絡みあい、融合した。

朝鮮の古代史書には、いずれも高麗時代に金富軾《キムブシク》が編纂した『三国史記』(一一四五年完成)と禅僧一然《イルヨン》(一二〇六～一二八九)が撰した『三国遺事』(一二八〇年代完成)とがある。この『三国遺事』には、当時まで伝承されていた古朝鮮の檀君《タングン》神話と箕子《キジャ》伝説とが記録されている。檀君神話はほぼつぎのとおりである。

太古の昔、桓因《ファンイン》という天帝の庶子に桓雄《ファンウン》がいた。桓因は桓雄に天符印三箇をあたえて天降りさせ、人間世界を治めさせた。太伯山上の神檀樹下に降りたかれは、風伯、雨師、雲師をしたがえて穀・命・病・刑・善・悪をつかさどり、人間の三百六十余事を治めさせた。

このとき一匹の熊と一匹の虎が洞穴に同居していて、人間に化生《けしょう》することを念願していた。桓雄は一把のヨモギと二〇個のニンニクを与えて、百日間日光を見ないように告げた。熊は三七日目に熊女に化生したが、虎は物忌みできず人間になれなかった。

桓雄が熊女と結ばれて生まれた檀君王倹《ワンゴム》は、中国の尭帝即位の五〇年に平壌を都として朝鮮と称した。

都を阿斯達《アサダル》に移して国を治めること一五〇〇年。周の武王が箕子を朝鮮に封じたので檀君は阿斯達の山神となった。

『三国遺事』では檀君神話の内容をくわしく書き、箕子については簡単にふれている。周の武王が殷《いん》の暴君紂王《ちゅうおう》を倒したのが、紀元前一〇二三年ごろである。もしこれを史実とするなら、紀元前一〇二三年ごろに檀君から箕子への王朝交代があった。箕子の前にすでに、天降りした桓因↓桓雄↓檀君とつながる悠久の前史があったことになる。

考古学の研究によれば、中国東北の遼寧地方から朝鮮半島に鉄器文明がひろがるのは紀元前五世紀ごろといわれ、檀君にそのルーツを求めた古朝鮮が形成されるのは、そのころではなかろうか。

ただしこの神話と伝説には、古朝鮮の形成過程において、檀君神話が象徴する古朝鮮の古層文化（北方遊牧民のスキタイ文化）が、箕子伝説が象徴する中国の中原文化と融合する過程を反映している。その中心種族は、熊（韓国語で곰《コム》）をトーテムとして崇拝していた。日本で高句麗を「コマ」の国といい、その渡来人の地名には「狛（コマ）」の字を使ったのは、これに由来するのではなかろうか。

中国の史書には、古代朝鮮にかんする記事のなかに、濊《イエ》、貊《メク》、韓《ハン》の種族名が頻出し、濊、貊を合わせた濊貊族は、半島の中部から中国東北地方に分布する。この濊貊族は北ユーラシア大陸を東方に移動してきたスキタイ文化のツングース族であろうし、かれらは熊を信仰していたはずだ。韓国語は日本語、モンゴル語、満州語、トルコ語につらなるアルタイ語族に属し、中国語とは明らかに区別される。

古朝鮮の興亡

一般的に神話と史実とが未分化の檀君朝鮮、箕子朝鮮および衛満《ウイマン》朝鮮を一括して「古朝鮮」と称している。これは、近世の朝鮮王朝と区別される。先にのべたように檀君および箕子朝鮮は神話および伝説時代に属するが、衛満朝鮮からは、明らかに史実である。

中国では、紀元前二二一年に秦が天下を統一するまで、秦、燕《えん》、趙《ちょう》、斉《せい》、魏《ぎ》、韓、楚《そ》の「戦国七雄」が覇を競う戦国時代であった。前二〇二年には秦に代わる統一王朝として漢が出現した。秦と漢の統一過程で多くの燕人たちが古朝鮮に流入してきた。そのリーダーが衛満であった。

古朝鮮の準王《ジュンワン》は衛満を燕人たちを率いて西側の辺境を守る司令官に任命したが、衛満は前一九四年に準王を追放して国王となり、都を王険（平壌）に定めた。準王は南方に逃れて馬韓《マハン》を攻め、韓王《ハンワン》となった。

衛満朝鮮三代目の右渠王《ウコワン》は、漢に対抗して服属しないばかりか、その周辺国が漢に朝貢、交易することを妨げた。

漢の武帝（在位前一四一～前八七）は前一〇九年に、五万人の大軍をもって右渠王を攻めたが、かれは屈服しなかったばかりか、海上から攻めてきた七〇〇〇人の水軍をも撃破した。

漢の武帝は衛満朝鮮の尼谿相の参《チャム》を買収して右渠王を暗殺させた。その後も大臣成《ソン》巳《サ》が王城を死守したが、やはり内応者によって暗殺された。これで三代八〇年（前一九四～前一〇八）の衛満朝鮮の歴史は幕を閉じた。

以上の内容は中国の史書『史記』および『後漢書』の記事の大略である。司馬遷《しばせん》が『史記』の編纂に着手したのが前一〇四年、完成したのが前九〇年ごろである。つまり漢の武帝と衛満朝鮮との関係は司馬遷にとって現代史そのものであるばかりか、か

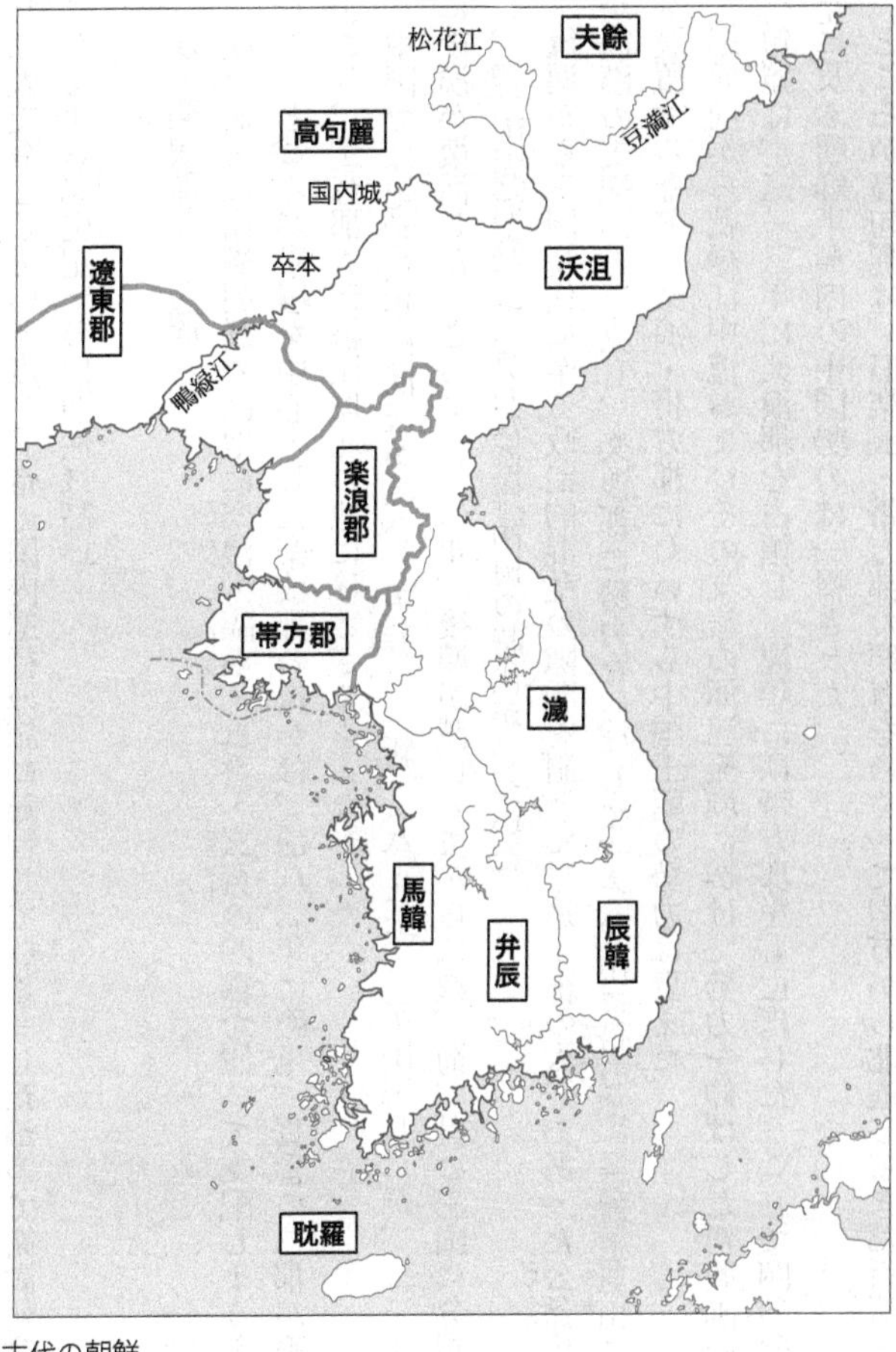

古代の朝鮮

れは太史令としていく度か武帝の国内巡行の旅に随行している。したがって衛満朝鮮にかんする『史記』の信憑性は高い。

漢の楽浪郡と高句麗

漢の武帝は衛満朝鮮の故地に楽浪《アクナン》・臨屯《イムドン》・真番《チンボン》・玄菟《ヒョント》の四郡を置いて支配しようとした。ところが平壌を中心とした楽浪郡のほかは、前八二年に臨屯、真番の二郡が廃止され、玄菟郡も鴨緑江以北の地に移さざるをえなかった。

中国では紀元八年に前漢が滅び、王莽《おうもう》の「新」(八〜二三)が出現したが、二三年に後漢が復活した。さらに二二〇年、後漢が滅亡してからは魏、蜀《しょく》、呉《ご》の三国に分裂し、『三国志演義』で有名な群雄割拠の時代がつづいた。

後漢から三国時代に至る政治的混乱の隙間を狙って、遼東郡の太守であった公孫氏《こうそん》が後漢の支配から自立し、楽浪郡に勢力を伸ばして、その南に帯方郡《テバン》(黄海道鳳山《ポンサン》)を設置するなど、楽浪・帯方郡にたいする中国王朝の勢力は衰えた。

紀元前から鴨緑江中流およびその支流の渾江流域にかけて勢力を伸ばした新興国の高句麗は、三一三年に楽浪郡を占領し、翌年には帯方郡をも亡ぼした。これで四〇〇年に及ぶ朝鮮半島内の中国勢力は一掃された。

ところが高句麗は、旧楽浪・帯方郡の領有をめぐって南方から北進してきた百済《ペクチェ》と争い、三七一年には百済の近肖古王《クンチョゴワン》が平壌城を攻めたため、高句麗の故国原王《コググオンワン》が戦死している。

漢の武帝は東方に勢力を伸ばしたばかりでなく、西域を遠征してシルクロードを切り拓いた帝王である。漢は楽浪郡をつうじて東アジアの豊富な情報を得るようになり、日本も楽浪・帯方郡を窓口にして中国王朝（後漢および魏）と交渉をもつようになった。

『後漢書』倭伝（井上秀雄ほか訳注『東アジア民族史』1、平凡社東洋文庫）にいわく――

倭は韓の東南方の大海の中に在りて、山島に依《よ》りて居を為す。凡そ百余国。武帝が朝鮮を滅ぼしてより、通訳を連れた使者を漢に通わせた国は、（そのうち）三十ばかり。

高句麗の建国神話によれば、その始祖朱蒙《チュモン》（東明王《トンミョンワン》）は夫餘《プヨ》生まれで、その母は河《ハ》伯《ベク》（河の神）の娘である。彼女は日光に感応して卵を産み、その殻を破って生まれたのが朱蒙である。

朱蒙は成人するにつれて弓術にすぐれ、夫餘王は国を奪われることを恐れてかれを殺そうとした。朱蒙は卒本（渾江流域の遼寧省桓仁）に逃れて都を定め、高句麗を建国した。高句麗は「夫餘の別種」と自称している。

白頭山から北流する松花江《ソンファガン》流域で濊貊族が建てたのが夫餘国であり、夫餘では部族長を「加」といい、馬加、牛加、猪加、狗加など、六つの家畜名を冠した官名があった。邑落《ゆうらく》はそれらの「加」に従属していた。狩猟と牧畜とを生業にしていたのであろう。狗加があるのをみると狗（犬）も食用の家畜として飼われていたようである。その遺習が、今も南北朝鮮に残っている。

三韓——馬韓・辰韓・弁辰

北方のツングース系の濊貊族は、先にものべたようにきわめて流動性がはげしく騎馬民族的であるのに比べて、朝鮮半島の漢江以南の韓族は、それぞれの地域に定着していて、農耕民族的色彩が濃い。まず『後漢書』韓伝（井上秀雄ほか訳注、前掲書）のくだりを引用したい。

韓には三種がある。一を馬韓といい、二を辰韓《しんかん》といい、三を弁辰《べんしん》という。馬韓は西（部）にあり、五十四国がある。（馬韓の）北は楽浪（郡）と、南は倭《わ》と接している。辰韓は東（部）にあって、十二国ある。（辰韓の）北は濊貊《わいはく》と接している。

弁辰は辰韓の南にあって、これまた十二国ある。(弁辰の)南もまた倭に接している。(韓には)総計七十八国がある。

つまり三韓とは、五四部族からなる馬韓《マハン》、一二部族からなる辰韓《チンハン》、やはり一二部族からなる弁辰《ピョンジン》のことである。そのなかで馬韓がもっとも強大で、その五四部族を束ねていた辰王《チンワン》が三韓を支配していた、となっている。この馬韓には、衛満によって亡ぼされた古朝鮮の遺民たちが移動してきた。同書(井上秀雄ほか訳注、前掲書)はつぎのように書いている。

昔、朝鮮王準が衛満に破れたので、自分の家来たち数千人を率いて海上に逃れ、(やがて)馬韓を攻撃して降服させ、自立して韓王となった。準の子孫が滅びると、馬韓の人が自立して辰王となった。

また、『魏志』韓伝弁辰条(井上秀雄ほか訳注、前掲書)によれば——

国(弁辰)に鉄を産出し、韓・濊・倭が皆これを取る。諸市では鉄を用いて買うこと、中国で銭を用いる如し。また二郡(楽浪・帯方)に供給している。

弁辰はのちの伽耶《カヤ》諸国であるが、ここは韓族を中心として、鉄を求めて集まる濊族や倭族が混住し、相互間に交易がおこなわれた開かれた空間であったらしい。北九州の宗像《むなかた》の北方海中に、「海の正倉院」といわれる沖ノ島がある。航海安全を祈って海神に奉献した遺宝のなかには、鉄器をつくる素材の鉄鋌《てってい》も含まれていた。弁辰で採取したものではなかろうか。

新羅の始祖神話

平壌を中心とする古朝鮮の檀君神話については、先に見たとおりである。それとは対照的な意味で、半島の東南端に位置する慶州《キョンジュ》を中心として形成された新羅の始祖神話について、垣間見ることにしたい。

新羅は辰韓の斯盧《サロ》族を中心として、その一二部族を統合して形成された。建国神話によれば、その始祖は朴赫居世《パクヒョッコセ》で、前五七年に即位したという。『三国史記』新羅本紀の内容を要約すると、つぎのとおりである。

始祖の姓は朴氏、諱《いみな》は赫居世である。王号は居世干といった。前五七年に即位し、徐那伐《ソナボル》を国号とした。

慶州盆地に楊山、高墟、珍支（または干珍）、大樹、加利、高耶の六村があった。ある日高墟村の村長蘇伐公《ソボルゴン》が、蘿井のそばの林の中で馬がいないているのを発見した。行ってみると馬はいなくなり、大きな卵だけがあり、それを割ると幼児が現われた。六村の人たちは出生が神秘なこの子どもを大事に育て、一三歳のとき国王に擁立した。辰韓では瓠《ひさご》のことを朴《パク》という。大卵が瓠のようであったから、姓を朴とした（ひさごの韓国語は박）。

この始祖伝説によれば、天降りした卵から始祖が生まれた卵生神話になっており、「鶏林《ケリム》」は新羅の雅号になっている。新羅の卵生神話と関連して面白いのは、『三国遺事』巻四「帰竺諸師」のくだりにあるつぎの記事である。

天竺（インド）の人は海東（新羅）を呼んで矩矩吒䃋説羅という。矩矩吒は鶏をいい、䃋説羅は貴ぶことをいう。かの国の伝説によると、その国では鶏神を敬い、尊ぶので、その羽を挿して飾りにするといわれている。

すでにのべた檀君神話によると、北方の古朝鮮では、熊をトーテムとして崇拝していたのにたいし、新羅では鶏をトーテムとして崇拝している。

私が確認したところでは、日本海沿いの能登半島や島根県で、近年まで鶏肉や卵をタブー視して食べない集落があった。新羅の海岸から海流に乗って日本海沿岸に渡来した人たちの集落に違いない。

第二章　三国時代——高句麗・百済・新羅

三七一年〜六四五年

西暦	朝鮮	西暦	日本
372	前秦の順道、高句麗に仏教を伝える	372	百済の近肖古王、倭国に七支刀（石上神宮の神宝）を贈る
384	東晋の摩羅南陀、百済に仏教を伝える		
391	高句麗の広開土王即位		
427	高句麗の長寿王、都を国内城（集安）から平壌に移す		
475	長寿王、百済の都漢城を攻め、百済の文周王、都を熊津（公州）に移す		
		527	筑紫国造磐井《いわい》が大和朝廷に反乱
528	新羅、仏教を公認		
		531	継体天皇死去
538	百済の聖王（聖明王）、都を泗沘（扶余）に移す	538	百済から仏教伝わる
	聖王、日本に仏教を伝える	540	欽明天皇即位
554	百済の聖王、新羅の管山城で戦死		
563	新羅、伽耶諸国を統合		
		587	蘇我馬子、廃仏派の物部氏を討つ
		592	推古天皇即位
		596	法興寺（飛鳥寺）竣工
		607	聖徳太子、遣隋使派遣
612〜614	隋の煬帝、高句麗を攻める		
		630	第一回遣唐使派遣
645	唐、高句麗を攻める	645	大化改新はじまる

年表　三国時代と日本

一

高句麗の発展

三国時代とは、高句麗、百済、新羅（伽耶を統合）の三国が鼎立《ていりつ》していた時代をいう。

高句麗はおおむね、昔の古朝鮮→衛満朝鮮→楽浪《アクナン》郡・帯方《テバン》郡の故地を中心として、中国の東北地方の夫餘および朝鮮半島の中部まで勢力を拡大した、三国のなかの強大国であった。

高句麗の建国伝説によればその始祖東明王《トンミョンワン》（朱蒙《チュモン》）が卒本（桓仁）で即位したのは、紀元前三七年。その後鴨緑江《アムノッカン》中流に進出し、集安《しゅうあん》（中国吉林省）に都を移した。すでにのべたように、高句麗が楽浪、帯方二郡を統合したのち、三七一年には平壌城を攻めた百済の近肖古王《クンチョゴワン》のために、故国原王《コググォンワン》が戦死したこともあった。

故国原王につづく小獣林王《ソスリムワン》（在位三七一〜三八四）は、国内体制の整備に全力を注いだ。三七二年には三国のなかではじめて太学《たいがく》を設け、儒教的教養のある人材を養成するための最高学府とした。その翌年にはこの人材養成と並行して律令を頒布した。律令は古代中国の国家統治の基本法である律（刑法）と令（行政法）のことである。

三七二～三七四年にかけて前秦から僧阿道や順道が仏像と経文を伝え、三七五年には肖門寺《チョムンサ》と伊《イ》弗蘭寺《ブルランサ》を創建した。これも三国のなかではじめての仏教伝来である。仏教は従来のローカルな土俗信仰とは違って、アジアの文化圏に通用する宗教である。その伝来が儒教の普及と相俟って、国内の統一ばかりでなく、とくに中国との交流のパイプとなった。

小獣林王は故国原王の戦死のあとをうけて、内政の充実に主力を注いだが、その国

三国の鼎立、新羅の真興王の巡狩碑

力をバネにして百済、新羅を圧倒するような繁栄の時代を築きあげたのが、広開土王《クァンゲトワン》（好太王《ホテワン》ともいう、在位三九一～四一三）と、かれにつづく長寿王《チャンスワン》（在位四一三～四九一）の一〇〇年間であった。

広開土王の正式の諡号《しごう》は「国岡上広開土境平安好太王」である。かれはその名のとおり、度重なる征服戦によって中国東北の遼東から南方の漢江《ハンガン》までその領域を広めた。その背景には、二二〇年の後漢の滅亡から五八一年の隋の登場まで、中国は三国、五胡十六国、南北朝とつづく分裂の時代で、中国からの外圧が弱かったことがあり、高句麗は北へ南へと、勢力を伸ばすことができた。

広開土王碑（好太王碑、アマナイメージズ提供）

長寿王がその父王の業績を残すために建てた記念碑が、日本でも「任那日本府」との関連で論争を巻き起こした、総計一八〇二字からなる「広開土王碑」である（李進熙『好太王碑の謎』講談社文庫）。

この碑石は長寿王が四二七年に、都を平壌《ピョンヤン》に移す前の都である、鴨緑江中流の北側の吉林省集安に現存する。

長寿王は四二七年に、高句麗の都を国内城（集安）から平壌に移し、四七五年には百済の都漢城《ハンソン》を攻めて蓋鹵王《ケロワン》を殺し、漢江流域に進出した。

二〇〇四年七月、ユネスコ世界遺産委員会は、高句麗壁画古墳を世界遺産として登録したが、それらの古墳はかつての高句麗の都であった集安と平壌周辺に分布している。

高句麗の南進策は、おのずから百済および新羅、とくに百済との葛藤を熾烈《しれつ》にした。

百済の南遷

百済の建国神話によれば、その始祖は前一八年に即位した温祚王《オンジョワン》になっている。かれは高句麗を建国した朱蒙の次男である。ところが朱蒙が北夫餘で生まれた息子を太子にしたため、次男の温祚は部下たちを率いて南下し、河南（漢江の南岸）の慰礼城《ウィレソン》（ソウル城東区風納里）を都として即位した（『三国史記』百済本紀）。つまり夫餘↓高句麗↓百済は、血縁的につながっていることになる。

先にのべたように、南進してきた高句麗によって百済の蓋鹵王は殺され、都漢城は占領された。その王位を継ぐ文周王《ムンジュワン》は、都を錦江中流の熊津《ウンジン》（今の公州）に移した。百済はそれ以来、漢江流域の失地回復をめざして執念を燃やしつづける。

聖王《ソンワン》（在位五二三〜五五四）は日本では聖明王といい、五三八年に日本に初めて仏教を伝えた百済王であるが、かれは五三八年に、さらに都を泗沘《サビ》（今の扶余《プヨ》）に移した。六六〇年に百済が亡びるまでの一二〇年余り、ここが王都でありつづけた。百済には高句麗より一二年おくれた三八四年に、東晋から来た摩羅難陀《まらなんだ》が仏教を伝えている。

聖明王の父王は武寧王《ムリヨンワン》（在位五〇一〜五二三）であった。かれは五一三年（継体天皇七年）に段楊爾《だんように》という五経博士を日本に派遣している。宋学＝程朱学《ていしゅがく》以前の漢唐学では、五経が儒教の古典になっていた。五経とは『周易《しゅうえき》』、『尚書』、『毛詩』（詩経）、『礼記《らいき》』、『春秋』のことである。これによって日本は、本格的な儒教を受容するようになった。五経博士は段楊爾後も、高安茂《こうあんも》、王柳貴《おうりゅうき》、馬丁安《めちょうあん》など、交替で百済から派遣されている。

五一三年の武寧王の五経博士の派遣、五三八年の聖明王による仏教伝来が、日本の飛鳥《あすか》文化の幕明けとなった。

百済は北方からの高句麗の圧力に対抗して日本に接近したばかりでなく、中国南朝の梁《りょう》に接近した。当時の梁の武帝（在位五〇二〜五四九）は、南朝随一の名君といわれた。『南史』百済伝にはつぎのように書いてある（井上秀雄ほか訳注『東アジア民族史』2、平凡社東洋文庫）。

（梁の）中大通六年（五三四）と大同七年（五四一）に、（百済は）つづけて使者を派遣して方物を献上し、あわせて涅槃などに関する解説書や毛詩博士、それに工匠や画師など（の下賜）を願った。（そこで、武帝は）これらをすべて与えた。

百済文化は梁との交流を通じて、中国南朝文化の影響を色濃く受けている。一九七一年、忠清南道公州《コンジュ》近郊の宋山里《ソンサンニ》で武寧王陵が発掘され、「世紀の発掘」として注目を浴びた。武寧王とその王妃の墓誌が発見され、金製の装身具をはじめとする二五六一点の副葬品が出土した。百済の古墳は横穴式であるため、竪穴《たてあな》式の新羅古墳と違って副葬品が盗掘されていることがほとんどであるなかで、珍しいことであった。

日本に仏教を伝えた聖王も、悲劇的な最期をとげた。かれは新羅の真興王《チンフンワン》と同盟を結び、五五一年に高句麗から漢江流域を奪回した。ところが新羅はここに新州を置いて領有しようとした。というのは中国への海の道である漢江河口に進出することが、半島東南端にある新羅の宿願だったからである。

新羅の裏切りに激怒した聖王は、五五四年に管山城《クァンサンソン》（忠清北道沃川）の新羅軍を攻めたが、逆に戦死した。それ以来百済は、今までの敵であった高句麗と同盟して新羅に敵対した。

新羅の台頭と伽耶統合

新羅では智証麻立干（在位五〇〇～五一四）に至るまで、王号が一定せず、居西干→次次雄→尼師今→麻立干となっていた。『三国史記』の分注によれば、次次雄は新羅の方言で巫《ふ》（シャーマン）のことであるという。恐らく新羅初期の王権は、祭政が未分化のシャーマン的カリスマであっただろう。あたかも邪馬台国《やまたいこく》の卑弥呼《ひみこ》が「鬼道《きどう》に仕《つか》えて、能《よ》く人々を惑わした」ように（『魏志』倭人伝）。

新羅は朝鮮半島の東南端に偏在していて、土俗的なものを濃厚に残していた。ところが智証麻立干四年のとき、群臣たちはつぎのように上奏

武寧王陵の内部（韓国観光公社提供）

した（『三国史記』智証麻立干）。

国名がときには斯羅《サラ》、ときには斯盧《サロ》、ときには新羅《シンラ》と一定しない。「徳業が日々新たになる」意味の新と、「四方を網羅する」意味の羅をとって新羅とすべきではないでしょうか。また王号も正式に採用してないので、つつしんで新羅国王の称号をたてまつりたい（傍点は引用者）。

智証麻立干はこれを嘉納し、つぎの法興王《ポプフンワン》（在位五一四〜五四〇）のときから、アジアに通用する新羅の国号と王号を採用した。

新羅は高句麗、百済におくれて、法興王のときに律令を頒布し（五二〇年）、伊伐湌《イボルチャン》を筆頭とする一七等級の官位と服制を定めた。また法興王の五二八年に仏教が公認された。

仏教の公認に当たっては、日本でも蘇我《そが》氏の崇仏派と、物部《もののべ》氏の排仏派との対立があったように、保守的な貴族たちの反対が強かった。墨胡子（名前からみて恐らくインド僧）が高句麗から新羅にはいって布教を試みたが、失敗した。異次頓《イチャドン》という貴族が自分の身を殺すことによって、仏教公認のきっかけをつくった。

法興王による国内体制の変革は、つぎの真興王（在位五四〇〜五七六）のときの飛躍のバネになった。それを象徴するのが、新しい領域を巡回した真興王の巡狩碑である。

五六一年には隣接する伽耶《カヤ》の領内に「昌寧碑」（慶尚南道）を建て、五六八年には京畿道の「北漢山碑」、また同じ年には旧高句麗領であった咸鏡南道にも「磨雲嶺碑」および「黄草嶺碑」を建てている。

辰韓《チンハン》＝新羅と洛東江《ナクトンガン》を挟んで西部に隣接する弁辰《ピョンジン》一二部族は、新羅によって統合されるまで「六伽耶《ユッカヤ》」といわれていたように、六カ国がゆるやかな連合体を形成していた。そしてこの伽耶諸国は、新羅と百済の両方から圧力を受けていた。

新羅は五三二年に、洛東江河口の金官伽耶《クムグァンガヤ》（金海）を統合して以来、つぎからつぎへと小国を統合し、五六二年に伽耶諸国さいごの大伽耶《テガヤ》（慶尚北道高霊）も統合して、名実ともに高句麗、百済、新羅の三国時代を迎えるようになった。

新羅の領土拡大は、おのずから百済や高句麗との摩擦を激化させた。同じころ中国大陸では南北朝時代の対立と分裂から、五八一年にのちの統一王朝隋《ずい》が登場し、さらに六一八年には唐に代わった。

新羅は三国のなかでの孤立からの活路を、隋や唐への接近によって切り拓こうと、盛んに外交活動を展開した。

新羅に統合された伽耶《カヤ》は、加羅《カラ》、安羅《アラ》、安那《アナ》ともいい、日本で「韓」を「カラ」というのは、加羅の遺民たちが日本に移住してきて、加羅が三韓を代表する名称になってしまったのだろう。玄界灘を挟んで伽耶と向かい合う北九州の糸島半島（古代の「伊都国」に比定）には、地元で小富士と呼ばれている可也山《かや》（標高三六五メートル）がある。

二

隋王朝の中国統一

中国では二二〇年に、後漢の統一王朝が滅亡してのち、天下を三分して魏、蜀、呉の覇権を争う三国時代からはじまり、五八九年に隋の統一王朝が登場するまでのほぼ三七〇年間、五胡十六国、南北朝時代など、複数の王朝が並立し、あるいは離合集散する分裂の時代がつづいた。もちろん短期的には統一王朝も出現したが、間もなく分裂して、同じことが繰り返された。それに終止符を打ったのが五八一年の隋の出現であった。

隋王朝を開いたのは、北周の実力者楊堅《ようけん》であった。かれは北周のさいごの静帝が幼少であったため、その後見役になったが、九歳の静帝から帝位を譲り受けて（じつは簒奪《さんだつ》）、文帝（在位五八一～六〇四）となった。北周の都は長安で、その後も隋、唐の都でありつづけた。

当時南北朝時代の南朝には、建康《けんこう》（いまの南京）を都とする陳《ちん》王朝があったが、隋は大軍を動員して、五八九年にこれを滅ぼした。統一王朝の誕生である。

文帝の内政のなかで、後世の中国ばかりでなく朝鮮にも深い影響をあたえた制度として、官吏登用のための科挙《かきょ》がある。科挙とは科目試験の出来によって官僚に推挙されるという意味である。かつて漢（前漢）の武帝は、諸子百家のなかで唯一に儒教を国教とした。科挙は儒教的教養のある者を官吏に登用する試験制度である。

文帝に次ぐ煬帝《ようだい》（在位六〇四～六一八）は、その巨大な権力を行使して民衆を駆りたて、かつての秦の始皇帝がつくった万里の長城を修築したばかりでなく、黄河、淮《わい》河《が》、揚子江を南北に結ぶ大運河を突貫工事で開通させた。それは長安、洛陽から北は涿郡（北京）、南は余杭（杭州）を結ぶ大工事であった。

大運河は南北朝時代の地域間の壁を取り払い、政治中心の長安、洛陽に江南の富を吸いあげる太いパイプとなった。ただし煬帝はのちにのべるように、高句麗を制覇するための人的および物的大動員に利用しただけで、それにつづく唐王朝の繁栄は、この運河によるものといっても過言ではない。

高句麗は中国東北地方の遼河《ヨハ》を挟んでこの中国と接境している。中国分裂の時代には、高句麗の武力はそのいずれの一国にも劣らないから安心できた。高句麗にとって統一王朝の出現は、大きな脅威となった。隋もまた、高句麗が北方草原の騎馬民族である東突厥《ひがしとつけつ》と連合することを恐れ、その離間に腐心していた。

煬帝の高句麗遠征と自滅

隋にたいして西域および東南アジアの諸国は入貢したのに、高句麗は遼河沿流の城塞を固めて屈しなかった。むしろ五九八年には靺鞨《まっかつ》族一万余りの騎兵が、遼河を越えて遼西を攻撃した。これに激怒した文帝は、水陸三〇万の軍を動員して攻撃を試みたが、後方の補給体制がととのわず失敗した。

煬帝は、大運河を利用して涿郡（北京）に兵力と兵糧を集め、六一二年にその親征のもと百万余りの大軍を遼河ラインに前進させた。また山東半島からは来護児《らいごる》が率いる水軍を大同江に向けて前進させ、大同江をさかのぼって平壌を攻撃させた。

ところが遼東城《ヨドンソン》（いまの遼陽）は、三カ月かかっても突破できない。水軍は陸軍と合流できず、独り突出して平壌を攻撃したが失敗した。このことを知った煬帝は、宇《う》文述《ぶんじゅつ》に三〇万五〇〇〇人の別働隊を率いて平壌を直撃するように命じた。ところがかれらは平壌城外三〇里まで前進したが、堅固な守城と補給の困難と強行軍による疲労で敗走しはじめた。

鴨緑江から平壌に至る沿路の山々に高句麗の軍民は食糧を運び込んで山城に立て籠

り、敗走する隋軍にゲリラ攻撃をかけてきた。ついに薩水《サルス》（清川江）に到達したとき、乙支文徳《ウルチムンドク》将軍の率いる高句麗軍は、四方八方から総攻撃をかけた。その包囲網を脱出して逃げ帰った者二七〇〇名。これを「薩水大捷《サルスデチヨプ》」という。

煬帝は冷静さを失い、翌六一三年に再び遠征軍を動員し、やはり遼東城の攻撃に集中したが、高句麗は一歩も退かない。ところが二回目の遠征は、内部から崩壊した。というのは、大運河から輸送してくる兵糧の前線補給を担当していた楊玄感《ようげんかん》が反乱を起こしたからである。この反乱は前線からひきかえした軍によって平定されたが、二回目の遠征も失敗した。

征服欲の権化《ごんげ》となった煬帝は、三度目（六一四）の遠征を断行したが、すでに民心は離れ、兵卒は逃亡し、命令も聞かなくなった。煬帝は在位わずか一四年間に、中国大陸を南北に貫く大運河工事に民衆を駆り立てたばかりでなく、高句麗遠征に百万の大軍を動員して失敗したのである。正気の沙汰ではない。

失意のどん底におちいった煬帝は、揚州の離宮に逃避し、自暴自棄になって酒色にふける毎日を送るようになった。かれの右腕宇文述も死んだ。

ところが皇帝不在の首都長安を、太原留守職の李淵《りえん》の軍が占領したという報がはいった。煬帝の近衛《このえ》隊はすべて長安に家族を残している。それでも動こうとしない煬帝を、六一八年に宇文述の息子宇文化及《うぶんかきゅう》が殺した。かれは高句麗遠征の失敗で自滅した。

皇帝の巨大な権力の行使をコントロールする自制力が欠けていたのである。文帝の創業を煬帝は守成できずに、隋王朝はわずか四〇年足らずの短命におわった。中国の歴史は唐の時代に移る。

唐王朝の登場と高句麗

中国では太原留守李淵が煬帝の孫を立てて恭帝としたが、二ヵ月後にはその禅譲《ぜんじょう》を受けて帝位について高祖となり、唐王朝を開いた。高祖(在位六一八〜六二六)は群雄を平定するために内政に集中したが、第二代目の太宗(在位六二六〜六四九)は、積極的な勢力拡大政策をとった。

太宗のときの六四二年に、高句麗では政変が起こった。淵蓋蘇文《ヨンゲソムン》はクーデターによって栄留王を殺し、内政と軍事の全権を握る莫離支《マンニジ》となって宝蔵王を立て、武断的独裁政治をはじめた。

蓋蘇文はのちにのべるように唐の攻撃をうけたが、はじめのうちはむしろ親唐的ではあったようである。かれは宝蔵王二年(六四三)、国王につぎのように提言した。

わが国には儒教と仏教はあるが、道教がない。儒・仏・道の三教は鼎《かなえ》の足のようなもので、その一つでも欠落してはならない。願わくは使臣を唐に遣わして道教を求め、国人を教えるべきである、と。

国王はこれに同意し、表文をもって唐に要請した。唐の太宗はこれに応えて道士の叔達ら八人を遣わし、老子の『道徳経』を送ってきた。国王はこれをよろこび、僧寺にかれらを住まわせた。

六四三年九月に新羅は唐に使臣を派遣して、百済が新羅の四十余城を攻取したばかりでなく、高句麗と連合して唐への入貢路を塞いでいると、救援軍の派遣を訴えた。唐と高句麗との離間策であることはいうまでもない。唐の太宗は司農丞の玄奨を遣わして蓋蘇文に新羅への攻撃中止を勧告したが、聞きいれなかった。かれの言い分はつぎのようであった（『三国史記』高句麗本紀による）。

　われわれと新羅との怨隙はすでに久しい。かつて隋が侵略してきたとき、新羅はその戦乱に乗じてわが領地五〇〇里を奪い、その城邑をすべて占領している。その侵略した領地を返してくれなければ、戦争は終わらないだろう。

蓋蘇文によれば、かつて高句麗が隋の侵略を受けて遼河を挟んで死闘していたとき、新羅は南方から火事場泥棒的に高句麗に侵入して、その領土を奪った、というのである。かれの怒りは当然である。ところが玄奨からその報告をうけた太宗は新羅の訴えに味方して、つぎのようにのべた。

蓋蘇文はその国王（栄留王）を殺して大臣の地位を盗み、人民に残虐を行っている。今またわが詔命にそむいている。討たないわけにはいかない。

六四五年四月、太宗は幽州（北京）に兵力と兵糧を集め、その親征のもとで李世勣（またの名を李勣）が総指揮をとり、十数万の兵力をもって遼河沿流の城塞を攻撃した。かつて隋軍を苦しめた遼東城は陥落したが、安市城《アンシソン》は突破できず、夏が過ぎ、秋になってもひたすら兵力と兵糧の消耗だけがつづいた。『三国史記』高句麗本紀には、つぎのように書いている。

（太宗は）遼東地方は早くから寒気がおしよせ、草は枯れ水は凍るので、兵馬が長く留まれず、また糧食も尽きようとしている。軍を引き返すよう命じた。

唐軍の撤兵は、煬帝の前轍を避けるための賢明な選択であった。それにしても安市城を固守して孤軍奮闘した城主は誰だろうか。『三国史記』の撰者は、つぎのようなコメントを付け加えている。

しかるに（唐の太宗の）東征の功は安市城で敗れた。その城主は豪傑で、凡人ではなかったというべきであろう。だが史記にはその姓名が伝わらない。

近世の学者たちは、その姓名を梁万春《ヤンマンチュン》とも、楊万春《ヤンマンチュン》とも書いているが、一般的には楊万春を用いている。

新羅の「遠交近攻」

高句麗は隋や唐の侵略に屈しない強大国であった。ところがその弱点は、主たる防衛力を北部の遼東地方に集中し、百済や新羅と接境する南部の防衛が手薄であったことである。この三国間には相互にときには連合し、ときには敵対する状態がつづいていた。

新羅にとって中国の統一王朝と高句麗との敵対関係は望ましいものであった。とくに新羅の対外活動に奔走してきた金春秋《キムチュンチュ》（のちの武烈王《ムヨルワン》）が着目したのは、唐の太宗の協力を得て先に百済を討ち、南方から高句麗に圧力を加えるという遠交近攻策であった。

その意味で六四八年に金春秋がその子文王をつれて唐に入朝したとき、太宗にたいするかれの言動は重要である。『三国史記』新羅本紀によれば、まずかれは国学（儒教大学校）での釈奠《せきてん》の祭礼と講論を参観したいと申し出た。もちろん太宗はこれを許した。太宗は碩学孔穎達《くようだつ》らに命じて、『五経正義』を完成させた帝王である。唐代の科挙では、この『五経正義』を標準テキストとして採用していた。金春秋のこの提案は、太宗の歓心を買うのに充分効果を発揮した。

太宗は多くの黄金や絹帛をあたえながら、何か自分にのべたいことがあるだろう、と水を向けた。かれはつぎのように百済の侵略を訴えて唐の出兵を要請した。

わが国は海のかなたの僻地にあって、多年間天朝（中国の王朝）に仕えております。百済は強くて狡猾、しばしば侵略をほしいままにし、とくに先年（善徳王一一年の六四二年）は大挙して新羅の奥地まで侵入し、数十城を攻めおとし、天子に拝謁する路を塞いでしまいました。もし陛下が天兵（唐兵）を貸し、凶悪な百済を取り除いてくださらなければ、わが人民はかれらに捕われ、そうすれば朝貢して政務を報告することもできません。

太宗は高句麗を主敵にして北方から攻める方針を一変して、その高句麗を背後から攻めるための百済出兵を優先することを承諾した。さらに金春秋は新羅の礼服を中国の制度に改めること、自分の息子を太宗の側近において宿衛させることを申し入れ、嘉納された。

太宗は金春秋の帰国のとき、勅命をもって三品以上の貴族たちに送別の宴を開かせたが、かれの言動が礼にかない、優雅であったと称賛している。

唐軍の百済出兵の約束は、太宗が六四九年になくなったため、つぎの高宗（在位六四九〜六八三）に受け継がれた。唐の第二代太宗は、後世にその治世を「貞観《じょうがん》の治」といわれた名君ではあったが、後継者選びには失敗した。高宗は病弱で政治をかえりみず、その実権は愛憎のはげしい女傑則天武后《そくてんぶこう》が牛耳っていた。恐らく唐の百済出兵も、彼女の決断であろう。

六五四年に金春秋も即位して武烈王（在位六五四〜六六一）となり、唐の支援をうけて百済、高句麗に優越した地位を確保することができた。このようにして最初は百済、つぎは高句麗をターゲットとする新羅と唐の連合が成立した。金春秋の「遠交近攻」外交の勝利である。

三

百済の滅亡と白村江の戦い

六五五年に、新羅は高句麗と百済の連合軍に北部の三三城を奪われ、唐に援軍を求めた。高宗はそれに応えて、六六〇年に蘇定方《そていほう》の総指揮のもとに、水陸一三万の大軍を山東半島の莱州《らいしゅう》に集結して、黄海を渡って百済に出兵した。

また新羅の武烈王も金庾信《キムユシン》を総大将とする五万の大軍を百済に向けた。百済にとっては礼を尽くして朝貢していた唐が、宿敵新羅と連合して攻めてきたから、狼狽せざるをえない。

百済の階伯《ケベク》将軍は、五〇〇〇の決死隊をもって五万の新羅軍を黄山《ファンサン》の平原（忠清南道論山郡連山）に迎え、決戦を挑んだ。かれはここで戦死したが、新羅軍も苦戦して、その前進をはばまれた。

百済の都泗沘城（扶余）が唐と新羅の連合軍に包囲されると、百済さいごの義慈王《ウイジャワン》は熊津城（公州）に脱出して立て籠るが、ついに六六〇年に降服して百済は滅亡した。

しかし蘇定方は傲慢であった。新羅軍は階伯軍と苦戦し、唐軍との共同作戦におくれてしまった。蘇定方はそのおくれを責め、新羅の督軍金文穎を軍門の前で斬ろうとした。金庾信はかれに大喝した。


大将軍（蘇定方）は黄山の激戦を知らないのだ。軍期におくれたことで罪を問うなら、私も同罪で辱めをうけることになる。それならまず唐軍と決戦してのち百済を破らなければならない。

このことはのちの、新羅の反唐戦争を理解する伏線になる。泗沘城が陥落してのち、蘇定方は百済王および王族、重臣たち九三人、百済人一万二〇〇〇人の捕虜をつれて帰国した。北方からの対高句麗作戦に参加するためである。泗沘城には劉仁願《りゅうじんがん》が率いる一万人の唐軍、武烈王の王子金仁泰が率いる七〇〇〇人の新羅軍が駐留した。

しかし百済復興の戦いは、旧将軍の鬼室福信《ボクシン》や僧道《ト》琛《チム》たちによってつづけられていた。その拠点は任存城（忠清南道礼山）や周留城（忠清南道韓山）であった。福信は日本に人質となっていた義慈王の王子余豊璋の帰国と、援軍の派遣を日本政府に要請した。福信は余豊璋を国王とし、日本からも二万七〇〇〇人の援軍が百済に向かった。百済復興の戦いを積極的に支援したのは、中大兄皇子《なかのおおえのおうじ》（のちの天智天皇）と中臣鎌足《なかとみのかまたり》であった。

百済の女官たちが身を投げたとされる錦江の落花岩
（韓国観光公社提供）

このように百済の存亡をめぐって百済+日本の連合軍と、新羅+唐の連合軍との国際戦争となった。ところが百済の抵抗陣営のなかで内紛が生じた。福信が道琛を殺し、その福信は豊璋に殺された。日本の援軍が到着する前に、唐と新羅の連合軍は周留城を包囲し、錦江下流の白村江《はくすきのえ》(韓国では白江という)では、唐の水軍一七〇艘が日本軍の到着を待ちかまえていた。六六三年八月のこの白村江の戦いで、『旧唐書』は日本軍船と四たび戦って、四〇〇艘を焼き払ったと書いている。

さいごの周留城が陥落したとき、余豊璋は脱出して高句麗に亡命し、王子の忠勝と忠志は部下を率いて降服した。余豊璋が百済から撤退する日本軍とともに、日本に亡命しなかったのは謎である。

高句麗の内紛と滅亡

唐との連合を実現した新羅の武烈王は、百済を統合してのちの六六一年に世を去り、その子金法敏《キムボムミン》が即位して文武王《ムンムワン》(在位六六一〜六八一)になった。高句麗は北からの唐軍、南からの唐と新羅の連合軍による挟み撃ちの危機を迎えた。つまり南北への両面作戦を強いられたのである。

折悪しく、高句麗の支配階級の内部では、大混乱がおきた。六六六年に独裁者淵蓋蘇文が死ぬと、その後継をめぐる弟と息子との対立が生じた。後継の主導権を握った次男の淵男建《ヨンナムゴン》は長男の淵男生《ヨンナムセン》を追放し、蓋蘇文の弟の淵浄土《ヨンジョント》をも追放した。男生は唐に投降し、浄土は新羅に投降した。

北からは李世勣が率いる唐軍が男生に先導されて平壌を攻め、新羅軍もこれに呼応して北進した。淵男建は平壌城を死守して善戦したが、六六八年に高句麗は滅亡した。その後も剣牟岑《コムモジャム》が宝蔵王の外孫といわれる安勝《アンスン》を国王に立てて抵抗をつづけたが、六七〇年には終わりを告げ、安勝は新羅に亡命した。

新羅の反唐闘争と渤海

百済および高句麗の滅亡までは、新羅と唐とは連合してきたが、所詮それは同床異夢であった。新羅は唐と連合してそのイニシアチブによって三国を統一しようとしたし、唐は新羅を利用して、新羅をも含めた三国をその支配下に置こうとしていた。

具体的に唐は、百済の故地に熊津都督府を置いて義慈王の王子扶餘隆《プヨユン》を熊津都督に任命し、新羅にも鶏林《ケリム》大都督府を置いて、一方的に文武王を鶏林大都督に任命した。高句麗が滅亡すると、平壌に唐将薛仁貴を総督とする安東都護府を置いて、高句麗をはじめ新羅、百済をその管轄下に置こうとした。

唐は東ローマ帝国に通ずるシルクロードの交通の要地を確保するため、西域のタリム盆地のオアシスの町亀茲《きじ》に安西都護府を置いている。世界帝国を実現するための東方の拠点が安東都護府であり、西方の拠点が安西都護府である。

新羅は百済の故地を確保するため、熊津都督府の八十余城を奪回し、六七一年には泗沘城に所夫里州を置いて唐軍を追い払った。

また高句麗の故地でも、新羅は剣牟岑の復興軍を支援し、かれらが推戴した安勝を「高句麗王」に封じた。唐は六七六年に安東都護府を平壌から北方の遼東城（遼陽）に移して、新羅との敵対をあきらめた。さらに七三五年に唐は高句麗の故地のなかで、浿江《ペガン》（大同江）から元山《ウオンサン》湾を結ぶラインまでの新羅の領有を認め、両国関係が正常化した。唐としてはつぎにのべる渤海を南方から牽制するためであろう。

高句麗の東北地方でも高句麗族の大祚栄《テジョヨン》と靺鞨族の乞四比羽《コルサビウ》をリーダーとして反唐闘争を展開して、六九八年には吉林省の敦化を拠点とする震国《ジンクック》の建国を宣言し、七一三年には国号を渤海《パルヘ》に改めた。渤海は高句麗族と靺鞨族との複合民族国家であった。

唐は渤海との摩擦を避けるため、七一三年に渤海国王を「渤海郡王」に冊封し、さらに七六二年には「渤海国王」に格上げした。唐との平和を回復した渤海は、唐との経済および文化交流を盛んにして、「海東の盛国」と評価された。

渤海の初代国王大祚栄を継ぐ武芸王は、七二七年に高仁義《コインウイ》を大使とする二四人の使節団を日本に派遣している（そのうち高仁義をはじめ一六人が蝦夷《えぞ》に漂流して殺された）。大和朝廷に伝えた武芸王の国書には、つぎのような文言がある。

（渤海は）高（句）麗の旧居を復して、夫餘の遺俗を有《たも》てり。

つまり大祚栄以来の渤海の歴代国王は、旧高句麗の伝統を継承しているという自負があった。

七二七年の渤海国使の訪日以来、日本は新羅を孤立させ、唐の長安に通じる中継ルートとして渤海との間に使節が往来し、貿易がおこなわれた。日本海側の能登半島の福浦《ふくら》と松原《まつばら》（敦賀《つるが》）には、渤海使のための客館があった。

六九八年に大祚栄が初代国王になって以来、九二六年に契丹《きったん》（遼）によって渤海が滅びるまで、二二九年の歴史である。韓国の学者によっては高句麗、百済、新羅の「三国時代」にたいし、統一新羅と渤海の「南北朝時代」と位置づけている人もいる。

日本に亡命した百済・高句麗人たち

三国時代の日本との友好度をみると、その第一は百済、つぎは高句麗で、新羅とは玄界灘を挟んで対峙していただけに、両国間のトラブルが絶えなかった。ともあれ海に囲まれた日本は、中国大陸と陸続きであった朝鮮半島とは違って、平和であった。しかし、日本も六六三年の白村江の戦いのあと、唐と新羅の逆襲を警戒して、にわかに国境警備を固めた。それを『日本書紀』から拾うとつぎのようになる。

六六四年に対馬島、壱岐島、筑紫国に防人《さきもり》と烽《とぶひ》を置く。また筑紫に大堤を築いて水を貯えた水城《みずき》をつくった。防人は国境警備隊であり、烽は敵の来襲を知らせるのろし台のことである。

六六五年には達率答炑春初《とうほんしゅんそ》を遣わして、長門国に城をつくり、達率の憶礼福留《おくらいふくる》と四比《し》福夫《ひふくぶ》を筑紫国に遣わして大野城《おおののき》および椽《き》の城（いまの基肄《きい》城址）をつくらせた。いずれも百済式の山城である。

ここでいう達率は百済の官位の二等級に当たるもので、佐平（一等級）などとともに、日本でも百済での官位をそのまま使っている。いうまでもなくかれらは百済からの亡命者である。

また六六七年には大和に高安城、讃岐《さぬき》に屋島城、新羅にもっとも近い対馬には金田《かねた》城をつくった。

中大兄皇子は都を飛鳥から、日本のどまん中の近江に移し、六六八年に即位して天智天皇となった。

その前の六六五年には鬼室集斯《きしつしゅうし》に小錦下を授け（百済での官位は達率）、また百済人四百余人の男女を近江国の神前郡《かんさきこおり》に定住させた。鬼室集斯は天智天皇によって学頭職《ふみのつかさのかみ》（いまの文部科学大臣兼大学総長）に抜擢《ばってき》された人物である。また天智天皇が即位した翌年には、佐平余自進や鬼室集斯など男女七百余人を、近江国の蒲生郡《がもうこおり》に居らしめた。

天智天皇は日本に亡命した百済人を、都を移した近江国の神前郡や蒲生郡などに定住させ、そのなかから専門的知識人を多数起用している。それにたいし、日本海（韓国でいう東海）を渡って能登半島や越前海岸に漂着した高句麗人たちは、恐らく信州（長野県）、甲州（山梨県）を移動して関東地方に分散していたらしい。

『続日本紀』によれば七一六年（霊亀二）に、駿河《するが》、甲斐《かい》、相模《さがみ》、上総《かずさ》、下総《しもうさ》、常陸《ひたち》、下野《しもつけ》の七国の高句麗人一七九九人を武蔵国に移し、ここに高麗郡を置いている。そのリーダー高麗王《こまのこきし》若光《じゃっこう》を祭神とする高麗神社が、埼玉県日高市新堀に現存する。

さきに見た九州北部や対馬の沿岸防衛に当たった防人《さきもり》は、東国から徴集されている（甲州出身の防人にかんする木簡が二〇〇五年に出土した）。恐らくその中心は、高句麗武士の血を引くつわものたちではなかったか。かれらは対新羅戦のベテランであったからである。

武蔵国の高麗郡にたいして、近畿地方にも摂津国に百済郡が置かれていた。『日本書紀』によると、日本軍が百済から引き揚げた翌年の六六四年、百済王善光《くだらのこきしぜんこう》（禅広《ぜんこう》ともいう）らを難波《なにわ》に居らしめた、と書いている。七四九年に東大寺大仏の鍍金《ときん》のために、陸奥国小田郡の黄金を献じて従三位《じゅさんみ》を贈られた陸奥守敬福《けいふく》は、善光の曾孫に当たる。

天智天皇のつぎの天武天皇のとき、日本の行政区画を「畿内」と「畿外」に分けた。「畿内」とは都の周辺地域をいう。その畿内四カ国の一つが摂津国（ほかに大和国、河内国、山城国）であり、そのなかに百済郡があった。今でも百済郡が置かれていた大阪市内には、地域名にその名残りが伝わっている。

白村江の敗戦後日本は、統一新羅にたいする国境警備を固める一方、日本に亡命した百済や高句麗人には安住の地をあたえ、律令国家の国づくりに有用な人材を多数起用している。日本で律令制度が完成したのは、七〇一年の大宝律令である。新羅との緊張が日本の律令体制を促進したといえよう。

百済が滅亡するまでは、朝鮮半島と日本列島を結ぶ海の道はボーダーレスであった。白村江での敗戦後、新羅の逆襲が予想される西日本の沿岸警備が強化され、国境の壁もしだいに高くなった。海洋国家日本におけるはじめての「国境」の誕生である。それ以来新羅を「蕃国《ばんこく》」視する排他的風潮がひろがったが、日本に亡命した百済人や高句麗人の反新羅的気分を反映したものであろう。

文武王陵にまつわる話

いままで再三、武烈王（金春秋）についてのべてきたが、その遺業を継承して高句麗を亡ぼし、ついには反唐闘争を展開して三国の統一を完成したのは、文武王であった。日本は新羅の逆襲を警戒したが、新羅も日本の報復を恐れ、互いに疑心暗鬼であった。

慶州近郊の東海（日本海）の海岸から二〇〇メートルのところに、大王岩《テワンアム》という世界でも珍しい文武王の海中王陵があり、その対岸には感恩寺《カムンサ》址がある。『三国遺事』巻二、紀異第二には、大王岩と感恩寺にまつわるつぎのような話を記録している。

大王岩（文武王陵・上）とその対岸にある感恩寺址（下）（韓国観光公社提供）

神文大王は聖考（父）である文武大王のために、東海のほとりに感恩寺を創った。『寺中記』にいわく、文武王は倭兵を鎮めようとして、この寺を創る途中に亡くなられ、海龍となった。その子神文王が即位して、開耀二年（六八二）に工事を完成した。……けだし遺詔によって骨を納めたところだから、名を大王岩といい、寺名を感恩寺という。のちに龍が現われたのを見たところを利見台といった。

文武王は死してのちも海龍となって、東海からの日本の侵略を鎮定しようとした逸話である。白村江の戦い以来、両国間に使節の往来はつづいたが、お互いに国家の威信を競い合って紛糾が絶えなかった。

第三章　統一新羅

六四五年〜九三六年

西暦	統一新羅	西暦	日本
		645	大化改新はじまる
654	武烈王(金春秋)即位		
660	新羅と唐の連合軍、百済を滅ぼす		
		663	日本の百済援軍、白村江で敗北
668	新羅と唐の連合軍、高句麗を滅ぼす		
		671	天智天皇没
		672	壬申の乱、大友皇子自殺
674〜676	新羅、唐と対立		
676	唐が朝鮮半島から撤収		
687	九州五京制を制定		
698	大祚栄、震国(渤海)を建国		
		701	大宝律令完成
		727	渤海、初めて日本に遣使
751	仏国寺、石窟庵を創建		
		752	東大寺大仏開眼供養
		759〜762	新羅征討計画
779	この年の日本への遣使を最後に中止		
788	読書三品科を制定		
		794	桓武天皇、平安京(京都)に遷都
822	金憲昌の乱		
		838〜847	円仁、入唐巡礼の旅に出発
841	清海鎮大使張保皐殺される		
		894	遣唐使廃止
918	王建、高麗を建国		
935	新羅の敬純王、王建に帰順	935	平将門の乱
936	王建、後百済を制圧		
		940	藤原純友の乱

年表　統一新羅と日本

一

支配体制の再編成

新羅は六六〇年に百済を、六六八年には高句麗を滅ぼし、さらに六七六年まで反唐戦争をつづけて、半島部の大同江《テドンガン》から元山湾《ウオンサン》を結ぶラインまでその領域を広めた。この統一新羅は九三五年までつづいた。新しい領域に支配を広げるためには三国鼎立時代の旧新羅の支配体制を再編成しなければならなくなった。

まず注目されるのは、聖骨《ソンゴル》出身の真徳女王《チンドク》（在位六四七〜六五四）から、真骨《チンゴル》の武烈王《ムヨルワン》（在位六五四〜六六一）に変わったことである。それから新羅末期まで、真骨出身の金氏が王位を独占した。すでにのべたように、三国時代の旧新羅から統一新羅の新しい時代を切り拓いた主役は、真骨出身の金春秋《キムチュンチュ》（武烈王）であった。

古来新羅には骨品《コルプム》という血統的な身分制があり、貴族の大等《テドウン》会議は、聖骨出身の朴氏、昔氏、金氏から国王を選んできた。大等会議の議長を上大等《サンデドウン》といった。大等会議は国王の進退をはじめ、政治を左右する大きな権限を持っていた。その原形は、建国初期の慶州六カ村の「和白《ファベク》」という部族長会議であり、貴族化した部族長たちの会議が大等会議になった。

官等		骨品				服色
等級	官等名	真骨	六頭品	五頭品	四頭品	
1	伊伐飡					紫
2	伊飡					紫
3	迊飡					紫
4	波珍飡					紫
5	大阿飡					紫
6	阿飡					緋色
7	一吉飡					緋色
8	沙飡					緋色
9	級伐飡					緋色
10	大奈麻					青色
11	奈麻					青色
12	大舎					黄色
13	舎知					黄色
14	吉士					黄色
15	大烏					黄色
16	小烏					黄色
17	造位					黄色

骨品と官等表

六四七年に上大等毗曇《ビダム》が、真徳女王の即位に反対して内乱を起こしたことがあった。その理由は、真徳女王の前王も善徳女王（在位六三二～六四七）だったからでこのように二代も女王がつづいたのでは、新羅が当面している難局を乗り越えることはできない、ということであった。

聖骨の内部では血の純潔を守るために排他的な族内婚を重ねてきた結果、『三国遺事』は「聖骨の男子尽く。故に女王立つ」と書いている。

内乱後の六五一年に、国王直属の行政府として執事部を設け、その長官である侍中《シジュン》を真骨出身者から任命し、上大等以上の大きな権限をあたえた。つまり従来の聖骨中心の貴族連合政治を、真骨中心の国王専制に切り換えたのである。武烈王の治世はそういう政治の転換期であった。

聖骨、真骨の王族のほかに一般貴族として六頭品、五頭品、四頭品があったが、そのなかで六頭品には国王の補助的役割を果たす優れた人材が多いのに、その官等は真骨に比べて大きな制約を受けていた。

骨品と官等との関係を図示すれば、右の表のようになる。

これでみると、第五位の大阿飡《テアチャン》以上の紫衣の官等は真骨出身が独占し、六頭品出身者が登りうる上限は、第六位の緋衣の阿飡《アチャン》で、それ以下に限定されている。

中央における専制王権の強化は、新しい領域に支配を広めるための前提になる。新羅は新しい領域を含めた全国を九つの州に分け、五つの小京を置いて支配した。

旧新羅および伽耶の故地には沙伐州（尚州）、歃良州（梁山）、菁州（晋州）の三つの州。百済の故地には熊川州（公州）、完山州（全州）、武珍州（光州）の三つの州。高句麗の故地には漢山州（広州）、首若州（朔州）、河西州（溟州）の三つの州、合わせて九州がそれである。州の長官は都督といい、州の下には郡（太守）、県（県令）があり、県の下の末端には村があった。

九州のほかに、各地方の要所に五つの小京を置いている。新羅の首都慶州《キョンジュ》が半島の東南端に偏在していたため、それを補完するための地方の中心地を設けたのであろう。五つの小京とは、中原京（忠州）、北原京（原州）、金官京（金海）、西原京（清州）、南原京（南原）。

もちろんこれらの地方組織には旧伽耶や百済、高句麗の貴族や官僚たちを吸収して新しい領域の統治に活用した。にもかかわらず慶州の中央権力が遠隔な地方に浸透するうえでの困難、閉鎖的に専制を敷く真骨にたいして、有能でありながらその補助的

九州五小京

地位に限定された六頭品の反発は、中央集権制が弛緩すれば表面化する可能性を秘めていた。

花郎団と「風流」の道

朝鮮半島の東南端に位置し、三国のうちではもっとも後進的であった新羅が三国統一戦争に勝ち抜くうえで、もっとも威力を発揮したのは、花郎団《ファランダン》による貴族青少年の教育方法にあった。

三国統一戦争において、外交の金春秋と軍事の金庾信《キムユシン》は、新羅統一の双璧であった。金庾信は金官伽耶の首露王《スロワン》の子孫で（だから金海金氏、金春秋は慶州金氏）で、花郎出身の将軍であった。『三国史記』列伝の金庾信条では、つぎのように書いている。

> 公は年十五歳のとき、花郎となった。時の人たち（郎徒）はあまねく（花郎に）服従し、龍華香徒と呼んだ。真平王建福二十八年辛未（六一一）の年十七歳のとき、高句麗、百済、靺鞨が国境を侵犯するのを見て、慷慨して寇賊を平定する志をもつようになった。

ここでいう「龍華香徒」の龍華とは、弥勒菩薩の化身としての花郎のことであり、それを中心とした郎徒たちの青少年集団が花郎団である。たとえば新羅が加羅国（大加耶）を統合したとき、斯多含《サダハム》（一五、六歳）という将軍がいた。真骨出身の花郎であったかれのまわりには千人の郎徒が集まったという。つまり花郎を中心とした郎徒の集団である花郎団は、弥勒信仰で結ばれた一つの軍団を形成していたようである。

真興王《チンフンワン》（在位五四〇～五七六）の巡狩碑については、すでにのべたことがある。要するに新羅が飛躍的な発展をとげた時期であった。このとき人材選抜の方法として花郎団がつくられた。『三国史記』新羅本紀の真興王条には、つぎのように書いてある。

その後（その前は女子の「源花」）美貌の男子を選び、粧飾して花郎と名づけた。これを奉る徒衆（郎徒）が雲集し、あるいは道義をもって互いに磨き、あるいは歌楽をもって互いに悦《よろこ》び、山水に遊んで楽しみ、遠くとも至らざるところがなかった。これによってその人の正邪を知り、善なる者を選びて朝廷に推薦した。だから金大問《キムデムン》（聖徳王のときの貴族、七〇四年に漢山州都督となる）は『花郎世記』のなかでいわく——賢佐（賢相）と忠臣がこれによって輩出し、良将勇卒もこれによって生まれた、と。崔致遠《チェジウオン》は『鸞郎碑序』でつぎのようにのべた。国に玄妙の道があり、風流《プンニュ》という。その教えの源については『仙史』に詳しくのべている。その内容は三教（儒・仏・道教）を含んでおり、直接衆生を教化する。入りては家で孝を尽し、出でては国に忠を尽すのは魯司寇（孔子）の主旨である。無為の事に処し、不言の教を行うのは周柱史（老子）の宗旨である。諸悪を行わず、諸善を奉行するのは竺乾太子（釈迦）の教化である。

つまり新羅が三国を統一するまでの人材選抜の方法は、花郎団の集団生活のなかで道義を磨き、心身を鍛練する過程でそれぞれの正邪を知り、その善なる者を選抜して朝廷に推薦することであった。その集団生活を支えた基本精神が、三教を融合させた「風流」という玄妙の道であった。

国学と読書三品科

新羅は花郎団の武勇によって百済と高句麗との覇権争いに勝ち抜いてきた。ところが三国を統合してのちの新羅にとって緊急な課題は、新しい領域に配置するための官僚を大量的に養成することはもちろん、従来敵対してきた旧百済および高句麗の官民との一体化をはかり、民心を安定させるために、文治のできる人材養成であった。

六八二年に設置された国学は、儒教によってそういう人材を養成するための最高学府であった。礼部が管轄する国学には卿（学長）一人のもとにそれぞれ若干名の博士と助教が、三つのコースに分けて教授を担当した。

Aコース　孝経・論語・礼記・周易
Bコース　孝経・論語・毛詩（詩経）・春秋左氏伝
Cコース　孝経・論語・尚書・文選

これによれば、各コースの共通科目として『孝経』と『論語』を重視していたことが分かる。

就学資格は大舎《テサ》（一七等級の官等のうち一二番目）以下の無位の者にして一五歳から三〇歳までとし、修業年限は九年とし、卒業生には官等一〇番目の大奈麻《テナマ》か、一一番目の奈麻《ナマ》の資格をあたえた。

七一四年に聖徳王（在位七〇二～七三七）の王子金守忠《キムスチユン》が、玄宗の宿衛として入唐し、七一七年に文宣王（孔子）およびその十哲、七二弟子の図像を持って帰国し、国学にそれを安置した。この年に医博士と算博士それぞれ一人を置いた。

さらに儒教的教養を試験して人材を抜擢《ばつてき》するため、七八八年に読書三品科を定め、試験科目の理解程度によって上品、中品、下品の三段階に分けた（『三国史記』元聖王条）。

上品……『春秋左氏伝』『礼記』『文選』のいずれかを読んでその意味に通じ、兼ねて『論語』と『孝経』に明るい者。

中品……「曲礼《きよくらい》」『論語』『孝経』を読破した者。

下品……「曲礼」『孝経』を読破した者。

注目されるのは「曲礼」（『礼記』の中の編名）と『孝経』とが、読書三品科の共通項目になっていることだが、このほかに五経、三史（史記、漢書、後漢書）、諸子百家に博《ひろ》く通じた者を「超擢」（特別に抜擢）とした。読書三品科の実施によって「従来は弓箭《ゆみや》をもって人を選んだが、ここに至ってこれを改めた」。つまり、人材抜擢の基準を、従来の花郎団の「弓箭」から読書三品科の「儒教」に改めたのである。

ところが三品とは別格の「超擢」は、上品のレベルをはるかに超えた水準の者である。恐らくそれは、唐への留学から帰国した者でなかろうか。このことについては後にみることにしたい。

慶州の栄華とかげり

新羅の都は、三国を統一してのちも、半島の東南端の慶州であった。旧百済や高句麗の故地を掌握するには適切でない立地である。のちにのべるように、反中央的な地方勢力は、旧百済や高句麗の故地から台頭している。

慶州の地理的環境を簡潔に描写すると、つぎのようになる（李進熙『韓国の古都を行く』七二頁、学生社）。

慶州は東西八キロ、南北一〇キロの小さな盆地。東側をおさえる山塊の主峰は明活山で、北には小金剛山が聳え、西は玉女峰と仙桃山のなだらかな山稜が連なる。南はひときわ険しい南山である。盆地のなかを北流する南川が、仙桃山の麓で西からの流れと合流して西川となり、やがて北川をあわせて迎日湾にむかう。

要するに慶州は東の明活山、北の小金剛山、西の玉女峰と仙桃山、南の南山に囲まれた東西八キロ、南北一〇キロの狭い盆地である。この盆地を貫流する西川が北川と合流して迎日湾に注ぎ、東海とつながる。この狭い都市空間のなかに旧百済や高句麗の故地からの富を吸いあげて繁栄し、その全盛期には、一七万戸余りの瓦葺きのいらかが軒をつらねた。

第四九代憲康王《ホンガンワン》（在位八七五〜八八六）の六年（八八〇）、国王は侍中（首相）金敏恭《キムミンゴン》とつぎのような対話をかわしている（『三国史記』憲康王六年九月九日条）。

王は左右の近臣たちと月上楼に登り、四方を眺めた。京都（慶州）の民屋はあい連なり、歌楽の音は絶え間なくつづいた。

王は侍中敏恭を顧みていわく——

いま民間の家屋は瓦をもって葺き、茅を使わない、炭で飯を炊き、薪を使わないと聞く。これ事実か。

敏恭、答えていわく――

臣もまた、このように聞いております。

また翌年の春三月に、国王は臨海殿で群臣たちと酒宴を開いて、天下太平を謳歌した。

（王は）臨海殿で群臣たちと饗宴を開いた。酒宴がたけなわとなると、王は琴を弾き、左右の近臣たちはそれぞれ歌詞をつくって進上した。歓きわまって罷《や》めた。

それから八年後の八八九年（真聖女王三年）、辺境の騒然たる民乱《ミルラン》のニュースを伝えるつぎのような記事がつづくようになった。

真聖女王三年（八八九）。国内の各州部から貢賦を送ってこないので国庫が枯渇し、国用が窮乏した。王は使者を遣わして督促したが、これによって四方に盗賊が蜂起し、元宗、哀奴らは沙伐州（尚州）によって叛旗をひるがえした。

真聖女王（在位八八七〜八九七）のときから国内は麻のように乱れ、すでに新羅の貴族社会は、三国統一のときの花郎団にみるような野性的な武勇精神は見る影もなくすたれ、爛熟した貴族文化のなかにどっぷりつかって、末期的退廃だけが目立つようになった。

二

新羅の入唐留学生

唐王朝は六一八年に発足し、九〇七年に滅亡するまで二九〇年もつづいた。その都長安はシルクロードの始発点であり、終着点として東西文明が集合し共存する国際色豊かな都市であった。唐周辺の諸国は、唐代文明のレベルに近づくことが、それぞれの国の文明度をはかるバロメーターと考えていた。

三国統一後の新羅も唐との関係を改善し、積極的に唐風文化の摂取に努めた。その担い手が入唐留学生であった。

もちろん唐代以前の五八九年に、新羅人として中国の南北朝時代に南朝の陳の金陵（南京）に留学し、その陳を滅ぼした隋《ずい》の時代の六〇〇年に帰国した円光《ウォングァン》もいた。かれの留学目的は儒教であったが、しだいに仏教に心酔し、三蔵（経・律・論）を究めて帰国し、国王真平王（在位五七九〜六三二）の帰依をうけて国家的名声を博した。かれは儒仏両道につうじた学僧であった。

しかし本格的に中国への留学がはじまったのは唐代であった。留学生らは仏教・儒教をはじめいろいろな分野で学び、帰国した者もおれば、かの地で生涯を終えた者もいた。

しかし入唐留学生の全貌については、いまの研究段階では把握できないが、手許にある楊昭全著『日朝関係史論文集』（北京・世界知識出版社、一九八八年）を手がかりにして、その輪郭を垣間見ることにしたい。

著者は唐と新羅との関係史を三つの段階に分けている。第一段階は六一八〜六六八までの五〇年間。政治的関係が密接であり、軍事同盟を実行した時期である。つまり新羅が百済や高句麗に敵対して、唐との連合を実現した時期である。

第二段階は六六八〜七三三年までの六十余年間。両国関係が悪化し、軍事的衝突が発生した時期である。いうまでもなく、朝鮮半島内から唐の勢力を駆逐するための反唐戦争と、その後のトラブルがつづいた時期である。

第三段階は七三四〜九〇七年（唐の滅亡）までの一七三年間。両国が友好関係を維持しつづけた時期である。七三五年に唐は、浿江《ペガン》（大同江）以南の新羅の領有を認め、両国間の関係が正常化した。

この時期は唐代の最盛期であった玄宗の開元・天宝年間（七一三〜七五六）で、それ以来多くの儒者や僧侶たちのなかで入唐《にっとう》求学および求法《ぐほう》の留学熱がもっとも高まった時期であった。

当時長安には、唐の太宗の命によって一二〇〇間の校舎を増築した国子監（儒教大学）に内外の学生八千余名が学び、八三七年の新羅留学生は二一六名であった。日本人のなかにも七一七年の遣唐使に加わって入唐し、国子監の太学《たいがく》で学んだ日本人留学生として阿倍仲麻呂《あべのなかまろ》や、四門学で学んだ吉備真備《きびのまきび》が有名である。国子監には国子学、太学、四門学、律学、書学、算学の六つの専門コースがあった。

中国では外国人留学生のための科挙試験として賓貢科《ピンゴン》があり、それの合格者が賓貢《ピンゴン》進士《ジンサ》である。八二一年に新羅留学生金雲卿《キムウンギョン》が合格して以来、唐末までの合格者が五八名、そのなかで姓名が判明している者が、先の金雲卿をはじめ金可紀《キムガキ》、崔致遠、朴仁《パクイン》範《ボム》、崔承祐《チエスンウ》、崔彦撝《チエオヌイ》など一四名であり、詩文でもっとも有名なのが崔致遠であった。かれは八六八年に一二歳で唐に留学し、八七四年に一八歳で合格した。

『新唐書』の芸文志（別集類）に「崔致遠の『四六集』一巻と『桂苑筆耕』二十巻がある」とのべ、その注には「崔致遠は高麗人（新羅人の誤記）で賓貢科に及第し、高《こう》駢《べん》の従事官となった」と紹介されている。

唐末の黄巣《こうそう》の乱のとき（八七五〜八八四）、諸道行営兵馬都統としてその平定に当たったのが高駢である。崔致遠は従事官となって表状や書啓を作成して、その文名を高めた。

かれは八八五年に帰国して（二八歳のとき）侍読兼翰林学士に任命されたが、すでに新羅王朝は救い難い末期的症状を呈しており、政界をはなれて放浪と隠遁の晩年を送って、伽耶山海印寺《ヘインサ》で生涯を終えた。かれは六頭品出身の貴族であった。

仏教分野でも、六世紀前半から一〇世紀初めまでの三百八十余年間に入唐求法僧は六四名、そのうち人名を確かめうるのは円測《ウォンチュク》、慈蔵《チャジャン》、義湘《ウイサン》など六一名となっている。

崔致遠

新羅仏教史のなかで、義湘（六二五〜七〇二）は元暁《ウォンニョ》（六一七〜六八六）と双璧をなす高僧である（くわしくは鎌田茂雄『朝鮮仏教史』、東京大学出版会）。

義湘は六六一年、入唐求法の旅に出発し、長安にある終南山《しゅうなんざん》至相寺で、中国華厳宗《けごんしゅう》の第二祖智儼《ちごん》に師事した。第三祖賢首大師法蔵とは同門である。一〇ヵ年間の研究を終えて六七一年に帰国した。かれが創建した名刹として太伯山の浮石寺《プソクサ》（慶尚北道）、伽耶山の海印寺（慶尚南

新羅仏教の双璧、義湘が創建した名刹、浮石寺（上）と元暁の碑がある芬皇寺の石塔（下）（いずれも韓国観光公社提供）

道)、金井山の梵魚寺《ポモサ》(慶尚南道)、智異山《チリサン》の華厳寺《ファオムサ》(全羅南道)などが現存している(元暁については八九～九二頁参照)。

　円測(六一三～六九六)は則天武后の帰依をうけ、新羅神文王の帰国要請を、武后は拒否して離さなかった。かれは有名な玄奘《げんじょう》法師の弟子で六カ国語に通じ、インド僧地婆《じば》訶羅《から》が将来した一八部三四巻の梵語経文の漢訳に参加した。

　玄宗(在位七一二～七五六)は玄奘法師の遺骨を長安近郊の少陵原《しょうりょうげん》に埋葬し、その供養のため寺院(興教寺)を建立した。そのとき玄奘の墓塔の左右には、高弟の窺基《きき》と円測の墓塔を建て、今に伝わっている。

また六四人の求法僧のなかで、一〇人が唐からインドに入り、そのうち唐に帰ったのは慧超《ヘチョ》と玄泰《ヒョンテ》である。

慧超は七二三年に求法のため入唐し、山西省の五台山に入ってインド僧金剛智に師事した。かれは広州を出発して船の旅をつづけ、インド、パキスタンの仏教の聖蹟を巡礼し、七二七年に唐の安西都護府（新疆ウィグルの亀茲《きじ》）に到着した。その旅行記が『往五天竺国伝』である。一九〇八年にフランスの探検家P・ペリオが敦煌《とんこう》千仏洞でこの書を発見したが、その前後の一部が欠けていた。だから広州を出発したのが何時であったかは分からない。

慧超は七八七年に唐で八三歳で亡くなったから、その生まれは七〇四年であろう。

新羅の入唐留学生には、国内のきびしい骨品制のもとで、その才能を十分発揮できなかった六頭品貴族が多い。帰国したかれらの仏教界での活躍は目覚ましい。布教への使命感が俗界の骨品制をはるかに超越していたからであろう。それに比べて政治の世界に進出した儒者の場合は、たとえ唐の賓貢科に合格しても、官職の上位を独占していた真骨貴族の陰にかくれて挫折した人が少なくない。

唐で賓貢科に合格した金可紀は、帰国した三年目には再び唐に渡り、長安の終南山で道教を修行し、そこで生涯を終えている。

九一八年に王建の高麗王朝が出現すると、先にのべた崔致遠も、王建に送った書のなかに、「鶏林黄葉　鵠嶺青松」（鶏林＝新羅、鵠嶺＝高麗）の句があった、という。新羅王朝に絶望したかれは、新興の高麗に希望を託したのである。

統一新羅の慶州から唐の長安に至るコースはどうであろうか。統一新羅と唐とをつなぐ陸路は渤海《パルヘ》によって遮断されていたので、黄海を渡る海路を使わざるをえなかった。

もちろん個別的なケースはいろいろあったが、一般的には慶州から尚州を経由して南陽《ナミヤン》湾（京畿道）に出た。そこの唐恩浦《タンジンポ》で乗船して西海沿岸を北上し、黄海道甕津《オンジン》半島に至る。

甕津半島先端の長山串か白翎島《ペンニョンド》から山東半島までは一衣帯水である。新羅からの遣使や留学生たちが長安に至る中国側の関門は、この山東半島の登州であった。ここには登州都督府が置かれ、新羅や渤海からの遣使や留学生たちのために、在外公館的な新羅館や渤海館があった。

ここで長安行きの手続きを済ませた一行は、萊《らい》州、青《せい》州、兗《えん》州に至り、汴《べん》州（開封）を経て、洛陽、長安への旅をつづけた。

じつは甕津半島の先端から山東半島の登州に黄海を横切るこのコースは、白村江の戦い以前には、日本の遣唐使の北路になっていた。つまり北九州の博多津を出発した日本船は朝鮮半島の南岸を西進し、さらに西海岸を北進して甕津半島の先端から山東半島の登州に渡ったのである。この北路こそ、遣唐使にとってもっとも安全なコースであった。ところが統一新羅との関係が険しくなると、北九州（五島列島）から東シナ海を乗り切って江蘇省の沿海地方（揚州）に至る、それこそ命がけの南路をとるようになり、航海の遭難率がにわかに高まった。

日本のなかの義湘と元暁

京都栂尾《とがのお》にある高山寺は東大寺で修行した明恵《みようえ》上人（一一七三〜一二三二）が、華厳《けごん》宗興隆の道場として再興した寺である。その寺宝に、国宝に指定されている『華厳宗祖師絵伝《しゆうそしえでん》』（六巻）がある。そのうち四巻が義湘絵、二巻が元暁絵になっている。

中国、韓国、日本の仏教史に造詣の深い鎌田茂雄氏は、その著『華厳の思想』（講談社学術文庫）のなかで、つぎのようにのべている。

さらに明恵の教学を考えるうえには、遼の密教に、どうしても先にのべた朝鮮華厳がからむ。『華厳縁起絵巻』六巻は、別に「華厳宗祖師伝」ともいわれるが、明恵自身はこれを「華厳宗の祖師の絵」といっている。そうすると問題は、華厳宗の祖師の絵であればいったいだれの絵を描いたらいいのかということになる。中国華厳宗の祖師であれば法蔵《ほうぞう》の伝記を書くなり、あるいは澄観《ちょうかん》の伝記でも書けばよいし、日本華厳宗の祖であれば東大寺の開祖である良弁《ろうべん》か、あるいは新羅《しらぎ》の審祥《しんじょう》でも書けばいい。ところが描かれているのは義湘絵《ぎしょうえ》が四巻と元暁絵《がんぎょうえ》が二巻である。新羅の義湘と元暁、とくに義湘が主題となっている。

引用文中に、日本華厳宗の祖として良弁か、「新羅の審祥」をあげているが、同書では審祥について、つぎのようにのべている。

同（天平）十二年（七四〇）十月、良弁が要請して新羅の学生、審祥に金鐘道場《こんしゅどうじょう》において『六十華厳経』を講じさせた。これがわが国の華厳の講経のはじめである。

審祥はかつて唐に入り、法蔵について親しく華厳の法門をうけ、また本邦（日本）に渡来して華厳の初祖となった。良弁はその法を伝えて大いに一宗を宣揚し、聖武《しょうむ》天皇に奏して東大寺を建立《こんりゅう》し、永く華厳の根本《こんぽん》道場とした。

「新羅の学生《がくしょう》」審祥《シムサン》（?～七四二）については、新羅に留学した日本の大安寺僧か、あるいは日本に伝教した新羅人僧か、意見が分かれているが、いずれにしても新羅の華厳宗を日本に伝えて、その総本山としての東大寺建立のきっかけをつくった人物である。『新羅学生大安寺審祥大徳記』がある。

　先に元暁と義湘は、新羅仏教史の双璧とのべた。元暁の俗姓は薛《ソル》氏。その息子薛《ソル》聡《チョン》は、統一新羅を代表する儒者である。

　元暁は六六一年に、義湘とともに唐への求法の旅に出たが、「三界はただ心のみ」（三界唯心）、つまり自分の心の外に三界（欲界、色界、無色界）はないことを悟り、留学を断念した。そしてかれは「和諍《わじょう》」（融会《ゆうえ》）を中心にしていろいろな経典に注釈を施し、諸宗派を融和統一する独自の教学体系を構築した。それを「海東宗」（海東＝新羅）ともいう。中国や日本でも知られている『金剛三昧経論《こんごうさんまいきょうろん》』や『大乗起信論疏』をはじめとする八十余部の著書があり、そのうち二二部が現存する。

　七七九年（光仁天皇の宝亀一〇年）に、元暁の孫、薛仲業《ソルジュンオプ》が、新羅使金蘭孫《キムナンソン》の判官として訪日した。そのとき「日本国真人《まひと》」がかれに贈った「贈新羅使薛判官詩序」のことが、『三国史記』列伝の薛聡条に記録されている。

> 世に伝わるに日本国真人が「贈新羅使薛判官詩序」にいわく、かつて元暁居士が著わした『金剛三昧経論』を閲覧し、その人を見ないのを深く残念に思ってい

た。新羅国使薛（仲業）が居士の抱孫であると聞く。その祖父は見なかったけれどもその孫に遇えてうれしい。すなわち詩を作って贈る、と。

ちなみに「真人」とは、六八四年に天武天皇が再編した八色《やくさ》の姓《かばね》の一つで、その第一位である。以下朝臣《あそん》、宿禰《すくね》……とつづく。真人は皇族の一部にあたえた姓である。『三国史記』のこの記事に符合するように『続日本紀』光仁天皇宝亀一一年（七八〇）正月六日条に、新羅使の金蘭孫に正五品上、副使の金巌《きんがん》に正五品下、大判官の薛仲業に従五品下を授けた記事がある（原文の「薩」は「薛」の誤字）。

新羅さいごの対日遣使

日本の仏教界では、国境を越えて新羅の仏教を受容し、深く結縁していた。ところが国家的次元からみると両国関係はきわめてぎくしゃくしていた。

たとえば日本の遣新羅使の扱いについて新羅側の対応をみると、『三国史記』の七四二年（景徳王元）一〇月条に――「日本国使至《いた》るも、納《い》れず」。

また七五三年（景徳王一二）八月条に――「日本国使至る。慢《おご》りて礼無し。王、これを見《まみ》えず、すなわち帰る」。

新羅使にたいする日本側の対応も、七七九年の新羅使に、光仁天皇が参議大伴宿禰《おおとものすくね》伯麻呂《おじまろ》をつうじて伝えた勅（みことのり）のなかで、つぎのようにのべている。

そもそも新羅の国は久しい昔から、代々船舵を連ねてわが国に仕えてきた。ところが、金泰廉《きんたいれん》らが帰国した後は、常例の貢物を納めることもなく、何ごとにつけても無礼であった。それ故、近年はその新羅の使者を追い返して、接待することはしなかった（宇治谷孟、全現代語訳『続日本紀』（下）二三二頁、講談社学術文庫）。

光仁天皇の勅のなかに、「金泰廉らが帰国した後」云々のくだりがある。『続日本紀』によれば、七五二年（日本の天平勝宝四）閏三月二二日に大宰府は大和朝廷に、新羅王子金泰廉《キムテリョム》が率いる七百余人の大型の使節団が那《な》の津《つ》（博多）に着いた、と報告している。何のための使節であったのか。

四月九日には奈良の東大寺大仏が完成して、盛大な開眼供養《かいげんくよう》がおこなわれた。すでにのべたように、新羅学生審祥との深いゆかりがある。新羅の貴族仏教の主流は華厳宗であり、しかも東大寺は、日本華厳宗の総本山である。

もちろん七百余人の使節団の目的の一つは、東大寺の開眼供養と前後して、香料や薬物、調度など舶来品にたいする日本の朝廷や貴族たちのニーズを狙った交易であろう。それは正倉院で発見された「買新羅物解《ばいしらぎもののげ》」で知ることができる。しかし王子金泰廉らの主目的は両国間の親善使節として開眼供養に参加することではなかったか。田村圓澄氏の『筑紫と飛鳥――日本古代史を見る眼』（六興出版）によれば、古代史学界では新羅使の唯一の目的が「交易」であったというのにたいし、「東大寺大仏の参拝のために来日した」と、異論を唱えている（Ⅱの三「新羅使の来日と大宰府」）。

この問題に深入りするのは避けたいが、結果的には開眼供養はすでに過ぎてしまった六月一四日に金泰廉ら三百七十余人が平城京（奈良）に迎えられ、東大寺や大安寺にも参詣した。ところが孝謙天皇は、今後は新羅国王みずからが来朝するか、代わりの者を派遣する場合は国王の表文（君主にたてまつる文）を持参するよう申し渡している。まったく独りよがりの「属国」扱いである。

その翌年の七五三年八月、新羅国王も答礼の日本国使（小野田守《おののたもり》）にたいし、先に引用したように「慢《おご》りて礼無し」と追い返している。

このように国家的次元からみると、両国関係はお互いに無礼呼ばわりをして国威を競い合っている。ついには七五九年、藤原仲麻呂《ふじわらのなかまろ》政権による新羅征討計画が登場する。この計画はきわめて唐突のようであるが、七五五年に新羅の後ろ楯であった唐の安史《あんし》の乱があり、その隙を狙って新羅を屈服させようとした。渤海からの安史の乱の情報を日本に伝えたのが、先の小野田守である。計画そのものは三年後に中止したが、当時の日本の新羅観を象徴している。

じつは先にのべた七七九年の金蘭孫一行が七八〇年に帰国してのち、新羅側は日本への遺使を打ち切ってしまった。日本側からの遺使はその後もあったが、新羅側は応じていない。

新羅側の対日政策は、紛糾つづきの外交を避けて、交易を商人に任せる方向に転換した。そして新羅の目は、もっぱら唐に向けられた。

三

新羅王朝の斜陽

『三国史記』はその新羅本紀を締め括りながら、新羅王朝の歴史を上代、中代、下代に分けてつぎのように書いている。

> 国人（新羅人）は始祖からこの時までを三代に分けている。始祖から真徳女王までの二八王を上代といい、武烈王から恵恭王までの八王を中代といい、宣徳王から敬順王までの二〇王を下代という（傍点は引用者）。

以上の時代区分はほぼ妥当であり、それを年代的に整理するとつぎのようになる。

上代……始祖朴赫居世（前五七～後四、以下「在位」）から第二八代真徳女王（六四七～六五四）まで。

真徳女王をもって聖骨出身の王族が絶えた。

中代……第二九代武烈王（六五四～六六一）から第三六代恵恭王（七六五～七八〇）まで。

真骨出身の武烈王（金春秋）の子孫が王統を継承した時代である。この一〇〇年余りが三国統一を成し遂げ、新羅の全盛期といえるだろう。

下代……第三七代宣徳王（七八〇～七八五）から第五六代敬順王（九二七～九三五）まで。

中代さいごの恵恭王のときから真骨内部の王位をめぐる争いが激化し、王朝さいごの国王が敬順王である。新羅王朝の斜陽期といえるだろう。

中代さいごの恵恭王のときはその治世一六年間に六回の反乱事件が起こっている。恵恭王四年（七六八）に角干《カッカン》大恭《デゴン》の乱が起こり、首都および五道・州・郡の九六人の角干を巻き込んで、流血の争いが三カ月間もつづいた（角干は第一等級の伊伐飡の別称）。けっきょく恵恭王と后妃は伊飡金志貞《キムジジョン》の反乱軍に殺され、それを平定した上大等金良相《キムヤンサン》が即位して宣徳王となった。

第三七代目の宣徳王が武力によって即位して以来、前王を殺して即位した国王は、四一代目の憲徳王、四四代目の閔哀王、四五代目の神武王とつづく。中央における真骨内部の骨肉の争いは、おのずから中央集権を弱化させ、その権威は地方に届かず、地方豪族が跋扈《ばっこ》する隙を与えた。

八二二年（憲徳王一四年）の金憲昌《キムホンチャン》の乱は、国家の分裂を招くほどの大乱であった。熊川州（公州）都督のかれは、武烈王系列の父金周元が国王になれなかったことを理由に、国号を長安、年号を慶雲元年として中央からの独立を宣言した。これに武珍州（光州）、完山州（全州）、菁州（晋州）、沙伐州（尚州）の四つの都督と、各都県の守令が呼応したが、貴族連合の政府軍に各個撃破された。熊川城が陥落して金憲昌が自殺すると、その子金梵文《キムホムン》が漢山州（ソウル）で再起したが失敗した。『三国史記』の編者はつぎのようにコメントしている。

新羅の金彦昇（憲徳王）は哀荘王を殺して即位し、金明（閔哀王）は僖康王《ヒカンワン》を殺して即位し、金祐徴（神武王）は閔哀王を殺して即位した。今その事実をすべて記録するのも『春秋』（孔子が書いたという魯の史記）の志である。

張保皐の新羅坊と円仁

先にのべたように新羅から日本への遣使は、七七九～七八〇年の金蘭孫一行の訪日をさいごに途絶えてしまった。その反面、中国の山東省や江蘇省の登州や楚州など、唐に移住した新羅人の居留地が点在し、これを新羅坊《シルラバン》といった。これを拠点として中国大陸と朝鮮半島との水路が結ばれていた。

伝教大師最澄《さいちょう》の高弟である慈覚大師円仁《えんにん》（七九四～八六四）は、比叡山《ひえいざん》延暦寺の第三代座主である。かれの著作に有名な『入唐求法巡礼行記《にっとうぐほうじゅんれいぎょうき》』（以下『巡礼行記』、足立喜六訳注、塩入良道補注、平凡社東洋文庫）がある。

『巡礼行記』は、円仁が八三八年六月に北九州を出発し、八四七年九月、九年三ヵ月ぶりに帰国するまでの唐代中国での巡礼記録である。そのなかには在唐新羅人の居留地である新羅坊およびその新羅人との交わりが、じつに生き生きと活写されている。円仁の入唐求法の成功は、張保皐《チャンボコ》が山東半島の赤山浦《チョクサンポ》に建てた赤山法華院との出会いを抜きにして語ることはできないだろう。

八三八年に藤原常嗣《ふじわらのつねつぐ》を大使とする遣唐使に請益僧《しょうやく》（短期留学生）として随行した円仁は、その師最澄が修行した台州天台山国清寺に行く予定であったが、許可されなかった。失望したかれが、帰国する遣唐使一行と別れて、無断で船を下りたところが赤山浦の新羅坊であった（今の山東省栄成市石島）。ここでかれは、入唐求法成功の決定的な二つのきっかけをつかむことができた。その一つは求法の目的を達成するためには、はるか南方の天台山よりは、山西省東北部にある五台山が近いこと、他の一つは中国の内地旅行のための公験《くげん》（旅行証明書）を入手したことである。

円仁が赤山浦に着いたのが八三九年六月七日、翌年の二月までここに留まって五台山巡礼のための準備を進めた。かれは赤山浦のことをつぎのように描写している（前掲『巡礼行記』）。

この赤山はもっぱら岩石が高く秀でている処《ところ》で、すなわち文登県清寧郷赤山村である。その山のなかに寺があって、赤山法華院という。もと張宝高が初めて建てたもので、張の荘田があって食糧にあてる。その荘田からは年に五百石の米を得る。

引用文中の「張宝高」は張保皐のことである。かれは朝鮮の莞島《ワンド》に設けた清海鎮の大使となり、ここに一万名の水軍を常備して東シナ海の海賊を取り締まり、唐—新羅—日本（北九州）を結ぶ航路の治安と貿易に従事した、東シナ海の海運王であった。

赤山浦の新羅坊は、張保皐が設けた新羅の清海鎮と直結した中国側の拠点の一つであった。円仁は八四五年に道教を狂信した武宗の仏教弾圧のため長安を追放され、楚州の新羅坊を経由して再び赤山浦の新羅坊に身を寄せた。つまり円仁の入唐求法の旅の出発点も、帰着点も赤山浦の新羅坊であった。かれはここで新羅船に乗り、新羅の西海岸を南下して、北九州に帰着した。しかしここで円仁の入唐求法をサポートした各地の新羅坊やその人たちの活躍についてくわしくのべる余裕はない（拙著『玄界灘に架けた歴史』のなかの「円仁の入唐求法と新羅坊」を参照、朝日文庫）。

かつて駐日米国大使であったE・O・ライシャワー博士は、一九五五年に英文『唐代中国への円仁の旅』（Ennin's Travels in Táng China）を発表している（日本語訳『円仁 唐代中国への旅――『入唐求法巡礼行記』の研究――』田村完誓訳、講談社学術文庫）。かれはそのなかに、第八章「中国における朝鮮人」を設けて、その冒頭でつぎのようにのべている。

実際、円仁の日記は中国における日本人の旅行記なのだが、その全頁に登場してくる人物の数において中国人に匹敵しているのは朝鮮人であり、日本人の影は決定的に薄いのである。

ところで、十一世紀余り経過した現在と同様、これらの三民族は当時も世界のその部分を占める主要な国家群を形成していた。三者のうち朝鮮人の占める役割は一番知られていない（前掲日本語訳）。

ライシャワーが、わざわざ「中国における朝鮮人」の一章を設けた理由である。確かに『巡礼行記』を語る場合、円仁の求法巡礼をサポートした新羅人のなかでも、赤山浦の管理者張詠《チャンヨン》、大運河と淮河《わいが》とを結ぶ水陸交通の要地楚州の新羅坊の訳語《おさ》劉慎言《トンシンオン》(のちに惣管《そうかん》)、また日本から中国に同行し、在唐新羅人との渡りをつけた新羅訳語金正南《キムジョンナム》の協力は、とりわけ印象的である。

円仁は帰国後も、在唐新羅人の献身的な好意を忘れなかった。だから病中の八六四年に、安慧をはじめとする高弟たちを枕元に呼んで、比叡山西坂本の地に、延暦寺の護法神として赤山明神のための禅院を建立することを遺嘱した。いま京都修学院にある赤山禅院がそれである。

「後三国」と新羅の滅亡

中央における貴族内部の争いとその権威の失墜に伴って地方では民乱が頻発した。地方の豪族たちがそのような民乱軍を糾合して、中央から自立した政治勢力が離合集散を重ねながら、ついには「後三国」の時代を迎えた。

「後三国」とは新羅のほかに、甄萱《キョンフォン》がつくった「後百済」、弓裔《クンイエ》がつくった「後高句麗」のことである。

その国号で分かるように、統一新羅の支配下の旧百済人および旧高句麗人たちは、依然として故国にたいする帰属意識をもちつづけていた。

甄萱が完山州（全羅北道全州）を拠点として後百済の独立を宣言したのが八九二年。かれは九二七年に慶州を襲撃して、鮑石亭《ポソクチョン》で側近の群臣たちと曲水の宴を張っていた景哀王を捕まえて自決に追い込み、その族弟金傅《キムブ》を即位させて敬順王（在位九二七～九三五）とした。いいかえれば新羅王朝をその支配下に置いたのである。

弓裔は本来新羅の王族であった。恐らく王位をめぐる争いに失敗したのであろう。北原《プグォン》（江原道原州）で梁吉《ヤンギル》の農民軍に参加し、そのなかでしだいに頭角を現して、松《ソン》岳《アク》（開城）を拠点とする後高句麗の独立を宣言したのが九〇一年。のちに拠点を鉄原《チョロン》に移して国号も泰封《テボン》と改めた。

ところがかれは弥勒仏を自称して専制君主となり、二人の息子を菩薩と呼ばせ、猜疑心が強くて部下たちを信頼しなかった。とくに新羅に対する敵愾心がはげしく、新羅から来る者は皆殺しにした。けっきょく弓裔は九一八年に部下であった王建《ワンゴン》に追放された。王建は拠点を再び松岳に移し、国号を高麗《コリョ》とした。

敬順王はすでに新羅の命運が尽きたことを自覚し、九三五年一〇月、群臣たちに王建への帰順をはかった。賛否両論があったが、侍郎金封休《キムボンヒュ》に命じて王建に帰順の国書を伝達させた。帰順に反対した王子はつぎのように訴えた（『三国史記』敬順王条）。

国の存亡には天命があります。ただ忠臣義士を糾合し、民心を収合して自ら固め、力を尽くして後に待つべきです。どうして千年の社稷を、軽々しく他人に与えるべきでしょうか。

すでに王位をめぐる殺し合いをつづけてきた新羅王朝のための忠臣義士があろうはずはない。王子は帰順が一決すると、慟哭して父王と別れ、皆骨山（冬の金剛山の別称）に身をかくして小屋を作り、麻衣草食で生涯をおえた。後世にかれを「麻衣太子」といった。

敬順王は文武百官を率いて松岳（開城）に向かったが、その香車と宝馬の列は三〇里に及び、王建は松岳の郊外に敬順王を出迎え、宮中の一郭に住居を定め、禄千石を給した。またその随員たちもすべて採用して優遇した。新羅千年王朝の政治文化の伝統を吸収して、新しい王朝の建設に役立てようとしたのである。ところが後百済の場合は新羅とは対照的に、武力で制圧した。

後百済では甄萱の後継者をめぐって、その長子神剣《シンコム》と第四子金剛《クムガン》との間に争いが起こった。甄萱は金剛を偏愛し、かれを後継者にするつもりであった。

神剣はそれに反発して父を金山寺《クムサンサ》（全羅北道金堤）に幽閉し、金剛を殺した。甄萱は金山寺から脱出して王建に投降したが、王建は自分より一〇歳年長の甄萱を「尚父」と呼び、その住居を南宮と称して優遇した。

王建は甄萱の要請を受けいれて大軍を出動させ、九三六年に神剣を討って後百済を滅ぼした。

九一八年に高麗王朝を創建した王建は、九三五年には新羅を統合し、九三六年には後百済を制圧して、「後三国」の再統一の偉業を成し遂げた。高麗時代の始まりである。

統一新羅から高麗への王朝交替をめぐる大乱がつづいていた九三〇年代、不思議に日本でも関東の平将門の乱、西国の藤原純友の乱などの大乱があり、はじめて高麗王朝の存在を意識したのは、恐らく一〇一九年に女真族が対馬、壱岐、北九州を襲った「刀伊《とい》の入寇」のときではなかろうか。

第四章　高麗時代

九三六年～一三九二年

西暦	朝鮮	西暦	日本
936	高麗、後百済を討ち、後三国を再統一	940～	藤原純友の乱
958	科挙制度を制定		
960	(中国)宋の建国		
993	契丹(遼)の第一次侵入		
1010	契丹の第二次侵入		
1018	契丹の第三次侵入	1019	女真人、対馬・壱岐・筑前に来襲(刀伊の乱)
1020	『大蔵経』の彫板に着手(1087年完成)		
		1167	平清盛、太政大臣となる(平氏政権)
1170	鄭仲夫の武臣の乱		
		1185	壇ノ浦の戦いで平氏滅亡 この頃源頼朝、鎌倉幕府を開く
1196	崔氏武臣政権(～1258年)		
1231～1259	モンゴル(元)の侵略はじまる		
1232	都を開城から江華島に移す 初彫の『大蔵経』消失		
1236	『大蔵経』の再彫に着手(1251年完成)		
1258	崔氏武臣政権滅ぶ	1268	高麗使、クビライの書を大宰府に伝える(朝廷、返書を出さないことを決める)
1270～1273	三別抄の乱		
1279	(中国)元により南宋滅ぶ	1274	元と高麗軍、北九州に来襲(文永の役)
		1281	元の江南軍・高麗軍、再び九州に来襲(弘安の役)
		1333	鎌倉幕府滅亡、後醍醐天皇親政
		1336	南北朝分裂
		1338	北朝、足利尊氏を征夷大将軍とす
1350	このころから倭寇の侵入激しくなる		
1359～1362	中国から紅巾賊の侵入		
1368	(中国)明の建国		
		1378	足利義満、京都の室町殿に移る(室町幕府)
1388	李成桂、威化島の回軍		
1392	李成桂、朝鮮王朝を創建	1392	南北朝合一

年表　高麗時代と日本

一

東アジアのなかの高麗王朝

ほぼ九〇〇年ころから新羅は三つの王朝が分立する「後三国」時代を迎えた。そのなかで九一八年に登場した高麗が、九三五年には新羅王朝を、九三六年に後百済を統合して、「後三国」の再統一を成し遂げた。

九一八年に創建された高麗王朝は、一三九二年に朝鮮王朝に代わるまで、四七〇年余りつづいた。その都は元（モンゴル）の侵略があったとき、一時的に江華島《カンファド》に移されたが、開京《ケギョン》（開城）であった。この四七〇年余りの間に、高麗の北方大陸や中国本土では目まぐるしい変動があり、高麗はそれに対応しなければならなかった。そのことを簡単に整理しておきたい。

高麗が「後三国」を再統一したほぼ同じ時期、中国でも大きな変動があった。九〇七年に唐が滅び、「五代十国」の分裂と興亡の乱世が五〇年余りもつづいた。

九六〇年に後周の禁軍司令官趙匡胤《ちょうきょういん》が、部下の将兵に推戴されて宋王朝を開き、その太祖（在位九六〇〜九七六）となった。都は隋唐時代の貴族の拠点であった長安から、大運河と黄河とが交差する交通の要衝開封に移された。「五代十国」の軍閥たちの割拠によって貴族社会は完全にくずれた。

宋王朝は一一二七年に、女真族の金の侵略をうけていったん滅びたが（これを北宋という）、南方に逃れて杭州を都とする南宋を再興した。その南宋も一二七九年に、モンゴル（元）によって滅亡した。


成立したばかりの高麗や宋にとって大きな脅威は、北方問題であった。九一六年に遼河の上流地方で契丹《きったん》族の首長耶律阿保機《やりつあぼき》が諸部族を統一して契丹国を建て、のちに国号を遼に改めた。


遼は九二六年には渤海を滅ぼして、高麗の北進政策と鋭く対立するようになった。また一〇〇四年には遼の大軍が宋との国境線を突破して、都開封とは目と鼻の先にある澶淵《せんえん》に迫った。宋は遼と、宋の皇帝を兄、遼の皇帝を弟分とする「澶淵の和約」を結び、毎年絹二〇万匹、銀一〇万両を歳幣としてあたえることにした。

かつてみずからを「中華」とし、異民族を臣属させてきた漢民族にとって、北狄《ほくてき》の遼と兄弟関係を結ばざるをえなかったことは、莫大な歳幣を贈る以上の屈辱であった。しかし、和約によって戦争は回避され、両国間の経済交流が盛んになった。宋との平和が確保されると、遼は高麗を屈服させるために武力的圧力を強め、戦争を仕掛けてきた。それについてはのちにのべる。

遼の領域内には、ツングース系の女真族が東北地方北部の森林地帯に居住していた。

その完顔《ワンヤン》部族の首長阿骨打《あぐだ》が、遼の圧政に反対して同族を結集し、一一一五年に金国を建て、二代皇帝太宗の一一二五年には遼を滅ぼした。

宋は「以夷制夷」の常套手段によって遼を打倒するため、金を利用して、背信行為を重ねた。遼を滅ぼした金軍は矛先を宋に向け、大挙してその都開封を包囲攻撃した。そして徽宗、欽宗をはじめ皇族や技術者など数千人を北方へ連れ去った。一一二七年の「靖康《せいこう》の変」である。つまり北宋は滅びた。

南宋は金と和議をしてその追撃を逃れたが、その内容は莫大な歳幣とともに、国境を黄河と揚子江の中間にある淮河《わいが》としたばかりでなく、金に臣礼をとらされた。中華の皇帝として、かつて前例のない屈辱であった。南宋時代に形成された朱子学が、中華と夷狄《いてき》とを峻別し、きびしい攘夷思想で貫かれているのは、そういう背景があったからである。その金と南宋も、のちにモンゴル（元）によって滅ぼされた。

九〇七年に唐が滅亡してのち、以上のべたように高麗の北方大陸では渤海→遼（契丹）→金→元と、諸王朝がめまぐるしく興亡した。日本列島がアジア大陸との間に朝鮮半島や東シナ海を挟んで距離を置くことができたのは、幸いであった。アジア大陸の激動をもろにかぶる朝鮮半島の歴史は、対外的に苦労が絶えなかった。列島と半島の歴史の大きな違いである。

北方民族のめまぐるしい興亡によって高麗と宋との間には陸路は絶たれ、海路をつうじて使節が往来し、経済および文化交流も行われた。その海路には北路と南路があった。

北路は山東半島の登州を出発し、黄海を渡って大同江河口の椒島に至り、そこから南下して開京の外港である礼成港《イェソン》（礼成江の河口）に到着した。

遼や金の北中国への進出によって北路が杜絶されると、主要な航路を南路に移した。宋側の窓口は浙江省の明州（寧波《ニンポー》）と福建省の泉州であった。ここを出発して朝鮮西南端の黒山島《フクサンド》に寄港し、さらに北上して礼成港に至るコースである。だから礼成港は、宋の商人ばかりでなく、遠くアラビア商人（大食人）までが貿易していた国際港であった。

王建の「訓要十条」

九三五年の新羅王朝の滅亡によって、その中代から下代にわたって権力の中枢を占めていた真骨中心の貴族社会は完全に崩壊し、王建《ワンゴン》にはじまる高麗王朝が登場した。

王建は新羅末期の真骨内部の権力争いとは無縁の地方豪族であった。かれは高麗王朝を創建する前の九一四年に、弓裔《クンイェ》から「百船将軍」の称号を与えられたように、松岳（開城）を拠点として礼成江の河口および漢江下流の金浦《キムポ》や江華島の水運や貿易によって、財力や軍事力を蓄え、群雄割拠のなかで頭角を現わしてきたと考えられる。

高麗時代から国王の廟号は、漢唐の制度にならって「祖」または「宗」を使うようになった。王建の廟号は太祖（在位九一八～九四三）である。かれは九一八年に高麗王朝を創建してから九三六年に「後三国」を再統一するまで群雄との戦争と懐柔に明け暮れた。

再統一後も各地に「叛附相半」、つまり反抗と服従相半ばの豪族たちが、その勢力を温存していた。高麗初期の王権は、これら豪族との妥協と連合のうえに成り立つきわめて不安定なものであった。

王建の死後、第二代の恵宗（在位九四三～九四五）、第三代の定宗（九四五～九四九）の治世が短命におわり、次から次へと国王が交替したのはそのためであった。

王建は九四三年（太祖二六年）に亡くなった。その四月にかれは大臣朴述希《パクスルヒ》を内殿に招いて、王位を継承する子孫たちが朝に夕に肝に銘じるべき亀鑑として「訓要十条」（以下「訓要」）を授けた（『高麗史』世家、太祖二六年四月条）。ここで高麗王朝を理解するキーワードになるようないくつかの項目を見ることにしたい。

まず高麗王朝の建国理念は、仏教であった。「訓要」の第一条は、つぎのとおりである。

わが国家の大業は、必ず諸仏の加護による。故に禅宗や教宗の寺院を創建し、住持を派遣して焚香と修行をするようにし、おのおのをしてその業を治めさせよ。

以上のように高麗王朝は、「後三国」を再統一した精神的統一の拠りどころとして仏教を建国理念としたが、仏教と並行して守成のための戒めを儒教の経史に求めている。「訓要」の第一〇条は、つぎのとおりである。

国が有り家が有れば、平穏なときこそ心を戒めるために博く経史《けいし》を読み、古えを鑑《かがみ》として今を戒めるべきである。周公は大聖である。かれは成王に「無逸《むいつ》」(『書経』のなかの無逸篇)の一篇を進めて戒めた。宜しくそれを図にして掲げ、出入りのときにそれを見て反省すべきである。

第一〇条で強調しているのは、古えを鑑《かがみ》として今を戒めるために経史を読むべきであり、そのなかでも『書経』のなかの「無逸篇」が強調されている。成王にそれを勧めた周公とは誰か。

中国では前一〇二三年に、周の武王は殷末の暴君紂王《ちゅうおう》を倒して、殷を滅ぼした。周公とは武王の弟周公旦のことである。

周公は武王が死去してのち、幼い成王を支え、その帝王学として「無逸」(逸楽をするなかれ）の一篇を教えた。「無逸篇」の冒頭ではつぎのようにのべている。

周公いわく、ああ君子は、逸楽無きを旨とすべきである。稼穡《かしょく》（農作業）の艱《かん》難《なん》を知って楽しみを後にまわし、庶民の依っているところが、いかに苦しいかを知るべきである。

要するに君主たるものは、農民たちの苦労を思い、天下の憂いを先んじて憂い、天下の楽しみを後にまわすという「先憂後楽」のことである。

「訓要」の第四条では、新羅時代の行き過ぎた唐化政策を批判して自主的立場を明らかにし、北方の契丹（遼）については「禽獣《きんじゅう》の国」として対決的である。

わが東方は昔から唐風を慕い、文物礼楽もことごとくその制にならってきた。しかし国土も異なり、人性も違うから、必ずしも同じくすべきではない。契丹は禽獣の国である。風俗も同じからず言語もまた異なり、衣冠制度をならうべきではない。

契丹にたいする対決姿勢は、旧高句麗の失地回復への高麗の積極的な北進政策を反映したものであった。九二六年に渤海が契丹によって滅びたとき、その王子大光顕《テクアンヒョン》は渤海の遺民たちをつれて高麗に亡命してきた。王建は大光顕に、大氏に代わる王氏を与えて王継《ワンケ》とし、王族として優遇したばかりでなく、その遺民たちにも安住の地を与えた。

高句麗の継承者としての高麗の北進政策は、高句麗が滅びて以来、荒廃してしまったその都平壌を西京として格上げし、北進政策の拠点として復活させたことにもよく現われている。つぎは「訓要」第五条である。

朕は三韓山川の陰佑《いんゆう》によって大業を成し遂げた。西京（平壌）は水徳が順調で、わが国の地脈の根本をなし、大業を万代に伝えるべき地である。宜しく四仲月《しちゅう》（春夏秋冬の中間の月）に百日間ここに巡駐して安寧を致すべし。

いうまでもなく新羅末期の道詵《トソン》（八二七〜八九八）が唱導した風水地理説であるが、平壌を「わが国の地脈の根本」として位置づけている。

ところが王建はこの風水地理説によって、全羅道にたいする地方差別を正当化している。かれが九三六年に武力によって滅ぼした後百済の拠点は、完山州（全羅北道全州）であった。

新羅王朝（慶尚道）が帰順して、さいごの敬順王およびその臣下たちを包容し、優遇した王建にたいし、後百済はさいごまで敵対した。「訓要」第八条はつぎのとおりである。

車嶺《チャリョン》山脈の南、錦江《クムガン》の外は山形と地勢が背逆に走っているから、人心もまたそうだろう。

その下の州郡の人たちが朝廷に参与して王侯やその姻族たちと婚姻して国政をとれば、あるいは国家に変乱を起こし、あるいは統合の怨みをいだいて（後百済を武力で統合したことに対する）乱を起こすであろう。たとえ良民といえども、官職をあたえて使うことなかれ。

旧後百済人には官職をあたえないばかりでなく、婚姻さえも警戒する凄まじい疑心暗鬼である。風水地理説が全羅道（後百済）差別を正当化するために使われている。

仏教と儒教の役割分担

「訓要十条」のなかでもっとも注目すべきは、その第一条に仏教を建国理念としてかかげ、第一〇条では古えに鑑みて今を戒めるための経史（儒教）をもって締め括っていることである。

つまり高麗王朝が、「崇儒排仏」をかかげたつぎの朝鮮王朝と、理念的にもっとも違うところは、仏教と儒教とが排他せず、相互に補い合い、兼修する風潮が支配的であったことである。

ところが歴代の国王はどうしても仏教に偏りすぎて仏教が王権と癒着し、いろいろな弊害が生じた。第六代成宗《ソンジョン》のとき、門下侍中（首相格）に抜擢された崔承老《チェスンノ》（九二七～九八九）は「時務疏二八条」のなかで、国王にこのことをつぎのように戒めている。

三教（仏・儒・仙）はそれぞれ業（専門分野）とするところがあって、それを一つに混同すべきではないのです。釈教（仏教）をおこなうのは修身の本であり、儒教をおこなうのは治国の源です。修身は来世のためであり、治国は今日の務めです。今日は近く来世は遠いのに、近きを捨てて遠きを求めるのは過ちではないでしょうか。

つまりかれは仏教と儒教のそれぞれの役割を論じたうえで、来世的な「修身」のための仏教よりも、現世的な「治国」のための儒教を優先すべきではないかと、成宗に進言している。

ところが歴代国王のなかには、政事と仏事とを混同して仏事に没頭し、寺院を濫設して国費を浪費し、国政をおろそかにする国王が多くいた。寺院や僧侶は国家的にいろいろ特権があたえられていた。たとえば王室や貴族たちから寄進された土地や奴婢を所有して経営する寺院田には免税の特権があたえられたし、僧侶には国役免除の特権があった。そして寺院はその利権を守るための僧兵をかかえていた。

高麗末期に朱子学派が形成され、王権と癒着した仏教の堕落と弊害に対決する排仏論が台頭し、王朝そのものの命取りになった背景である。

二

科挙制と文治支配

「後三国」を再統一した高麗初期、地方の豪族たちはそれぞれ私兵団を持ち、中央から半独立的な勢力として割拠していた。

太祖（王建）は、これらの豪族たちと婚姻や賜姓《しせい》などによって、家族的なきずなで連合し、妥協して王位を持続することができた。こうして国王の外戚《がいせき》になった者、賜姓を受けた者が特権的な門閥《もんばつ》を形成した。

王朝政治を安定化するためには、こういう豪族たちの「旧臣宿将」と対決して中央集権をしなければならない。当然はげしい反発が予想された。この難題に立ち向かったのが、第四代 光宗《クァンジョン》（在位九四九〜九七五）であった。太祖が亡くなって、わずか六年後である。

さいしょに着手したのは、九五六年の奴婢《ノヒ》按検法《アンゴムボプ》である。つまり後三国の混乱期に、豪族たちは戦争捕虜や流民たちを奴婢にして、私的な経済および軍事力にした。奴婢たちの前歴を調査して、良民であった者はその身分を回復してやるのが奴婢按検法であった。これは豪族にたいする経済および軍事的な大打撃となった。

第二には、九五八年からはじまる科挙《クァゴ》制の実施である。当時中国の「五代十国」時代の後周から、使臣に随行して高麗にきていた雙冀《サンギ》という人が、病気で帰国できず高麗に帰化した。光宗はかれを翰林学士に起用して知貢挙《チゴンゴ》（試験官）とし、科挙を実施した。

科目としては詩・賦・頌・策の詞章による製述業と、周易・尚書・詩経・礼記・春秋の五経による明経業とがあった。しかし高麗時代には、経学の明経業よりは詞章の製述業が重視された。このほかに法律、算学、医学、天文地理などの実用的な学問が雑学としていちだんと低く見られ、その試験を雑業といった。

科挙は一般に開かれた国家試験である。たとえ「旧臣宿将」の子孫であっても、儒教的教養がない者は、官僚にはなれない。つまり君主たる者は、「君臣之義」で結ばれた官僚群をもって統治しなければならない。ただし後三国時代を高麗建国のために戦い抜いてきた開国功臣との妥協案として、蔭叙《おんじょ》制があった。つまり五品以上の官僚と功臣の子息のうち、一人だけは無試験で官職をあたえる制度である。したがって蔭叙によって世襲的に高位高官を送り出す門閥貴族が生まれた。高麗王朝は、科挙による文臣官僚と、豪族出身の門閥貴族が支配する社会であった。

高麗時代にはじめて、文班《ムンバン》（文臣）と武班《ムバン》（武臣）による両班《ヤンバン》官僚制が確立しているが、先にのべた科挙は文班を抜擢するための試験である。武班のための試験が欠落している。

睿宗《イエジョン》（在位一一〇五〜一一二二）のとき、「文武両学こそ、国家教化の根源」であるとして、武班のための武科と、その教育のための武学斎を設けたことがあるが、文臣たちの反発で間もなく廃止してしまった。けっきょく武班は中央軍の二軍（鷹揚軍、龍虎軍）と六衛（左右衛、神虎衛、興威衛、金吾衛、千牛衛、監門衛）のなかから武功によって抜擢された。

科挙制度にみるように、教育および官僚機構においても、武班を軽んじ、文班を重く用いる文班優位の制度が一貫していた。

光宗の改革にたいしては、高麗王朝の創建に参画した太祖の戦友である「旧臣宿将」たちのはげしい反発があり、それに対決する粛清があって、一進一退であった。ようやく第六代成宗（在位九八一～九九七）のときから、第一一代文宗（在位一〇四六～一〇八三）に至って、中央集権が中央から地方にまで浸透するようになった。

僧科の制度

科挙の製述業および明経業で選抜された文臣官僚はすべて儒者であった。しかし高麗王朝の精神的支柱は仏教であった。光宗は官僚選抜のための科挙と並行して、僧侶の権威を高めるために僧科を制定した。僧科とは僧侶のための科挙制度であった。

僧科には教宗選と禅宗選の二つのコースがあって、それに合格した僧侶につぎのような法階を与えた。

教宗選……大選→大徳→大師→重大師→三重大師→首座→僧統

禅宗選……大選→大徳→大師→重大師→三重大師→禅師→大禅師

教宗および禅宗の二つのコースは、いずれも大選から出発し、教宗の最高の法階は僧統、禅宗のそれは大禅師であった。

以上のような法階を超えて、僧統と大禅師のなかから王師と国師が選ばれた。王師は国王の師であるが、国師は国家的な師表として王師よりも高い僧職であった。

光宗が僧恵居《ヘゴ》を国師に、僧坦文《タンムン》を王師に任命したのがそのはじまりである。国王の中央集権に反発する「旧臣宿将」たちと対決するためにも、建国理念である仏教の権威に依存せざるをえなかった。

「崇儒排仏」をかかげたつぎの朝鮮時代にも、初期には僧科が存続したが、仏教の権威が衰退するにしたがって自然消滅してしまった。

中央官制と地方行政

中央官制は、唐代中国の三省六部制をモデルにして、高麗の実情に合わせた若干の変更が加えられている。つまり中書省、門下省、尚書省の三省のうち、中書省、門下省を合わせて中書門下省とし、二品以上の宰臣《チェシン》と三品以下の郎舎《ナンサ》で構成されている。宰臣は国家の政策を決定し、郎舎は政策の建議とその非を諌める機能を果たした。尚書省には吏部、兵部、戸部、礼部、刑部、工部の六部があって、それぞれの行政実務を担当した。

中書門下省と並ぶ中枢院があって、王命を出納し軍機を掌握した。その高位の官僚が枢臣《チュシン》であり、中書門下省の宰臣と、中枢院の枢臣による最高の合議機関が都兵馬使《トビョンマサ》（のちの都評議使司）であった。

中書門下省、尚書省、中枢院のほかに重要な機関として官僚の任命や法令の改廃を監察する御史台《オサデ》があり、国王の専制に一定の制約を加えた。

中央兵制としては、先の二軍六衛があり、その指揮官を上将軍（司令官）、大将軍（副司令官）と称し、かれらの合議機関として重房《チュンバン》があった。

地方行政制度が完成したのは一〇一八年である。それによれば北部および東部には、辺境防衛のための北界と東界を設け、その他は開京とその周辺の京畿を中心として、西海道、交州道、楊広道、慶尚道、全羅道の五道に分けられた。両界五道に中央から任命される地方長官は、両界の場合は兵馬使《ピョンマサ》、五道の場合は按《アン》察使《チャルサ》といい、両界五道の下には都護符、牧、郡、県が置かれていた。中央から任命される地方官の下には、地方豪族の出身である戸長以下の郷吏《ヒャンニ》がそれぞれの地域の行政面で実力を持っていた。

各道には牧、郡、県のほかに郷、部曲《ブゴク》、所、駅、津などの被差別民の特殊行政地域があった。郷、部曲は農業に従事する被差別民の集団地域であるのにたいし、所は手工業者の集団地域であった。駅は陸上交通、津は水上交通に従事する人たちの居住地であった。

これらの住民たちが、行政的および身分的差別に反対して反乱を起こした記録が少なからずある。そのたびにその懐柔策として郡、県に昇格させた。

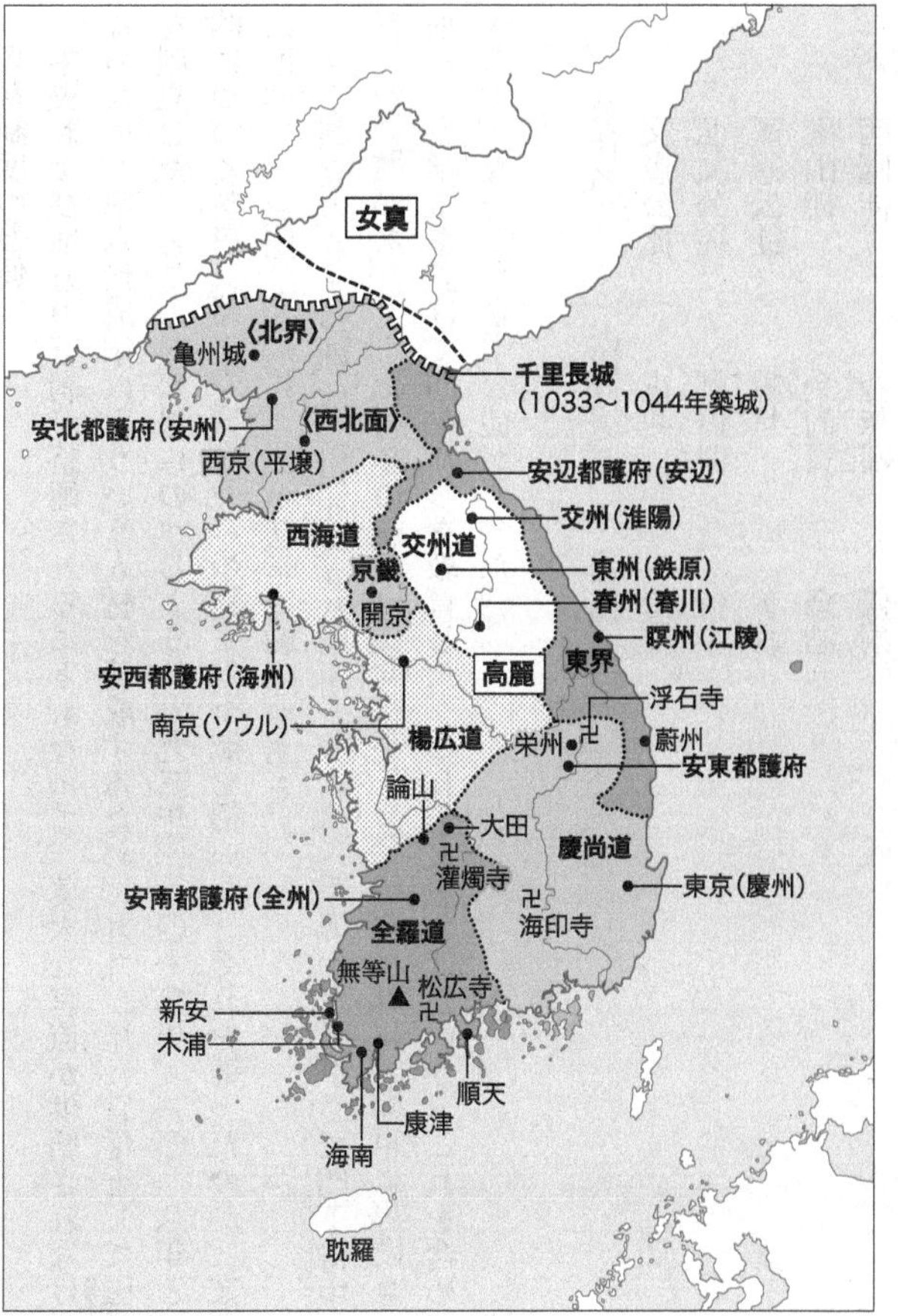

高麗の地方行政制度（金両基監修『韓国の歴史』河出書房新社「高麗・３京５都護」図をもとに作成）

教育制度の整備

中央および地方の官制が整備されるにともなって、莫大な官僚が供給されなければならない。第六代成宗はそういう人材を養成するため、九九二年に官学として国子監《ククチャガム》を創立した。ところがつぎにのべるように九九三年、一〇一〇年、一〇一八年と波状的につづく契丹（遼）の侵略のため官学の不振を招いた。それを補ったのが、文宗の治世期（一〇四六～一〇八三）の私学の興隆である。

私学創立のさきがけは、崔冲《チェチュン》（九八四～一〇六八）であった。かつて門下侍中《ムンハシジュン》（首相）の経歴があり、また科挙の試験官（知貢挙）も務めたかれは、開京に専門コース別の九斎学堂を設けて門弟たちを教育した。これを文憲公徒という。これを含めてつぎのような一二の私学公徒があった。

（公徒名）	（設立者）	（前職）
文憲公徒	崔冲	侍中
弘文公徒	鄭倍傑《チョンベゴル》	侍中
匡憲公徒	盧旦《ノダン》	参政
南山徒	金尚賓《キムサンビン》	祭酒
西園徒	金無滞《キムムチェ》	僕射

文忠公徒	殷鼎《ウンジョン》	侍中
良慎公徒	金義珍《キムウイジン》	平章
貞敬公徒	黄瑩《ファンヨン》	平章
忠平公徒	柳監《ユガム》	未詳
貞憲公徒	文正《ムンジョン》	侍中
徐侍郎徒	徐碩《ソソク》	侍郎
亀山徒	未詳	

このような私学の発展は、官学の不振を補う重要な役割を果たした。そしてその設立者は、高位高官であったうえに、ほとんどの場合科挙の試験官（知貢挙）の経歴者であった。それぞれの私学公徒は、互いに科挙の合格率を競い、師弟間の学閥を形成した。しかし、国王中心の官僚体制を確立するという国家的な見地からみると、試験官（座主）と合格者（門生）および師弟間の学閥を形成することは望ましいことではない。

ようやく王朝政府が官学に力を集中しはじめたのが睿宗とそれにつづく仁宗（在位一一二二〜一一四六）のときであった。とくに仁宗は官学を整備して京師六学の綜合大学を設けた。六学とは国子学、太学、四門学、律学、書学、算学のことで、唐代の国子監の入学資格やカリキュラムと、ほぼ同じ内容であった。

そのうち国子学、太学、四門学の教育内容は同じ儒教であるが、入学資格が国子学は文武官三品以上、太学は五品以上、四門学は七品以上の子弟となっており、その他の律学、書学、算学および、地方の郷学は八品以下の子弟および庶民となっていた。科挙に武科がないように、教育にも武科教育が欠落している。

高麗時代に官僚になるためには、科挙と蔭叙の二つの方法があった。そのための教育機関をみると、京師六学の場合は、コース別の入学資格が、身分的に厳しく制限されている。それによれば蔭叙の特権をもつ五品以上の貴族の子弟は、京師六学の国子学および太学への入学資格が与えられ、優遇される仕組みになっている。したがってエリート官僚はほぼ五品以上の門閥貴族の子弟によって独占されていたと考えられる。

契丹（遼）の侵略と撃退

統一新羅が「後三国」に分裂したほぼ同じころ、北方の渤海も、九一六年に建国した遼によって、九二六年に滅ぼされた。渤海は旧高句麗の領域に成立した国家である。渤海の一部の遺民（主に女真族）が鴨緑江中流に定安国《チョンアングク》をつくり、高麗の支援を受けて遼に抵抗した。定安国はまた鴨緑江河口から宋とも通じていたから、宋の北中国への進出を狙っていた遼にとって、まず定安国を滅ぼし、つづいてその背後にある高麗を屈服させなければならない。

遼は九九一年に鴨緑江の下流に来遠城を築いて、定安国と宋との交通を絶ち、さらに九九三年には遼の東京留守蕭遜寧が高麗に武力侵入してきて、遼への入朝を強制した。遼の第一次侵入である。

高麗側の徐熙《ソヒ》は巧みな外交によって遼軍を引き揚げさせたばかりでなく、遼への入朝路を切り拓くという口実で、鴨緑江以東の女真族居住地の領有を認めさせた。このようにして高麗は鴨緑江まで国境線を北上させ、興化鎮《フンファジン》（義州）をはじめとする「江東六州」に城塞を築くことができた。じつは遼軍が高麗を威圧しただけで簡単に引き揚げたのは、北中国に侵入して宋を攻めるための策略であった。

一〇〇四年、遼の聖宗は大軍を親率して国境を突破し、宋の都開封とは目と鼻の先にある黄河岸の澶州（澶淵《せんえん》）に迫った。宋の真宗は決戦する意思はなく、毎年絹二〇万匹、銀一〇万両を歳幣としてあたえることを約束して、「澶淵の和約」を結んだ。

つまり遼が宋を攻めた目的は、宋を威圧してその物資を得ることであったから、和約によってその目的を果たしたわけである。

遼にも和約に応じなければならない弱点があった。遼の騎馬軍団は機動戦には強いが、城塞による守城戦に強い宋軍と、長期戦を構える自信がなかった。遼軍が突破した後方には、多くの城塞が健在していたのである。

宋と和約を結ぶと、その矛先《ほこさき》を高麗に向けてきた。聖宗親率による一〇一〇年の第二次侵入である。

遼軍が開京を占領したため、国王顕宗は全羅道羅州《ナジュ》に避難した。遼軍はそれ以上深追いした場合の補給路が寸断されることを恐れ、撤退した。このとき開京は灰燼に帰した。

その後も遼は「江東六州」の返還を要求して小競り合いをつづけたが、一〇一八年には、蕭排押が率いる一〇万の騎馬軍団が攻めてきた。高麗軍は、西北面行営都統使として北方防衛の重責を担った上元帥姜邯賛《カンガムチャン》の総指揮のもと、いたるところの城塞に立て籠って遼軍を苦しめ、後方の補給線を寸断した。ついに退却をはじめた遼軍を亀州(平安北道亀城)で包囲殲滅し、逃げて帰った者数千といわれる。これが「亀州大捷《クジュデチョブ》」である。

それから遼は武力侵攻をあきらめ、一〇一九年から平和が回復した。

姜邯賛は吏部尚書とか内史門下平章事などを歴任した文臣である。つまり国家一大事には、文臣が兵馬の権をとったのである。国王顕宗は姜邯賛の凱旋を迎波駅に迎えてかれの頭を金花八枝で飾り、左手ではかれの手をとり、右手では杯をもって祝杯をあげた。そして姜邯賛の凱旋を記念して迎波駅を興義駅に改称するように命じた。

『高麗実録』の復活

遼軍の第二次侵入（一〇一〇～一〇一一）のとき、開京は灰燼に帰し、宮中に保存していた『高麗実録』も焼失した。顕宗は黄周亮《ファンジュリャン》に実録の復活を命じた（『高麗史』列伝第八「黄周亮」）。

　初めのころ、契丹兵が京城（開京）を陥れ、宮闕を焼き、書籍は灰燼に帰した。周亮は国王（顕宗）の詔を奉じ、各地を訪問して資料を収集し、太祖から穆宗に至るまでの七代の事跡を収録した、全三六巻を国王に献じた。

これによれば黄周亮は、高麗開国の太祖から、顕宗の前王である第七代穆宗（在位九九七～一〇〇九）までの実録三六巻を復活させたのである。

その後も王朝実録の編纂事業がつづいた記録があり、モンゴル（元）の侵略後も、たとえば李斉賢《イジェヒョン》（一二八七～一三六七）は三代にわたる国王の実録を編纂している（『高麗史』列伝第一一〇「李斉賢」）。

　のちに安軸、李穀《イゴク》、安震《アンジン》、李仁復《イインボク》とともに、閔漬《ミンジ》の『編年綱目』を増修し、また忠烈王、忠宣王、忠粛王の三朝実録を編纂した（傍点は引用者）。

つまり忠烈王（在位一二七四～一三〇八）、忠宣王（在位一三〇八～一三一三）、忠粛王（在位一三一三～一三三〇／一三三二～一三三九）の三朝実録である。高麗から朝鮮への王朝交代が一三九二年だから、高麗末期まで歴代国王の実録編纂がつづいたと見なければならない。

もし現存する『朝鮮王朝実録』をさかのぼる『高麗王朝実録』が現存するなら、世界的にも稀にみる壮大な史料編纂となるが、残念なことに、それが何時どこで湮滅《いんめつ》したのか分からない。

われわれが現在利用できる高麗時代の基本史料は、朝鮮王朝時代の一四五一年に完成した紀伝体の『高麗史』と、一四五二年に完成した編年体の『高麗史節要』である。

三

武臣政権の登場

高麗時代は新羅と違って、文武両班が分化した時代であったが、科挙のところでものべたように、武班のための武科はなかった。

「尚文軽武」の風潮は、おのずから文臣の傲慢と武臣の反発を激化させた。こういう風潮がその極に達したのが、第一八代国王毅宗《ウィジョン》（在位一一四六～一一七〇）のときであった。

かれは側近の文臣たちから「太平好文の王」という賛辞をたてまつられた国王であったが、政治をかえりみず、景勝地を渡り歩いて佳境を見つければ、所かまわず輦《れん》（国王の乗り物）を止めて酒宴を開き、文臣たちと「吟賞風月」に溺れた。腹をすかしながらそれを護衛する武臣たちは、国王やその文臣たちの気まぐれな道楽の番犬にすぎなかった。

また景勝地には別宮、楼亭、人工の山水をつくって全国から珍石や奇花を運ばせ、そのための労力と経費を、民衆に転嫁した。

武臣の乱が起こったのは、毅宗二四年（一一七〇）八月であった。国王一行が興王寺から普賢院に移って酒宴がたけなわのとき、享楽に飽きたかれらは護衛する武臣たちに、余興として手搏戯《しゅはくぎ》（一種の拳法）をさせた。李紹応《イソウン》は大将軍ではあったが、顔は痩せ力も弱かった。かれは手搏戯に敗れて逃げたので、韓頼《ハンレ》という文臣から平手打ちをされ、階下に転げ落ちた。群臣たちは手をたたいて大笑した。

上将軍鄭仲夫《チョンジュンブ》は韓頼に、「紹応は武臣ではあるが、官は三品である。どうしてかれを侮辱するのがこのように甚だしいのか」と叱責した。これがきっかけで鄭仲夫に李《イ》義方《ウィバン》、李高《イゴ》らが呼応し、「文冠をかぶった者は、たとえ胥吏《ソリ》（下級官吏）であっても皆殺し、その種を遺すな」と蜂起した。武臣たちのうっ積した怒りの爆発である。そして毅宗を放逐してその弟明宗を立て、上将軍、大将軍の合議体である重房に権力を集中した。「重房」とは日本の「幕府」に似たものである。

しかし、武臣たちは政治的経験がなく、相互間に自滅的な権力争いを繰り返した。李高は李義方に、李義方は鄭仲夫に、鄭仲夫は慶大升《キヨンデスン》に殺された。

ようやく一一九六年、武臣の乱から二六年目に崔忠献《チエチユンホン》（一一四九〜一二一九）が登場したときから一二五八年までの六二年間、崔忠献→崔瑀《チエウ》（怡）→崔沆《チエハン》→崔竩《チエウイ》の四代の崔氏武臣政権がつづいた。

崔氏政権はその最高幕府である教定都監にすべての権力を集中し、国王はそのまま残したが、その廃立は武臣政権にゆだねられた。

崔氏武臣政権は、従来の文臣優位の体制をひっくり返して、武臣優位の体制に切り換えた。その下で政治の実務を担当する文臣を起用するための科挙試験もつづき、従来の門閥文臣とは異なる新しい士大夫層が成長した。かれらは地方の中小地主出身であった。

ちなみに崔氏政権が成立する少し前の一一八五年に、日本でも源頼朝が鎌倉幕府を開き、武家政治下で天皇制は温存された。高麗の崔氏武臣政権は六二年間で消滅したのにたいし、日本では一八六八年（明治元年）の王政復古までの六百七十余年間、武家政治が連綿とつづいた。

国王や文臣たちの逸楽に泣いた民衆

高麗王朝を創建した王建は、子孫たちを戒めた「訓要十条」のなかの第一〇条で、常に経史を博く読み、とくに『書経』のなかの「無逸篇」（逸楽をするなかれ）を肝に銘じるように教えた。ところが、「太平好文の王」といわれた毅宗とかれをとりまく文臣たちはこれを忘れていた。その逸楽のかげで民衆は泣いた。かれらの行状の一事例をあげよう（『高麗史』世家、毅宗二一年三月条）。

（一一六七年三月）辛酉の日、王は金身窟に微行して羅漢斎を設けた。玄化寺に帰って李《イ》公升《ゴンスン》、許《ホ》洪村《ホンチョン》、僧覚倪《カクイエ》と衆美亭の南池に船を浮かべ、酒宴を開いて歓をきわめた。これより先、清寧斎の南麓に丁字閣を構《かま》え、衆美亭という扁額をかかげた。亭の南は土石を積みあげて貯水し、岸上には茅亭を作り、鳧《かも》や雁《かり》、蘆《あし》や葦《よし》が、あたかも江湖の景色さながらであった。そこに船を浮かべて小僮をして棹歌を歌わせ、遊覧の楽しみをほしいままにした。

初めこの亭を作るとき、役卒たちは食糧を自給した。一人の役卒は甚だ貧しく自給できなかったので、日ごろ他の役卒たちが飯一匙ずつ集めて食べさせていた。

ある日、その妻がご馳走を持って来り、親しい人とともに召し上がって下さい、といった。

夫いわく、家が貧しいのに、どうしてこれを準備したのか、他の男と私通でもしたのか、さもなくば他人の物を盗んだのか。

妻いわく、容貌が醜いのに誰と私通できましょうか、性格が臆病なのに盗みができましょうか。ただ髪を切り売りしてこれを買っただけです、といってその頭を見せた。

夫は嗚咽して食べることができなかったし、このことを聞いた者も、悲しんだ。

文臣支配の横暴と退廃に反発して登場した崔氏政権は、一二三一年から高麗時代最大の国難であったモンゴル（元）の侵略をうけ、四〇年間にわたる戦争に耐え抜いた。そのおかげで、モンゴルに蹂躙されて滅亡した金や南宋の大国と違って、奇跡的に高麗王朝の命脈を保つことができた。

モンゴル（元）との四〇年戦争

テムジンがモンゴルの諸部族を統一し、その推戴をうけてチンギス汗《カン》（汗は皇帝）になったのは一二〇六年であった。

一二二七年にチンギス汗が死んだあと、第二代のオゴタイ汗は、一二三四年に金を滅ぼして中国の北部を併合し、さらに南進して南宋と対立した。このモンゴルが高麗と接触したのは、その前の一二一八年であった。というのは金の支配下にあった契丹人の一部が、モンゴルの東方進出に押し出されて高麗の北部に侵入し、江東城《カンドンソン》（平安南道）を占領した。

契丹人を追撃してきた哈真《こうしん》の率いるモンゴル軍は高麗に共同作戦を申し入れ、一二一八年に江東城を攻め落とした。それからモンゴルは使者を派遣し、高麗としては賄い切れないほどの貢物を要求しつづけた。ところが一二二五年にその使者著古与《ちょこよ》が鴨緑江近くで何者かに殺された。モンゴルは高麗にその責任を問い、断交した。

一二三一年になってモンゴルの将軍サルタイ（撒礼塔）が率いる軍団が、使者殺害の罪を問うという口実で高麗に侵入し、開京を包囲した。崔氏武臣政権の第二代崔瑀のときであった。

武臣政権は、サルタイに黄金七〇斤、白金一三〇〇斤をはじめ莫大な貢物を贈って引き揚げさせた。モンゴルとの四〇年戦争のはじまりである。

このとき鴨緑江近くの麟州《インジュ》の鎮将洪福源《ホンボグオン》がサルタイに降伏してモンゴル軍の先導的役割を果たした。かれはその功労によって瀋陽とその周辺に集結した高麗投降民たちを管轄する東京惣管になった。その息子がのちに珍島《チンド》、済州島の三別抄《サムビョルチョ》弾圧および日本遠征で活躍した洪茶丘《ホンダグ》である。

高麗政府はモンゴルとの徹底抗戦を決意し、一二三二年に都を開京から江華島に移した。そして本土の官民には、山城や海島に待避して徹底抗戦を呼びかけた。江華島は漢江の河口にあり、本土との間には潮の流れが速い水路がある。陸上の機動戦には強いが、水戦に弱いモンゴル軍の弱点を見抜いた戦略であった。

サルタイは再び江華島からの「出陸」（江華島での籠城をやめて開京に出てくること）を要求して侵入してきた。一二三二年の第二次侵入である。

このたびは開京からさらに南下して、慶尚北道の符仁寺《プインサ》に保管してあった大蔵経の版木も焼き払ったが、そのサルタイが処仁城《チョインソン》（京畿道）で射殺され、モンゴル軍は引き揚げた。

それからも第三次（一二三五～一二三九）、第四次（一二四七）、第五次（一二五三）と侵入がつづいた。第六次侵入は一二五四年から一二五九年まで、ジャライルタイ（車羅大）の引率のもとに持久戦の構えであった。一二五四年の惨状を、『高麗史』はつぎのように記録している（高宗四一年条）。

この歳（一二五四年）蒙古兵に捕虜となった男女は、無慮二十万六千八百余人、殺戮された者計《はか》るべからず。州郡を経るところ皆煨燼《わいじん》となり、蒙古兵の乱あってから、此の時より甚だしきはなし。

江華島政府の内部では、出陸講和派による崔氏政権打倒計画が進行していた。そして一二五八年に文臣柳璥《ユギョン》は武臣金仁俊《キムインジュン》（のちに金俊《キムジュン》と改名）と結託して、崔氏政権さいごの崔竩を殺し、五九年には太子倎（のちの元宗）がモンゴルに入朝して講和を誓い、江華島からの出陸を約束した。

崔氏武臣政権はモンゴル軍の軍事的圧力によって倒れ、王政が復活した。しかし江華島からの出陸は抗戦派の抵抗によってなかなか実現しなかった。

一二六八年に林衍《イムヨン》は金仁俊を殺して武臣政権を復活させたが、それを継いだその子林惟《イムユ》茂《ム》が元宗の講和派によって一二七〇年に殺害され、江華島政府の抵抗はおわった。モンゴルの第一次侵入（一二三一）から三九年目である。

三別抄の乱と日本の「元寇」

一二七〇年の出陸講和に反対した抗戦派の三別抄軍は、江華島から半島最南端の珍島（全羅南道）、さらに済州島まで拠点を移しながら、一二七三年まで抵抗をつづけた。その意味で反元戦争は、一二三一年から七三年までつづいたことになる。

崔氏政権は治安維持のために夜別抄《ヤビョルチョ》をつくっていた。別抄とは正規軍とは別に選抜した崔氏政権の私兵軍団のことである。それが反モンゴル戦の過程で増強されて左別《チャビョル》抄《チョ》と右別抄《ウビョルチョ》の二つの軍団となり、これにモンゴル軍の捕虜から脱出した神義軍《シニグン》を加えて三別抄である。

元宗の出陸命令に反抗して、将軍裴仲孫《ペジュンソン》はつぎのように呼びかけた。

　蒙古の大軍が人民を殺戮している。国を輔《たす》けようと思う者は、毬場に集まれ。

かれらは王族の承化侯温《オン》を国王とし、千余隻の船に分乗して珍島に移った。ここに新しい独立王国をつくったのである。

政府は金方慶《キムバンギョン》を追討使に任命、忻都《きんと》と洪茶丘が率いるモンゴル軍と連合して珍島を攻めた。珍島の攻防戦で生き残った三別抄軍は、金通精《キムトンジョン》を首領として本土と距離のある済州島に拠点を移した。三別抄の水軍は全羅道、慶尚道方面に出撃して、日本遠征のための食糧の備蓄、造船工事の後背地を脅かした。三別抄の抵抗がつづく限り日本遠征はできない。

　モンゴル軍と高麗軍の連合による珍島および済州島への水陸共同作戦は、玄界灘を越えて日本の対馬や北九州を攻めるためのリハーサルであろう。ついに済州島での三別抄軍の抗戦も、一二七三年におわった。

元・高麗連合軍と三別抄軍との攻防戦の延長線上に、一二七四年の日本遠征（文永の役）と一二八一年の再征（弘安の役）とがある。したがって「元寇」は日本に限定されたものではなく、東アジア的規模の大乱であった。

日本再征の前の一二八〇年に、モンゴルは対日侵寇をサポートするための征東行省を開京に設け、その長官には高麗国王を任命した。これは日本再征の敗北後もそのまま維持され、高麗に対するモンゴルの内政干渉に利用された。また咸鏡道の和州《ファジュ》（永興）に双城摠管府《サンソンチョングァンブ》、平安道の西京《ソギョン》（平壌）に東寧府《トンニョンブ》、済州島には耽羅摠管府《タムナチョングァンブ》をおいて元が直轄した。東寧府と耽羅摠管府は間もなく高麗に返還されたが、双城摠管府は、のちにのべる恭愍王《コンミンワン》のとき、武力で回復した。

モンゴルに出陸講和した元宗（在位一二五九～一二七四）後の高麗国王は、「祖」とか「宗」の廟号をやめて、「忠〇王」となっている。それは元宗の太子諶《タム》が、元の世祖クビライの王女（公主）と結婚した第二五代「忠烈王」（在位一二七四～一三〇八）のときからはじまり、第三〇代「忠定王」（一三四八～一三五一）までつづく。

一二六〇年に大元ウルス（元王朝）の皇帝になったクビライは高麗に融和策をとり、それ以来両王朝は婚姻関係で結ばれた。高麗国王は、元皇帝の駙馬《プマ》（娘婿）である。したがってかつて傲慢に振る舞った元の使者や将軍たちも、高麗国王の前で臣礼をとらざるをえなくなった。

恐らくユーラシア大陸を席巻したモンゴルも、東アジアの小国高麗が、これほど抵抗するとは夢想だにしなかったであろう。それは高麗を基地とする日本遠征計画を狂わせ、挫折の原因にもなった。

高麗大蔵経の彫版

高麗仏教を代表する学僧として、新羅末期以来の教宗と禅宗との対立を融合し、その刷新をはかるため天台宗を開いた大覚国師義《ウイ》天《チョン》（一〇五五～一一〇一）、曹渓宗を開いた普照国師知《チ》訥《ヌル》（一一五八～一二一〇）をあげることができる。

韓国禅の根本道場、松広寺の軒先（韓国観光公社提供）

とりわけ宋に留学した義天は、開京の興王寺《フンワンサ》に教蔵都監を置いて、国内をはじめ宋、遼、日本などから仏典を注釈した章疏を求め、その目録『新編諸宗教蔵総録』を完成した。また、知訥が活躍した時代は武臣政権のときである。武臣たちは理論的な教宗よりは、禁欲的で行動的な禅宗に帰依した。かれが開いた曹渓山松広寺《ソングァンサ》（全羅南道昇

海印寺に所蔵されるユネスコ世界遺産「高麗八万大蔵経」（韓国観光公社提供）

州郡）は、いまも韓国禅の根本道場になっている。

　また高麗仏教を代表する文化遺産として「高麗八万大蔵経」（海印寺大蔵経ともいう）が現存している。

　崔氏武臣政権は、すでにのべたように一二五八年の崔竩の暗殺によって終わりを告げた。崔氏政権は、一方では手に余るモンゴルとの戦いのかたわら、大蔵経を彫版して素晴らしい遺産を残した。この版木は慶尚南道陝川郡の伽耶山海印寺《ヘインサ》に現存しており、ユネスコ世界遺産委員会は一九九五年に慶州の仏国寺、石窟庵とともに世界文化遺産に指定した。

大蔵経というのは一切経ともいい、経・律・論を合わせた三蔵の仏教経典の総称である。海印寺大蔵経はその経板の総数が八万一二五八枚、ここに経典一五一二部、六八〇五巻を収録している。

高麗仏教は新羅のそれと同じく護国仏教である。海印寺の大蔵経は、一二三一年からはじまるモンゴル（元）侵略を、仏力の加護によって克服するために、一二三六年に着手し、一二五一年に完成している。そのために江華島には大蔵都監の本司を置き、彫造作業は晋州牧《チンジュモク》（慶尚道）の分司でおこなわれた。ここには崔氏一族の食邑があって彫造作業を財政的に支えた。

先にのべたように、崔氏政権のさいごの崔竩が、一二五八年に殺された。そのため崔氏一族は『高麗史』列伝のなかで「逆臣」として扱われているが、殺害前の一二五五年（高宗四二年）、国王高宗は晋陽公崔瑀（怡）の功績をたたえた詔書のなかで、つぎのようにのべている（『高麗史』列伝叛逆「崔竩」）。

また、歴代にわたって伝わってきた鎮兵大蔵経板が狄兵（モンゴル兵）に焼かれ、国家は事故が多く新しく造る余裕がなかった。（崔怡《チエイ》は）都監を別に立て、私財を傾けて彫板のほとんど半分を完了し、邦家に福利をあたえた。その功績は忘れ難い。

その嗣子の侍中崔沆は家業を継いで君主を助け、国難を制しながら、大蔵経板に私財を施し作業を監督して完成し、中外が福を受けた。

つまり、「高麗大蔵経」は崔氏政権の崔怡、崔沆《チェハン》の父子二代にわたって、私財を投じて完成したのである。ところが海印寺に現伝するそれは再彫大蔵経である。先の国王の詔書に見える「歴代にわたって伝わってきた鎮兵大蔵経板」とは、その前の初彫大蔵経のことである。契丹（遼）の侵略があった一〇一九年に着手して、一〇八七年に完成している。初彫大蔵経は慶尚北道八公山符仁寺《プインサ》に保存されていたが、先にのべたように元が侵略した一二三二年に焼失してしまった。

一三九二年に高麗王朝が滅び、朝鮮王朝が成立した。一四〇四年に日本の室町幕府は朝鮮と交隣関係を結び、幕府ばかりでなく九州探題をはじめとする西国大名たちが、十数回にわたって朝鮮に請経使を送り、高麗大蔵経の印本を求めている。日本の方々にその残欠本が伝わっているなかで、東京の増上寺、京都の東本願寺に伝わる印本が完本に近いといわれる。

四　東アジアの変動と高麗末期の紅巾賊・倭寇

高麗第三一代目の国王恭愍王《コンミンワン》（在位一三五一〜一三七四）の治世期は、内憂外患のはげしいときであった。この時期は、東アジア大変動のまっただ中にある。中国大陸では元末の内乱と明への王朝交替期に重なる。

元末の内乱のなかの一つの流れとして、白蓮教のもとに組織された紅巾軍（紅い頭巾をかぶった）があった。この紅巾軍が流賊化して（紅巾賊という）一三五九年と六一年に高麗に侵入してきた。とくに六一年には一〇万の大軍をもって開京を占領し、略奪と殺戮をほしいままにした。国王は慶尚道安東《アンドン》に避難せざるをえなかった。高麗軍は紅巾賊が占領した開京を包囲して制圧したが、李成桂《イソンゲ》は親兵二〇〇〇名を率いて開京城に一番乗りし、勇名を馳せた。

中国	元 → 明(1367年)
朝鮮	高麗 → 朝鮮(1392年)
日本	南北朝争乱期(1336〜1392年)

中国、朝鮮、日本の王朝交替と変動

紅巾賊の侵入でも分かるように、高麗は中国大陸における元から明への交替期の北方問題にいかに対処するか、頭痛の種であった。ところが南方から執拗な倭寇の侵入がつづいて、北方問題への対処に全力を集中することを妨げた。

当時日本では一三三六年以来、南北朝に分かれて内乱がつづいていた。その隙をねらって倭寇が一三五〇年ごろから高麗の南部沿岸に現われ、その被害がしだいに慶尚道、全羅道、忠清道の穀倉地帯の沿岸から内陸に拡大し、ついには開京の外港である礼成港や江華島をも脅かした。

そのために海路による漕運《そううん》が杜絶し、何時どこを襲うのか予測のつかないゲリラ的海賊行為にまったく翻弄された。表で見るようにその活動がもっとも猖獗《しょうけつ》をきわめたのが、一三七〇年から八九年まで、高麗末期の恭愍王から禑王《ウワン》（在位一三七四〜一三八八）のときであった。

倭寇の討伐でも李成桂軍団の活躍がしだいに目立つようになった。一三八〇年八月、五〇〇隻にのぼる倭寇が鎮浦《チンポ》（群山港）を襲い、羅世《ナセ》将軍が率いる高麗水軍一〇〇隻が火砲をもって攻撃し焼き払った。李成桂軍が内陸の雲峰《ウンボン》（全羅北道南原）に逃げた倭寇を追撃し、生き残りの七十余人だけが智異山《チリサン》に逃げた。このとき活躍した猛将に女真人の李《イ》豆《ド》蘭《ラン》がいた。李成桂軍の強さは、恐らく女真人

西暦	回数
1350〜59年	42
1360〜69年	34
1370〜79年	138
1380〜89年	147
1390〜99年	62
1400〜09年	60
1410〜19年	10
1420〜29年	19
1430〜39年	7

倭寇の朝鮮列島への侵入回数
（吉野誠『東アジアの中の日本と朝鮮』より）

の騎馬軍団によるものであろう。

中国では一三六八年に、民乱軍の首領の一人朱元璋が南京で即位し、国号を明とした。その北伐軍が大都（北京）に迫ると、元の順帝は北方の上都（開平府）に逃げてしまった。元朝史は一三六八年でおわった（以降を「北元」という）。

恭愍王は、中国での元から明への王朝交替をめぐる激動のなかで、「親元」か「親明」かの選択を迫られた。「親元」をとれば新しい明王朝と敵対するようになり、「親明」をとれば元王朝と共通した利害関係をもつ、国内の特権的な親元勢力と対決しなければならない。いずれも難しい選択であったが、恭愍王は中国の反元的民乱軍と歩調を合わせて高麗から元の勢力を一掃するための反元政策を推し進めた。

恭愍王の反元政策と挫折

元王朝はたとえ中国本土から北方へ放逐されたとはいえ、高麗内部の親元勢力（「世臣大族」という）は、牢固たるものがあった。というのは元朝さいごの順帝の皇后のうち、皇太子（順帝のつぎの北元の昭宗）を産んだ第二皇后が、高麗出身の奇氏であったからである。高麗内におけるその兄奇轍《キチヨル》をはじめとする奇氏一族は、並ぶ者のない権勢を誇っていた。恭愍王にたいしても、奇轍兄弟は臣称しなかった。

奇氏一族を中心とした親元的特権層は、政治を左右したばかりでなく、その権勢を利用して公田や民田を兼併《けんぺい》し、その農民を奴婢にして大農荘主となった。その分だけ国庫が枯渇したことはいうまでもない。

恭愍王の反元的改革事業は、この奇氏一族との対決なしでは一歩も前進できない。かれは一三五六年六月、奇轍一派を処断した。その口実は、かれの「謀逆計画」であった。『高麗史』世家の恭愍王条によれば、

（一三五六年六月）丁酉日、太司徒奇轍、太監権謙《クオンギョム》、慶陽府院君盧頙《ノチエク》が反逆を謀って誅戮《ちゅうりく》され、その親党はみんな逃げた。宮城には厳戒令が布かれ、鄭之祥《チョンジサン》を釈放して巡軍提控に任命し、侍衛させた。

ここでいう奇轍一派の「反逆」とは、元が直轄する双城摠管府の叛民たちと秘かに通じて謀反を謀っている、ということであった。

恭愍王は奇轍一派を処断すると同時に、武力で元が直轄していた双城摠管府（咸鏡南道）を回復した。

摠管府の千戸（軍職の一つ）であった李子春《イジャンチュン》は、摠管府内部から高麗側に内応し、その功労によって東北兵馬使に任命された。かれはのちに、朝鮮王朝を創建した李成桂の父である。

さらに恭愍王は親元的特権層の根を断つために、名もなく門閥もない一介の僧を起用して内政改革を断行した。それが辛旽《シンドン》（?〜一三七一、僧名は遍照）である。辛旽は国王に要請して一三六六年に田民弁正都監を設け、その判事となった。そして特権層が兼併した土地や奴婢を調査して、土地はもとの所有者に返し、奴婢は解放して良民にした。民衆は「聖人現わる」といって喝采した――「是によって奴婢は主人に背いて蜂起し、聖人が現われたといった」（『高麗史』列伝叛逆「辛旽」）。

もちろん親元的な「世臣大族」の反発もはげしく、一三七一年に辛旽は「反逆者」として殺され、「妖僧」のレッテルが貼られた。恭愍王も一三七四年八月、史書には王輪寺に行幸したとき急死したことになっているが、暗殺されたのは疑いない。けっきょく恭愍王の反元的改革は、志半ばにして水泡に帰した。

恭愍王の死後、一〇歳の禑王が親元派の李仁任《イイニム》、武臣崔瑩《チェヨン》らに擁立されて即位したが、すでに高麗王朝の命脈は風前のともしびであった。

一三九二年に反元親明派による易姓革命によって朝鮮王朝が誕生したが、そのための闘いは、一三五六年の奇氏一族の粛清からはじまったといっても過言ではない。

朱子学派と易姓革命

すでにのべたように、元朝のクビライのときから、高麗国王の太子は元帝室の公主

（王女）を娶り、国王に即位するのが慣例となった。国王は元帝の駙馬として元の大都（北京）に滞在、あるいは往来することが多く、それに文臣たちが随行した。当時元の科挙は、儒教でも五経中心の漢唐学を排し、四書五経中心の宋学＝程朱学（朱子学）を標準科目として採用していた。

おのずから北京に往来または滞在した文臣たちは、従来高麗の科挙で採用されていた漢唐学に代わる程朱学を学び、儒教の革新を唱えた。そのさきがけが、安珦《アンヒャン》（またの名を安裕《アンユ》、一二四三〜一三〇六）である。

恭愍王代には儒教大学として成《ソン》均館《ギュングアン》があった。ところが一三六一年に紅巾賊が開京を占領して殺戮と略奪をほしいままにし、成均館も荒された。国王は李穡《イセク》（号牧隠、一三二八〜一三九六）を成均館大司成に任命し、その再建を命じた。かれは北京で元の科挙に合

朝鮮朱子学派の祖
安珦（右上）李穡（右下）吉再（左上）鄭夢周（左下）

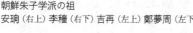

格した朱子学者である。

高麗末期の儒教は、従来の訓詁・詞章中心の漢唐学から、性理学中心の朱子学に転換したが、その朱子学派を儒教界の主流として育てたのが、この李穡であった（『高麗史』列伝「李穡」）。

（恭愍王）一六年に成均館を再建し、李穡をもって判開京兼成均館大司成に任命した。かれは生員を増員し、経学の士である金容九《キムヨング》、鄭夢周《チョンモンジュ》、朴尚衷《パクサンチュン》、朴宜中《パクウイジュン》、李《イ》崇仁《スンニン》などを選抜して、他の官職を兼ねたまま教官とした。その前は館生が数十名にすぎなかった。李穡は教授方法を更《あら》ためて毎日明倫堂に出て、経書を分担して授業させた。講義がおわってもお互いの論争がつづき倦《う》むことを忘れた。このため学ぶ者が集まり互いに感応して、程朱の性理学が始めて興った。

李穡こそ朝鮮朱子学派の育ての親であるが、高麗の建国理念である仏教をも肯定していた。

そのために朝鮮時代の排仏的な朱子学者たちはかれの功績を過小評価した。一六世紀後半期に政界と学界の主導権を掌握した士林派《サリムパ》の如きは、高麗末期から朝鮮初期の鄭夢周、吉再《キルジェ》こそ朝鮮朱子学派の元祖であり、士林派がその正統を継承していると自負している。

高麗末期の朱子学派は、中国における元から明への王朝交替期に漢族の明を「中華」として支持し、モンゴル族の元王朝を「夷狄」として反対する反元親明的な国論を主導した。ただし高麗王朝にたいする姿勢においては、朱子学派が二つに分かれた。鄭道伝《チョンドジョン》、趙浚《チョジュン》らが、高麗王朝そのものを否定する易姓革命に突き進むと、王朝擁護派の李穡、鄭夢周らは、これに猛烈に反発して鋭く対立するようになった。つまり高麗末期の朱子学派は王朝擁護派と易姓革命派とに分裂した。

李成桂の威化島回軍

親元派に擁立された禑王のとき、双城摠管府の帰属問題が明との紛争の種となった。というのは一三八七年二月に明の朱元璋が、かつての元の直轄地であったここを取り戻し、鉄嶺衛を置いて、その以北の地域を直轄することを通告してきたからである。恐らく親元派の復活にたいする圧力であろう。

高麗の親元派は、北元の王朝と気脈をつうじながら、長期にわたって扶植してきた既得権を容易に放棄しなかった。

鉄嶺衛問題に反発した親元派の武将崔瑩《チェヨン》は禑王の同意を得て、遼東遠征を計画した。

そして一三八八年四月、崔瑩みずからが八道都統使として全国の軍民をこの遠征に動員する総責任者となり、前線司令官としては左軍都統使に曺敏修《チョミンス》、右軍都統使に李成桂を任命した。ところが親明的な易姓革命派の鄭道伝《チョンドジョン》、趙浚らは、すでに李成桂と気脈をつうじていた。

右軍都統使に任命された李成桂は、反明的なこの遠征計画に四つの不可論を上疏して反対した（『高麗史』世家「辛禑」一四条）。

第一は小（国）をもって大（国）に逆らうのが不可であり、

第二は夏に軍を動員するのが不可であり、

第三は国を挙げて遠征すれば、倭寇がその虚に乗じてくるから不可であり、

第四は暑くて雨の多い時に当たり、弓弩の膠《にかわ》が解け、大軍が疫疾にかかりやすいから不可である。

禑王は崔瑩の意見に従ってこの反対論を無視し、左右両軍に出動を命じた。その軍勢は左右軍を合わせて三万八八三〇名、軍属一万一六三四名、馬が二万一六八二頭であったが、公称「一〇万」大軍と称した。

一三八八年五月、左右両軍は鴨緑江河口の威化島《ウイファド》まで進出したが、大雨による増水

のため渡河できなくなった。日がたつにつれて逃亡兵が続出し、食糧の補給も困難となった。

李成桂と曺敏修は独断で開京に回軍（軍を返す）して、崔瑩が率いる首都防衛軍を制圧して崔瑩を流罪にし、禑王を江華島に追放した。

李成桂の威化島回軍は、高麗王朝にたいするクーデターである。にもかかわらず、かれを処断できないほど高麗王朝は弱体化していた。ところが禑王の跡継ぎとして曺敏修はその子昌王《チャンワン》（在位一三八八〜一三八九）を擁立したため、李成桂と対立するようになった。

李成桂（太祖）

趙浚、鄭道伝らは、李成桂の威化島回軍につづいて、田制改革を強引に断行した。田制改革が易姓革命の根幹的な問題であったことは、特権的な親元派の経済的基盤が、大土地所有であったからである。一三八九年に大司憲趙浚は、つぎのような上疏文を昌王に突きつけた（『高麗史』食貨、田制条）。

ひそかに思うに、私田は私門には有利だが、国にとっては無益であり、公田は公室にも有利であり、民にも甚だ便利であります。私門に有利であれば兼併（権力者による土地集中）が進み、用度（国の費用）も是によって不足します。公室に有利であれば国庫が充実して国用も足り、争訟が絶え、民生も安らかになるものです。国を治める者は、まさに経界（田制）をもって仁政の始まりとすべきでありましょう。どうして兼併の門を開いて民を塗炭におとしいれるべきでしょうか。夫れ田地は、本来人を養うべきものであるのに、人を害する私田の弊害が、その極みにいたっているのです。

要するに親元的な特権層や、権力と癒着した大寺刹が公田を兼併して私有の農荘を拡大し、国庫を枯渇させている弊害を痛論しているのである。一三九〇年（恭譲王二年）九月、街路上で公私の土地文書を焼き払い、科田法を実施した。

王（恭譲王）は嘆息して涙を流しながらいわく――祖宗私田の法、寡人《かじん》の身に至ってにわかに革《あらた》まる、惜しいかな！

李成桂の威化島からの回軍によって、すでに高麗王朝の実権は易姓革命派の手に移った。

かれらはさらに「廃仮立真」をかかげて易姓革命の正当性を主張した。

「廃仮立真」論争

易姓革命派の主張によれば、王建以来の高麗王朝の王氏血統は恭愍王で断絶し、その後継者として親元派が擁立した禑王および昌王は、辛旽の血を引くニセモノである、という。だからかれらは、禑王を辛の姓をもった「辛禑」、昌王を「辛昌」と呼び捨てにして、国王と認めていない。

「廃仮立真」とは、ニセモノを廃してホンモノを立てるという意味である。

恭愍王の王妃は元朝の帝室から嫁いできた魯国公主であったが、一三六五年に亡くなるまで嗣子がなかった。公主の死後、恭愍王の女性関係は、かなり乱れた。王朝擁護派の主張によれば、恭愍王が辛旽の家に出入りしていたとき、その婢妾般若《バニャ》との間に生まれた息子が禑王であり、幼名を牟尼奴《ムニノ》といった。その禑王の息子が昌王であるという。

ところが政治の実権は、すでに易姓革命派の掌中にある。かれらは一三八九年に辛旽の血を引く昌王を江華島に追放し、高麗二〇代目の神宗の七代孫といわれる王氏血統の定昌君瑶《ヨ》を立てて恭譲王《コンヤンワン》（在位一三八九～一三九二）とし、昌王を擁立した李穡や胥敏修らを流罪にした。

恭譲王は国政の経験のない在野人であり、国王として無能であった。しょせん王氏から李氏への王朝交替の橋渡し役にかつぎ出されたにすぎなかった。

一三九二年七月、国家の最高方針を評議決定する都評議使司（高麗初期の都兵馬使）は易姓革命派が推戴した李成桂に即位を要請し、恭譲王を原州（江原道）に追放した。もちろん「禅譲」の形式による無血革命である。さいごまで高麗王朝を擁護した鄭夢周は、その前の一三九二年四月、李成桂の第五子李芳遠《イバンウォン》の部下に暗殺された。九一八年に王建が高麗王朝を創建して以来四七四年目に、第三四代恭譲王をさいごにその歴史を閉じた。

禑王が恭愍王の血を引く王氏か、または辛旽の血を引く辛氏かは、恭愍王しか知らないプライベートな問題である。それにしても高麗王朝の血統が恭愍王で断絶したというのは、王氏から李氏への易姓革命を正当化するには、まことに都合のよいトリックであった。

第五章　朝鮮時代前期

一三九二年～一五九八年

西暦	朝鮮前期	西暦	日本
1392	李成桂即位(〜1398年)	1392	南北朝合一
		1404	足利義満、僧周棠を朝鮮に派遣
1409	太宗、『太祖実録』編纂を命じる		
1418	世宗即位(〜1450年)		
1443	「訓民正音」親製		
1445	『太祖実録』完成		
1453	「癸酉靖難」勃発		
1455	世祖即位(〜1468年)		
		1467	応仁の乱
1498	戊午士禍		
		1510	三浦の日本居留民、反乱
1519	己卯士禍		
		1589	対馬、「日本国王使」を漢城に派遣
1590	通信使、京都を訪問		
1592	壬辰倭乱(文禄の役)	1592	文禄の役(壬辰倭乱)
1597	丁酉再乱(慶長の役)	1597	慶長の役(丁酉再乱)

年表　朝鮮前期と日本

一

王建《ワンゴン》以来の高麗王朝に次ぐ、李成桂《イソンゲ》以来の朝鮮王朝は、一三九二年の創建から一九一〇年の滅亡まで五一八年間もつづいた。

この五百余年間は、中国史では明代と清代の二つの王朝があった。また、日本史では室町時代、戦国時代、織田・豊臣時代、江戸時代、明治時代の権力の交替があった。朝鮮は朝鮮王朝（一八九七年から「大韓帝国」に改称）が滅亡した一九一〇年から、朝鮮は日本の植民地として、異民族の支配を受けるようになった。

本書では朝鮮王朝史を三つの章に分け、朝鮮王朝の創建から豊臣秀吉の侵略（一五九二〜一五九八）までを「朝鮮前期」、その後を「朝鮮後期」とし、開国から大韓帝国の滅亡までを「朝鮮の近代」として叙述を進めたい。

朝鮮王朝と儒教立国

一三九二年七月一七日、高麗の最高方針を決定する都評議使司は李成桂に即位を要請した。かれはこれを受諾して、朝鮮王朝の太祖となった。

李成桂は親明派の武将ではあったが、明との関係は高麗末期の鉄嶺衛問題などにみるように、必ずしも円満ではなかった。何よりも王朝交替にたいする明の皇帝（洪武帝）の理解を得なければならない。幸いなことに洪武帝は、李成桂にたいする冊封《さくほう》は認めなかったが、国号を決めて知らせてほしいと通知してきた。かれは群臣たちと協議して、「朝鮮」と「和寧」の二つの案を提出した。「和寧」は李成桂の出身地である永興《ヨンフン》（咸鏡南道）のことである。

洪武帝は「朝鮮の称こそ美しく、その由来するところが遠い」と推称してきた。本稿の第一章「朝鮮半島の古代」でのべたように、古代には檀君朝鮮、箕子朝鮮、衛満朝鮮の三つの称号があった。洪武帝が推称したのは、箕子朝鮮のことであった。

李成桂はもちろん、儒者ではなかった。しかし易姓改革論を主導し、かれを国王に擁立したのは、鄭道伝《チョンドジョン》、趙浚《チョジュン》をはじめとする朱子学派であった。とくに鄭道伝は一三九四年には『朝鮮経国典《チョソンギョングッチョン》』、九六年には『経済文鑑』（経済とは「経世済民」のこと）などを書いて、儒教立国のグランド・デザインを描いて見せた。また九八年には『仏氏雑弁』を書いて、高麗王朝の建国理念であった仏教の弊害を痛烈に批判した。朝鮮王朝の建国理念である「崇儒排仏」は、この鄭道伝が定立したといっても過言ではない。

李成桂が即位したのは、高麗王朝の旧都開京《ケギョン》であった。旧王朝勢力のしがらみから脱出し、人心を一新するためには、遷都することが焦眉の問題であった。風水地理説と交通および国防上の面から鶏龍山《ケリヨンサン》（忠清南道）か漢陽《ハニャン》かをめぐっていろいろな論争

景福宮勤政殿（韓国観光公社提供）

があったが、けっきょく漢陽に決定し、これを漢城《ハンソン》（今のソウル）に改称した。

朝鮮王朝は新都宮闕造成都監を設けて、ソウルの北岳山麓に南面した王宮を建てた。鄭道伝は王命を受けて、『詩経』の「君子万年、爾《なんじ》の景福を介《たす》く」からとって景福宮《キョンボックン》と命名した。

景福宮を中心に「左廟右社」の原則にしたがい、その東側には歴代の国王や王妃の神位（位牌）を安置する宗廟《チョンミョ》を、西側には土地の神（社）と五穀の神（稷）を祀る社稷壇《サジクタン》をつくった。

漢城は北の北岳山《プガクサン》、東の駱山《ナクサン》、南の南《ナム》山《サン》、西の仁旺山《イナンサン》に囲まれた盆地である。一三九四年から九六年まで各地の民衆を動員して、それらの稜線とその間の平地とをつなぐ総延長一八キロの都城を建設した。都城の出入りとして東大門、南大門、西大門をつくり、北方の大門は閉鎖したまま粛靖門といって、一般人の出入りを禁止していた。

太祖李成桂は、一三九四年一〇月に開京から漢城の景福宮に移り、五〇〇年余りここが王朝政治の中心となった。去る一九九四年は、ソウル遷都六〇〇周年であった。

王子の乱を平定した太宗

一三三五年生まれの李成桂が一三九二年七月に即位し、その在位期間は一三九八年九月まで。一四〇八年五月に波瀾万丈の生涯をおえた。

かれが即位する前年に亡くなった先妻韓《ハン》氏との間には、五男二女があった。二男の芳果《バングァ》が二代目の定宗（在位一三九八〜一四〇〇）となり、五男の芳遠《バンウォン》が第三代目の太宗（在位一四〇〇〜一四一八）となった。

李成桂の創業を継承して、守成の大業を成し遂げうる人材は李芳遠であった。かれは高麗末期の一三八二年に一六歳で科挙に合格し、文武両道に通じていた。そして鄭道伝とともに、父李成桂を推戴して易姓革命の道を切り拓いた第一の功労者である。

李成桂はその継妃康《カン》氏との間にも芳蕃《バンボン》、芳碩《バンソク》の二男と一女があった。ところが李成桂は先妻韓氏の息子を差しおいて、王位を継承する王世子として、わずか一〇歳の芳碩を指名した。そして開国功臣である鄭道伝、南誾《ナムウン》にその教育を依頼した。当時第五男の李芳遠は二五歳の男盛りであった。

その康氏は、一三九六年に病死した。一三九八年に李芳遠は私兵団をもって鄭道伝、南誾をはじめ、康氏所生の二男一女を皆殺しにした。第一次王子の乱である。

すでにのべたように、李芳遠と鄭道伝とは易姓革命の双璧であった。「両雄、並び立たず」とはこのことである。

また両者の間には、王朝政治の基本方向について、見解の相違があった。鄭道伝の宰相中心論と、李芳遠の国王中心論がそれである。第一次王子の乱は、国王中心論の勝利を意味する。

李成桂は第一次王子の乱に失望し、王位を二男の芳果（第二代定宗）にゆずり、無学大師（法名は自超、無学は号）を心の支えとして、殺された康氏所生の子女たちのために念仏三昧の余生を送った。

定宗は二年二カ月王位にいたが、李芳遠に王位を譲るまでのつなぎ役にすぎなかった。第四男芳幹《バンガン》は弟芳遠への権力の集中に反発して、一四〇〇年、やはり開国功臣の朴苞《パクポ》の協力を得て兵を挙げた。芳遠と河崙《ハリュン》の私兵団はこれを鎮圧した。第二次王子の乱である。その後芳遠は即位して、第三代の太宗となった。

かれは一四〇五年に、従来の都評議使司の後身である議政府の権限を縮小し、その管轄下の政府の六曹を国王が直轄する六曹《ユクチョ》直啓制を断行した。国政運営における国王た。

中心制である。

第四代の世宗は、かれの三男であり、その輝かしい文化事業は、王朝交替の激動期を戦い抜いた李芳遠＝太宗の「悪役」による王朝政治の安定のうえに咲いた花であった。

明との事大外交

朝鮮王朝にとってその安定した発展のためには、中国と日本との関係、とくに国境を接する中国との関係が重要であった。ところが洪武帝（朱元璋、在位一三六八～一三九八）は、朝鮮は「声教自由」の国（政令が自主的な国）といって新しい王朝の国王を冊封しなかった。

洪武帝は元によって破壊された「中華」の回復と、各地で策動する群雄の平定など内政問題に集中せざるをえなかった。さらに洪武帝の死後には、皇位を継承した南京の建文帝と、その叔父に当たる北京の燕王との間に、四年間にわたる内乱がつづいた。一四〇二年に燕王が勝利して南京で即位し、永楽帝となった。そして北京に壮大な紫禁城を建設し、首都を北京に移した。

太宗はその即位式に祝賀使節として河崙を派遣し、誥命《こうめい》と金印を賜ることを要請した。太宗のもとにそれが届いたのは、一四〇三年（太宗三）四月であった。それ以来明の皇帝は朝鮮国王の交替があるたびに、冊封使を派遣して誥命を伝えた。これによって朝鮮の対明関係は安定した。

明からの冊封使にたいし、朝鮮からは定例的に朝貢使《チョゴンサ》を派遣した。朝貢使は明との経済および文化交流のパイプであった。明朝は建国初期から沿海の海賊や密貿易を防ぐための海禁政策をとり、明の皇帝から国王の冊封を受けた国との朝貢貿易しか許さなかった。明の洪武帝は朝鮮に「三年一貢」を要請したが、朝鮮は「一年三貢」を主張した。

朝鮮からは、元旦の賀正使、皇帝誕生日の聖節使、皇太子誕生日の千秋使、のちに冬至使を加えた年四回の朝貢使のほかに、臨時送使があった。朝鮮の朝貢品を上回る回賜品には、中国産の高級な絹布や書画、朝鮮には産しない西域や東南アジア諸国からの朝貢品が含まれていた。

日本との交隣外交

朝鮮王朝にとって高麗末期からつづく倭寇の侵入は、頭痛の種であった。

奇しくも朝鮮王朝を創建した一三九二年に、日本でも室町幕府第三代将軍足利義満によって、分裂して内乱がつづいていた南北朝が合一した。義満は一四〇一年に明の皇帝に使節を派遣して国書を送った。一四〇二年に明使は義満を「日本国王」として冊封する詔書を伝えた（「日本国王源道義」）。

さらに一四〇四年に義満は、僧周棠《しゅうとう》を朝鮮に派遣して、「日本国王源道義」名義の国書を、太宗に伝えた。ここに明皇帝を頂点とする朝鮮国王と日本国王（征夷大将軍）との対等の礼（伉礼《ハンネ》）による交隣関係が成立したのである。

朝鮮から日本への使節名は、初期は回礼使《フエレサ》または報聘使《ポビョンサ》、つまり日本側の使者派遣にたいする回礼使、またはその招聘に応じる報聘使であったが、一四二八年の将軍義《よし》持《もち》の死と翌年の義教《よしのり》の襲位の慶弔を兼ねて、通信使《トンシンサ》に改めた。

ところが足利将軍にたいする朝鮮からの使節は、一四四三年の通信使をさいごに途絶えてしまった。一四六七年（応仁元年）の応仁の乱とそれにつづく内乱のためである。

しかし日本国王使（日本国王＝征夷大将軍）は、室町幕府さいごの将軍義昭《よしあき》の一五七一年遣使まで、一方的に六十余回も派遣されている。朝鮮政府は室町幕府の足利将軍のほかにも、西国の諸大名、たとえば対馬宗氏《そうし》を仲介役として斯波、大内、畠山、細川、島津氏などとも通交した。というのは戦国時代の諸大名にたいする室町幕府の統制力が弱く、多元的通交によって倭寇の再発を防ぐためであった。

つまり西日本各地の大名や豪族たちの使者（使送倭人）や、商人たち（興利倭人）に交易を認めることによって、「倭寇」を「交易」に転換させたのである。ただし使送倭人や興利倭人は、倭寇でないことを証明するため、対馬宗氏が発行する「文引《ぶんいん》」（証明書）の持参を義務づけた。その手数料は宗氏の貴重な財源となった。

三浦の日本人居留地

朝鮮政府が室町幕府と交隣関係を結んだ主たる目的は、倭寇による略奪を平和的通交に切り換えるためであった。

朝鮮側としては、日本国王使をはじめ使送倭人や興利倭人を受け容れ、それを統制するために、一定の場所を指定しなければならない。その指定港として一四二三年に薺浦《チェポ》（熊川）と富山浦《プサンポ》（釜山）を開き、のちに塩浦《ヨムポ》（蔚山）を加えて三浦《サムポ》とした。三浦は日本からの使船や商船の出入港であったばかりでなく、そこに定住する日本人（恒居倭《ハンゴウエ》）の居留地でもあった。三浦にはそれぞれ倭館を置いて、出入りする日本人の接待や交易の業務に当たった。

一四四三年に朝鮮通信使の書状官として京都を訪問した申叔舟《シンスクチュ》（号保閑斎、一四一七〜一四七五）が、帰国後の一四七一年、王命を奉じて撰進した『海東諸国紀』（海東諸国とは日本と琉球）がある（当時の正使は卞孝文《ピョンヒョムン》、副使は尹仁甫《ユンインボ》）。

それによれば一四七四年（成化一〇）時点、三浦の日本人居留民（恒居倭《ファンゴウェ》）の戸数と人口数は、つぎのようになっている。

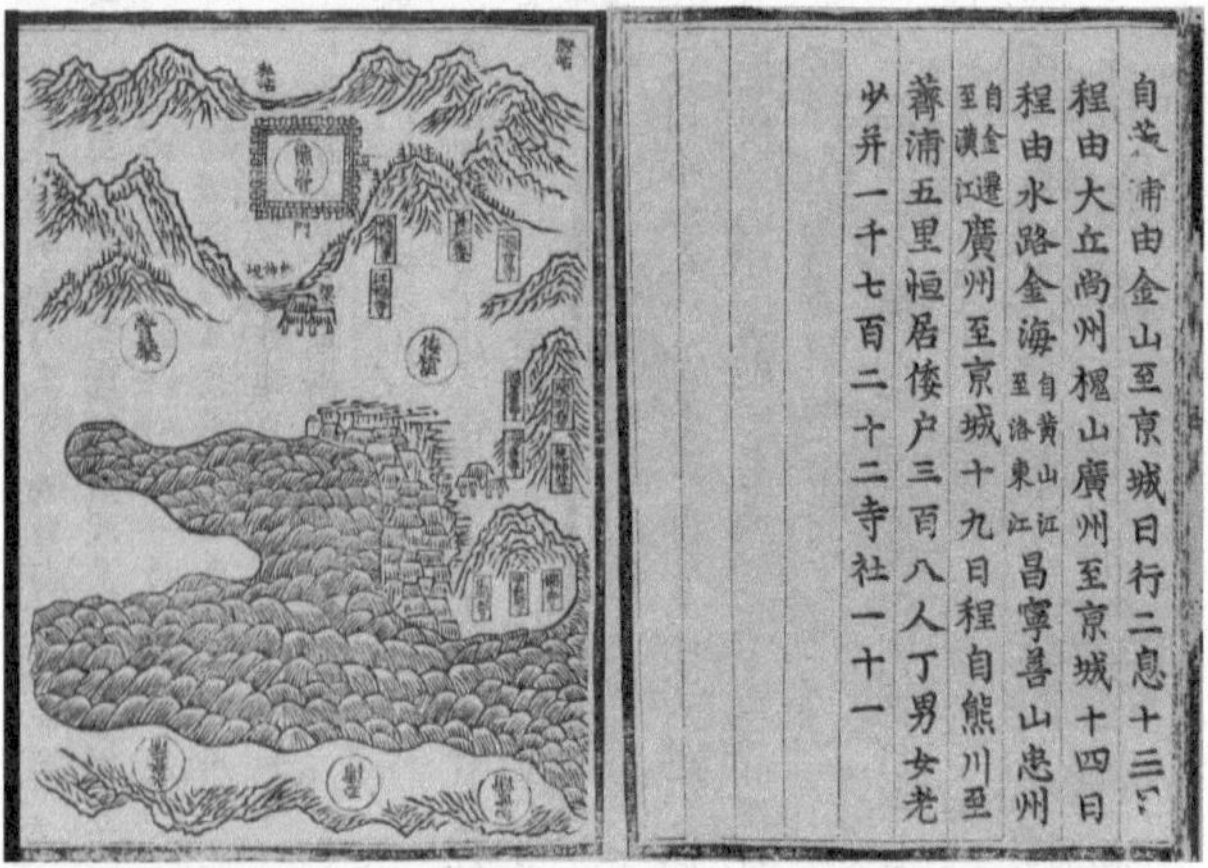

『海東諸国紀』より三浦（上：薺浦、下右：富山浦、下左：塩浦）

薺浦……三〇八戸、一七二二人
富山浦……六七戸、三三三人
塩浦……三六戸、一三一人

三浦に着いた日本国王使（足利将軍の使節）および西国大名の使節は、朝鮮側が指定した三つの上京路（右路、中路、左路）を通過して漢城（ソウル）の東平館に入った。三つの上京路を指定したのは、使節の宿泊および接待や荷物を運搬するための地方の負担を分散させるためである。のちに三つの上京路のほかに、洛東江《ナクトンガン》と南漢江《ナムハンガン》とをつなぐ水路による上京路が追加された。

ところが三浦の「恒居倭」（居留民）がなしくずし的に増えたばかりでなく、現地民と通謀して潜商（密貿易）や潜奸（男女間の密通）などの違法行為が絶えなかった。朝鮮側のきびしい取り締まりに反発して、一五一〇年に三浦の日本居留民は乱を起こし、対馬に逃亡した。

朝鮮との貿易は、耕地の少ない対馬にとって死活問題である。対馬島主の懇請によって一五一二年、薺浦一カ所に限って居留と通商を許したが、一五四七年にはそれを富山浦に移した。それ以来富山浦（釜山）は、江戸時代まで日本に開いた唯一の窓口となった。

難産した『太祖実録』

朝鮮王朝史の基本史料として初代の太祖（在位一三九二〜一三九八）から、さいごの第二七代純宗（一九〇七〜一九一〇）に至るまでの一代記を、その死後に年・月・日の順に記録した膨大な『朝鮮王朝実録』がある。そのさきがけが『太祖実録』である。

太祖は一三九八年一二月に王位を退き、定宗の上王、太宗の太上王として、一四〇八年まで生存した。太祖死後の一四〇九年、太宗は河崙を総責任者として実録の編纂を命じた。

そもそも同時代史は今でも書きにくい。それぞれの事件や人物の歴史的評価は、一定の時間的距離をおかなければ不可能だからである。さらに一四〇九年当時、王朝交替の激動の記憶が生々しく残り、それにかかわった当事者たちがまだ生存していた。けれども太宗は強引にこれを推し進め、一四一三年（太宗一三）に第一次の稿本一五巻を完成した。

ところが第一稿本には、第一次および第二次王子の乱をはじめ、歴史的評価を定立させるには、余りにも多くの問題が取り残されていた。恐らく太宗の強力なリーダーシップがなければ、議論百出の混乱に巻き込まれ、実録編纂そのものが霧散したかもしれない。

そのために第一稿本の刊行を見合わせて修正に修正を加え、ようやく一四四五年（世宗二七）に太祖・定宗・太宗三代の実録を並行して完成した。第一稿本の完成から三二年目のことである。

三代の実録はそれぞれ四部を清書し、宮中の春秋館《チユンチユグアン》をはじめ、忠州《チユンジユ》（忠清道）、全《チヨン》州《ジユ》（全羅道）、星州《ソンジユ》（慶尚道）の四つの史庫に分蔵した。

実録編纂は歴代国王の死後になされるため、たとえ国王や権臣といえどもその権力の乱用をきびしく自制させることになった。なぜならたとえ国王たりといえども、その生前に実録の史草となる記録を閲覧できない、きびしい不文律があったからである。権力乱用はその事実が記録されて、後世に残ることになる。

さらに実録の分散保存は、実に賢明な対策であった。一五九二年の豊臣秀吉の侵略のとき、辛くも全州史庫の分だけが疎開して残り、他は全滅したからである。

一九九七年、ユネスコは、『朝鮮王朝実録』を世界記録遺産に指定した。

二

中央の官制

朝鮮王朝は、文班《ムンバン》と武班《ムバン》を支配階級とする両班《ヤンバン》社会であった。もちろん文班と武班とはそれぞれ管掌する分野を異にしていた。まず文班による中央および地方の官制をみることにしたい。

中央の官制としては国政の最高機関として領議政《ヨンウイジョン》、左議政《チャウイジョン》、右議政《ウウイジョン》の三政丞（日本でいう総理および副総理）からなる議政府《ウイジョンブ》があった（京畿道に議政府という地名があるが、これとは関係ない）。その下に国政の各分野を担当する六曹――吏曹、戸曹、礼曹、兵曹、刑曹、工曹――があり、その長官を判書《パンソ》（日本でいう大臣）といった。

中央にはこのほかにも王命の出納を管掌する承政院《スンジョンウォン》、経籍を集めて研究し、国王の文書を起草する弘文館《ホンムングァン》、最高の司法機関である義禁府《ウイグムブ》などもあったが、とくに国王への諫言を担当する司諫院《サガンウォン》と官吏の規律を監察する司憲府《サホンブ》とを合わせて台諫《テガン》といい、国王および官僚の恣意的専断を抑制する機能を果たした。司諫院と司憲府に弘文館を加えて三司《サムサ》といい、弘文館の長官を大提学《テジェハク》、司諫院の長官を大司諫《テサガン》、司憲府の長官を大《テ》司憲《サホン》といった。いずれも学識豊かで人望あり、清廉潔白の士を任命するのを原則とした。

一般的に朝鮮王朝を「君主専制」というが、先の歴代国王の実録を記録する史官《サグアン》と、司諫院の諫言を担当する言官《オングァン》によって君主専制権の行使にはかなり強いブレーキがかかっている。

このほかに春秋館があった。これは歴代国王の没後に実録編纂のための記録を担当する部署で、その官員たちはすべて兼職であった。

実録の基礎資料は、各官庁と機関に所属する兼任史官が春秋館に報告する時政記と、常に国王に近侍して、国王とその周辺の動静を記録する芸文館《イエムングアン》所属の奉教（正七品）二名、侍教（正八品）二名、検閲（正九品）四名の史草（草稿）であった。国王が世を去ると実録庁を設け、これらの史草や時政記を集めて検討を加えて作文し、初草、中草、正草の三段階の校正を経て、さいごの正草が実録に登載され、初草と中草は洗草された。洗草とは韓紙（日本の和紙）に書いた草稿の文字を洗い落とすことをいう。

地方の行政

統一新羅の領域は、朝鮮半島の大同江以南であった。高麗時代に半島の西北方面では鴨緑江《アムノッカン》の河口まで、その領域を押し上げたが、豆満江《トウマンガン》以南の朝鮮半島の東北地方は、女真族との間に国境が確定していなかった。

第四代の世宗《セジョン》の一四三五年、咸鏡道都節制使に任命された金宗瑞《キムジョンソ》は、豆満江流域の会寧《フェリョン》、鐘城《チョンソン》、穏城《オンソン》、慶源《キョンウォン》、慶興《キョンフン》、富寧《プリョン》に六鎮《ユチン》を設けた。そしてこの地域の女真族の帰順と、下南道（慶尚道、忠清道、全羅道）からの移民を奨励してこの地域を開拓し、咸《ハム》吉道《ギルド》（のちの咸鏡道）を新設した。だから朝鮮の国境が鴨緑江から豆満江以南に確定したのは、このときからである。

朝鮮の行政区域はこの咸吉道を加えて、北から平安道、江原道、黄海道、京畿道、忠清道、慶尚道、全羅道の八道に区分された。

朝鮮王朝は中央集権的官僚制であったから、地方長官は中央から任命された。各道の長官を観察使《クァンチャルサ》または監司《カムサ》といった。江戸時代の日本の幕藩体制とは、大いに違うところである。

道の下には府（府尹または府使）、牧（牧使）、郡（郡守）、県（県監または県令）があり、これらを合わせて統括する長官を守令《スリョン》といった。やはり中央から任命された。

道およびその下の地方官庁には、中央の六曹にならって、吏房、戸房、礼房、兵房、刑房、工房の六房を置いた。

観察使および守令はそれぞれの出身地への赴任を禁じ、前者は一年ごとに、後者は三年ごとに交替した。地方勢力との馴れ合いや野合による行政の不公正を防ぐためである。

地方官庁の六房では、それぞれの地域出身で民情にくわしい郷吏《ヒャンニ》（胥吏《ソリ》ともいう）が実務を担当した。任期が限定された地方長官のなかの悪質な守令たちは、それぞれの地域の事情にくわしい郷吏を、民衆を収奪するための手先として利用することが多かった。

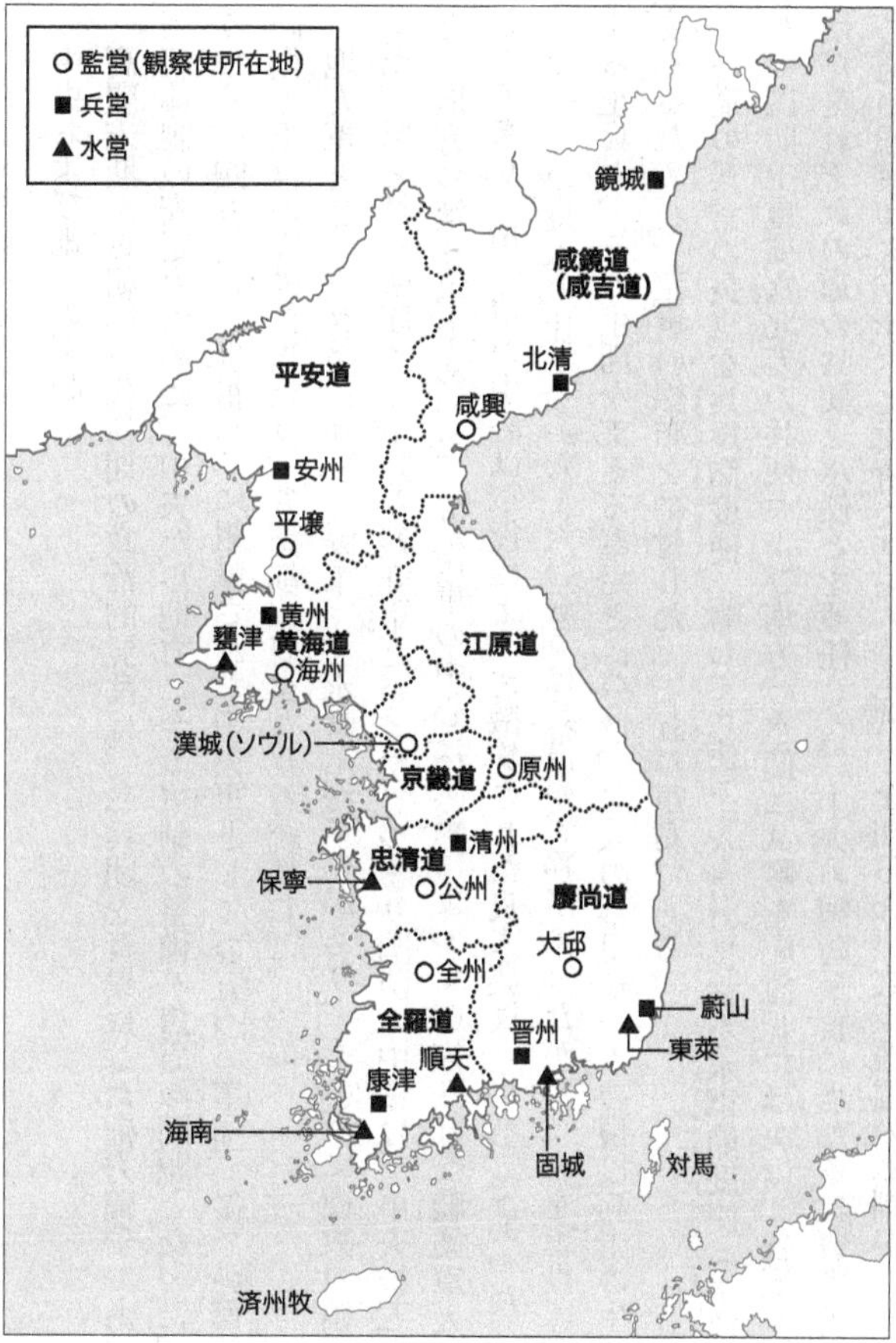
○監営(観察使所在地)
■兵営
▲水営
鏡城
咸鏡道
(咸吉道)
北清
平安道
咸興
安州
平壌
黄州
甕津
黄海道
海州
江原道
漢城(ソウル)
原州
京畿道
清州
忠清道
保寧
公州
慶尚道
大邱
全州
蔚山
全羅道
晋州
東萊
順天
康津
海南
固城
対馬
済州牧
朝鮮八道図

中央および地方の軍制

高麗末期から朝鮮時代初期の政治的混乱は、私兵団を背景にした権力闘争であった。王朝体制の安定のために、中央から地方に至る軍制の整備が焦眉の問題となった。ようやく一四五七年（世祖三）に組織された中央軍としての五つの軍団（衛）が首都の防衛と王宮の守備に当たり、五衛都摠府がこれを統轄した。

地方軍としては各道に兵営（陸軍）と水営（海軍）があり、その下に複数の鎮を置いた。営と鎮に所属する軍隊を鎮守《チンス》軍《グン》といった。つまり国防の中核は、中央の五衛軍と、地方の鎮守軍であった。五衛軍の中心は試験によって選抜された職業軍人（甲士）であり、鎮守軍の中心は軍役によって徴集された良人農民（正兵）であった。

すべての良人の壮丁（一六〜六〇歳）は兵役の義務があったが、これを軍役に服務する正兵と、その生活を支える奉足とに分け、二人の奉足が一人の現役兵士の生活を支えるため、一定量の綿布を納付した。これが軍布である。

各道の兵営の長官を兵馬節度使《ピョンマジョルドサ》（略して兵使《ピョンサ》）、水営の長官を水軍節度使《スグンジョルドサ》（水使《スサ》）とし、国防上重要な北方の兵使および南方の水使に武職を配置したほかは、各道の観察使がそれぞれの道の兵使と水使とを兼任した。中央の国防長官に当たる兵曹判書も、各道の観察使も、すべて文班であった。「武」を知らない文臣優位の軍制が、その脆弱さを象徴している。

原則として各道に、兵営と水営とを一つずつ置いたが、咸鏡道には女真族の侵入に備えて兵営を二つ、慶尚道には日本の侵入に備えて兵営二つと水営二つ、全羅道には兵営一つと水営二つを置いた。

ソウル南山に熢燧台があって、北方および南方からの緊急事態をのろしによって、リレー式に受信および発信する熢燧制があり、またそれを文書で伝える駅馬制があった。駅馬制による各駅には駅馬を置いて、平時においても中央と地方との文書伝達の中継、公用者の宿所として利用された。そのための経費を捻出するために、駅屯土があたえられた。

以上のべたように朝鮮王朝は、高麗末期から朝鮮初期の軍制の混乱を収拾して中央集権的な軍制を整備した。それから一五九二年の豊臣秀吉の侵略までの二〇〇年間、大小の内乱はあったが、外国の侵略はなかった。

そういう時代背景のなかで両班階級のなかに「尚文軽武」の風潮がはびこり、天下泰平になれて弛緩してしまった文臣優位の軍制は、日本の侵略にたいしてほとんど役に立たない脆弱さを露呈した。

豊臣秀吉の侵略後も、依然として文班優位の軍制は改められず、国家の安全保障をもっぱら中国との「事大」外交、日本との「交隣」外交に依存してきた。自主的防衛力を持たない外交には、おのずから限界がある。

科挙の文科・武科・雑科——官僚登用のシステム

李成桂（太祖）は即位教書のなかで、科挙《クァゴ》についてつぎのようにのべている。

文武両科は、一方にかたよって他方を廃すべきでない。中央の国学と地方の郷校に生徒を増員して講学に努め、人材を養成しなければならない。

文班および武班を合わせて両班といわれたのは、高麗時代からであった。科挙試験は高麗初期の九五八年からはじまった。しかし高麗時代にはごく一時期を除いて武科試験はなく、文科試験だけがあった。つまり「尚文軽武」である。

李成桂はさすがに武人出身らしく、文武両科に軽重を置いてはならないと戒めたのである。にもかかわらず依然として、「尚文軽武」の風潮を克服することはできなかった。

朝鮮王朝時代の身分制は、基本的には両班《ヤンバン》、中人《チュンイン》、常民《サンミン》（良民）、賤民《チョンミン》に分かれる。建て前としては両班と良民は文武両科に受験できる。しかし現実的に文武両科に応試するためには幼少のときから十数年をかけて学習しなければならない。経済的に庶民の手の届かない領域である。

本来両班とは、文武両科に合格した一代限りの文武官僚であったのが、しだいにその出身階層が固定化して両班階級を形成した。

文科の試験には初試→覆試《ポクシ》→殿試の三段階があった。初試はソウルでおこなう漢城試と、地方でおこなう郷試があり、これを生進科《センジン》といった。つまり四書五経による生《セン》員《ウォン》科と、詩・賦・表・策による進士科《チンサ》がそれである。生員科の合格者を生員、進士科の合格者を進士といった。同じ両班でも、ソウルのそれを京班《キョンバン》、地方のそれを郷《ヒャ》班《ンバン》といったが、郷試に合格した生員や進士も郷班であった。

生進科（小科）の合格者はソウルの成均館《ソンギュングァン》に進学して一定の課程を終えてのち（ほぼ一年間）、文科（大科）に応試する。この覆試で、全国の初試合格者二四〇人から三三人が選抜される。さいごの段階が国王親臨のもとでおこなわれる殿試である。ここでは覆試合格者三三人にたいし、甲、乙、丙の成績順を決める。甲科第一等の合格者を「壮元及第《チャンウオンクプチェ》」といって、本人ばかりでなく家門の誇りである。

武科の場合も初試、覆試、殿試は文科と同じく三段階であった。初試としてはソウルでの訓練院試《フルリョンウォンシ》と地方での郷試があった。

初試合格者はソウルに上京して、兵曹と訓練院が主管する覆試に応試しなければならない。覆試の試験では講書と武芸によって、初試合格者一九〇人のうち、二八人が選ばれた。この二八人が殿試によって甲、乙、丙の成績順が決められた。武科合格者を先達《ソンダル》という。

殿試における甲、乙、丙の成績順によって、官僚生活の出発点から品階の差がつけられたばかりでなく、出世の速度にも差があった。成績順による品階の差はつぎのとおりであった。

（文科）壮元一名（従六品）、甲科二位一名（正七品）、甲科三位一名（従七品）、乙科七名（正八品）、丙科二三名（正九品）、計三三名。

（武科）甲科三名（従七品）、乙科五名（従八品）、丙科二〇名（従九品）、計二八名。

ちなみに朝鮮時代の品階制はつぎのようになっている。

堂上官……正一品、従一品、正二品、従二品、正三品（正三品の場合は堂上官の通政大夫と、堂下官の通訓大夫に分ける）。

堂下官……正三品（通訓大夫）、従三品、正四品、従四品。

堂郎……正五品、従五品～正九品、従九品。

科挙は原則として、朝鮮初期には三年に一回おこなわれ、これを式年試《シンニョンシ》といった。式年とは干支に子、卯、午、酉の字が入る年（たとえば甲子、乙酉など）のことで、三年に一回となる。その式年試の合格者が、文科三三名、武科二八名だから、気が遠くなるような難関であった。

両班階級だからといって世襲的に文武官僚になれるわけではない。科挙というハードルを突破して文武官僚になれるのは、ごく少数のエリートであった。

ところが後世には、不定期的に増広試だの、別試だの、謁聖試だのと、いろいろ理由をつけた臨時試がおこなわれ、式年試の権威がしだいに薄れてしまった。

科挙には文武両科のほかに雑科があった。その内容は訳科（漢語、日本語、満州語、モンゴル語）、医科、律科、陰陽科（天文、地理、命課）である。雑科には初試と覆試だけがあって、殿試はなかった。これらの実務および技術分野の学問を雑学といって、両班と良民（庶民）の中間にある中人階級の世襲であった。

科挙制の大要を図示すればつぎのようになる。

科挙
- 文班―生進科（小科）―文科（大科）
- 武班―武科
- 雑科（訳科、医科、律科、陰陽科）

雑科のほかにも「取士之法」があって、戸曹では算学、図画署では画員、昭格署では道教の専門職を採用している。

天文、地理、法律、医薬、算学、絵画などの「実用」の学問が「雑学」として軽視され、しかも中人階級のなかで閉鎖的に世襲された。経学を重んじ、実学を軽んじる風潮が、実用の学問を発展させるうえで大きな阻害要因となった。

儒教本位の教育

前近代における朝鮮社会は、日本と同じく士・農・工・商の身分制を基礎にしている。ところが朝鮮と日本とでは、支配階級としての「士」の性格が根本的に相違している。日本のそれは武士である。朝鮮では「士」をソンビといい、また「儒」もソンビである。つまり朝鮮のソンビは士＝儒であった。前近代における朝鮮と日本とでは、文治政治と武家政治という根本的な相違があった。

朝鮮王朝における教育体系も、科挙の文科コースに対応した内容になっていて、中央の最高学府である成均館から、地方郷村の書堂《ソダン》に至るまで儒教一辺倒であった。

身分制を超えた一般的な教育施設として、各郷村には私立の書堂があった。江戸時代の寺子屋のようなものである。日本の寺子屋の教育内容は、民衆の実生活に必要な

李滉（退渓）が弟子育成のために建てた陶山書院（韓国観光公社提供）

読み、書き、ソロバンであったのにたいし、書堂の場合は四書五経に入るための予備コースであった。

中等の公教育として漢城には四学《サハク》（東学、西学、南学、中学）があり、地方の府、牧、郡、県には郷校《ヒャンギョ》があった。これを修了して科挙の初試（生進科）に応試することができた。すでにのべたように生員科に合格すれば生員、進士科に合格すれば進士である。公教育の四学や郷校における中等教育と並行して、私立の書《ソ》院《ウォン》が各地にあり、公教育よりも科挙の合格率が高い書院が多かった。

覆試に応試するためには上京して最高学府の成均館に入学し、ほぼ一年間（出席日数三〇〇日）学習しなければならない。それを修了して覆試に応試し、その合格者が殿試に臨むことになる。

朝鮮王朝史は一五九二～一五九八年の豊臣秀吉の侵略を境にして、前期と後期に分けることができる。朝鮮後期になると、とくに文班内部の党派争いの余波をうけて、科挙が執権派の人物を起用する手段として利用される場合が多くなった。いかにすぐれた人材であっても、執権派の有力な門閥の背景がなければ、官僚への登竜門にはなりえない。

本来科挙は、門閥による政治的独占を阻止し、個人の能力によって人材を起用するための国家試験であった。ところが権力をめぐる朋党争いがはげしくなると、執権派は結束して門閥化し、異なる党派を排斥する「党同異伐」（同類の者が結束して、異なるものを伐《う》つ）の政治的風土に拍車がかかった。国王さえもこの門閥化した党派に振り回されるようになった。

長い間政権から遠ざけられた両班は残班《チャンバン》といって、その生活水準は常民と変わらない。地方民乱の中心分子にその出身者が多かった。

科挙制そのものは理想的であった。しかし制度が疲労してくると、理想と現実とのへだたりが大きくなるのは、今も昔も変わりはない。科挙制が廃止されたのは、一八九四年の甲午改革のときである。

三

世宗の文治とハングル制定

すでにみたように、第三代太宗（李芳遠）は高麗末期から朝鮮初期の王位継承をめぐる波瀾の時代を生きてきただけに、次王の選定には慎重であった。

太宗は王妃閔《ミン》氏との間に四男四女がいた。国王の嫡子のなかで、王位継承者を王世《ワンセ》子《ジャ》、その他を大君《テグン》といった。第一子譲寧大君は脱線行為が多く、第二子孝寧大君《ヒョニョンデグン》は出家して熱心な仏教の信者になった。第三子忠寧大君が王世子に選ばれて、一四一八年八月に即位した。第四代の世宗（在位一四一八～一四五〇）である。

世宗はかれ自身が好学の君主として多彩な人材を養成し、五百余年の朝鮮王朝に類例のない文治の花を咲かせた。太宗は譲位後も上王として兵権を自ら掌握し、一四二二年に世を去るまで世宗の後見役を務めた。世宗の文化事業を担った多彩な人材の産室は、一四二〇年（世宗二年）に設けた集賢殿《チプヒョンジョン》であった。

朝鮮王朝史については、正史として膨大な『朝鮮王朝実録』があるほかに、野史もある。その野史の一つに、李肯翊《イクンイク》（号燃藜室《ヨルリョシル》、一七三六～一八〇六）が著述した、これまた膨大な『燃藜室記述』（以下『記述』）がある。綿密な文献によって太祖から第一九代粛宗までの歴代国王時代の「故事本末」を考証している。集賢殿について、つぎのようにのべている（「世宗故事本末」）。

上様（世宗）は集賢殿を設けて文学の士を集め、数十年にわたって人材を培養し、輩出させた。なお集賢殿学士たちが朝は官衙に出勤し、夕は宿直して講読に専念できないことを憂慮した。そこで年若く才あり、品行の正しい者を数人選び、長期休暇をあたえて、宿直は順番を分けてするようにし、山に入って読書をする間、その費用は官給にした。経史、諸子百家、天文、地理、医薬、卜筮《ぼくぜい》を自由に研究するようにし、その学問を深く博く通じないところがないようにして、将来大いに用いるべき人材養成の基礎をつくった。

ここでのべていることは、前途有望な若い集賢殿学士には、実務から離れて山寺に入り、官給によって賜暇（休暇をとらせる）読書をさせたことである。しかもその読書の範囲は儒教一辺倒ではなく諸子百家から天文、地理、医薬、卜筮に至るまで自由にさせた。世宗代の文化事業が経書および史書の編纂はもちろん礼楽、音韻学、農学、医薬、天文、地理から兵法に至るまで、経世済民のための実用の学問を総網羅できたのは、集賢殿における多彩な人材養成に負うところが大きい。

それらの文化事業のなかで、とりわけ民族文化史上画期的な成果は、ハングル（訓民正音）の制定である。いま韓国では毎年一〇月九日を「한글날」（ハングルの日）として、いろいろな行事がおこなわれている。つまり一四四六年（世宗二八）一〇月九日が訓民正音を頒布した日とされている。

しかし世宗が「訓民正音」二八文字を親製したのは一四四三年一二月であった。かれはこれを一般的に頒布する前に、集賢殿学士の鄭麟趾《チョンインジ》、崔恒《チエハン》、成三問《ソンサムムン》、申叔舟、朴彭年《パクペンニョン》、姜希《カンヒ》顔《アン》、李塏《イゲ》、李善老《イソルノ》らに命じて『訓民正音解例』を作成させ、これに鄭麟趾の序文をつけて頒布したのが一四四六年一〇月九日であった。世宗は「訓民正音」の御製序文でつぎのようにのべている。

世宗

わが国の語音は中国と異なり、（中国の）文字と互いに通じない。故に愚かな民は言いたいと思うことがあっても、ついにその心情を述べることができないことが多い。余がこれを憐憫に思い、新しく二八文字を制定した。人びとが習い易く、日用に便ならしむためである。

ここでは二つのことがのべられている。その一つはわが国固有の語音は、中国の漢字音とは通じない。したがって漢字を知らない人びとは、自分の心情を文章化することができない。だからわが国の固有語を表記できる二八文字を制定した。このときはじめて固有の朝鮮語を表記できる固有の文字としてハングルを持つようになった。

その二つは、漢文を習得できない庶民にも短期間に習いやすい二八文字を制定して、文章で自分の意思を表現できるようにした、ということである。制定当初は母音一一字、子音一七字、合わせて二八字であったのが、現行のハングルは母音一〇字、子音一四字、合わせて二四字の音素文字からなる。

現行の母音一〇字――ㅏㅑㅓㅕㅗㅛㅜㅠㅡㅣ

現行の子音一四字――ㄱㄴㄷㄹㅁㅂㅅㅇㅈㅊㅋㅌㅍㅎ

母音ㅏ（a）と子音ㄱ（k）と組み合わせて가（ka）となるように、母音と子音とを組み合わせていろいろな音声が発せられる。

ところが両班階級はハングルに背を向けた。すでに朝鮮時代の科挙と教育でのべたように、儒教を学ぶためのテキストがすべて漢文であり、科挙に応試するためには漢文による中国古典に習熟することこそ立身出世をめざす特権階級の学問であった。その結果、両班と一般庶民との間に文字によるコミュニケーションが断絶してしまった。

ようやく一九世紀後半期の開化運動のなかで民権思想が成長した結果、庶民の文字であるハングルは「国文」として位置づけられた。公式的には一八九四～九五年の甲午改革のとき、勅令第一号第一四条でつぎのようにのべている。

法律、勅令はまず国文（ハングル）をもって本となし、漢文訳を附し、あるいは国漢文を混用す。

仏教に傾倒した世宗の晩年

ハングルを頒布した一四四六年、世宗の正妃沈《シム》氏（昭憲王后）が亡くなった。世宗はその死を悲しみ、次男の首陽大君《スヤンデグン》（のちの世祖《セジョ》）に、ハングルで釈迦の一代記『釈譜詳節』を書かせた。世宗も釈迦の功徳に感動し、やはりハングルで『月印千江之曲』を書いた。のちに世祖は両者を合わせた『月印釈譜』を刊行している。これらの作品は、制定初期のハングルを研究するうえで、かけがえのない文献になっている。

後世に多くの学者たちは、世宗を「崇儒」オンリーの国王として「聖君」に祭り上げているが、晩年には仏教に傾倒している。先の『記述』はつぎのように書いている。

上様（世宗）は末年に内仏堂を造り、大臣たちが諫めても聞かず、集賢殿の学士たちが諫めても聞かず、学士たちがみんな帰家してしまって、集賢殿が一空となった。

上様は涙を流しながら黄喜《ファンヒ》を召していわく――

集賢殿の諸生たちが我を棄てた。これをいかにすべきか。

黄喜いわく――

臣が説得します。ついに学士たちの家をまわって（集賢殿に）帰ってくるよう懇請した。

黄喜（号厖村、一三六三～一四五二）は、すでに高麗末期の一三八九年に科挙文科に合格し、易姓革命にかかわった開国功臣ではないが、学徳を兼備し、清廉潔白の元老宰相として太宗や世宗に慕われ、その相談役として補佐した。かれの人柄をたたえる逸話が多い。

世宗は晩年、仏教信仰のために、手塩にかけて育てた大臣や集賢殿の学士たちから批判され、孤独であった。つぎにのべる世祖（首陽大君）も護仏の国王であったために、朱子学者から嫌われた。世宗や世祖の仏教への傾倒には、太宗の第二子で出家した孝寧大君（世宗の次兄）の影響が大きい。

王朝政治の基本法――『経国大典』

朝鮮王朝はその建国初期から、恣意的な「人治」を規制し、「法治」の為の基本法を制定するために努力を重ねた。

建国初期に鄭道伝が書いた『朝鮮経国典』も、そういう試みの一つであった。『太宗実録』一三年（一四一三）のくだりに、つぎのような記事がある。

経済六典を頒布した。国の初め政丞趙浚らが国王の意向を受けて撰し、遵守すべき条例を経済六典と名づけて進呈し、中央や地方で刊行した。是れ（太宗のとき）に至って政丞河崙らがその本意を保存し、通俗的なことばを削り、元六典とした。また上王（定宗）が即位して以来の経済に役立つ条例を集めて続六典とし、鋳字所に命じて印刷し、中央や地方に頒布した。

一三九二年に朝鮮王朝を創建して以来、「経済六典」→「元六典」→「続六典」の編纂がつづいた。六典とは行政の各分野の法的規準を示した吏典、兵典、戸典、刑典、礼典、工典をさす。

とくにそのなかの「続六典」はこれを鋳字所で印刷し、中央や地方に頒布している。ここでいう「鋳字」とは金属活字のことである。朝鮮王朝では金属活字による印刷のため、一四〇三年（太宗三）に官営の鋳字所を設置している。ドイツのグーテンベルク（一四〇〇？～一四六八）が、はじめて活字による活版印刷をしたのよりも、はるか以前である。

「続六典」後も新しい法の科目や条目が積み重なるなかで相互間の矛盾や重複が現われた。世祖（在位一四五五～一四六八）は「続典」に「続典」を重ねるよりは、「いま損益を斟酌し会通するように刪定して、万世の成法」をつくるよう命じ、六典詳定所を設置した。

一四六〇年（世祖六）には、六典の中で国家財政と民衆生活に直結する「戸典」、翌六一年には、法秩序と風紀を正すための「刑典」が完成した。

その他の四典についても、世祖の生前に従来の典章の補完と削除とを重ね、推敲に推敲を加えている間に、かれは一四六八年に世を去った。その翌年の六九年には吏典、礼典、兵典、工典を合わせた『経国大典《キョングクデジョン》』が完成した。『睿宗実録』元年（一四六九）九月条につぎのような記事がある。

詳定所提調寧城君崔恒、右議政金国光《キムグックァン》らが経国大典を進呈した。恒と国光に鷹を一羽ずつ賜った。都承旨権瑊が啓していわく――大典は世祖がもっとも留意したことであります。たとえ宗廟に奉告しないにしても、永昌殿（世祖の画像を奉安したところ）に奉告するよう願うものです。これに従った。

世祖はわが国の法制が煩密であったため六典を改定したが、古今の憲章を考究して細節を去り、綱領を保存しながらこれを要約した。担当局（六典詳定所）を開いてから五、六年、わずかに刑典と戸典を完成したが、このとき（睿宗元年）に至って六典をすべて完成した。刑典と戸典は世祖の御製によるものである。

『経国大典』に寄せた徐居正《ソゴジョン》（戸曹判書兼芸文館大提学）の序文によると、この編纂に従事した文臣官僚はつぎのとおりである。

崔恒、金国光、韓継禧《ハンゲヒ》、盧思慎《ノサシン》、姜希孟《カンヒメン》、任元濬《イムウォンジュン》、洪応《ホンウン》、成任《ソンイム》、徐居正

その後も改修に改修を加えて、六典すべてを施行したのは一四八五年（成宗一六）であった。

『経国大典』の完成によって、儒教立国が単なる理念にとどまらず、国政運営の基本法として成文化したのである。

世祖の「癸酉靖難」

朝鮮王朝時代の「聖君」として後世にたたえられてきた世宗とは対照的に、世祖は「暴君」として貶しめられてきた。世祖は即位前は世宗の次男、首陽大君であった。世宗が世を去ったのは一四五〇年、首陽大君が即位して世祖になったのが一四五五年。その五年間に、首陽大君の兄文宗、その子端宗の二代の国王が交替している。病弱の文宗は即位から二年三ヵ月目の一四五二年五月に死去し、その子端宗が一二歳で即位した。首陽大君の甥であった。首陽大君は王室最年長者であり、父王世宗の治世を輔弼してきた豊かな経験があり、文武両道に通じていた。

幼王端宗を輔弼していたのは皇甫仁《ファンボイン》（領議政）、金宗瑞（左議政）であった。国政の運営は、この二人の権臣によって牛耳られていた。とくに金宗瑞は文臣出身であるが、世宗のとき豆満江流域に六鎮を設けて女真族を制圧した前歴でも分かるように、兵権をも握っていた。

幼王端宗の即位による君主権の危機を救うために、首陽大君は一四五三年にクーデターを断行して、金宗瑞、皇甫仁を殺し、自ら領議政に就任した。また首陽大君のライバルとしてかれらにかつがれた弟の安平大君《アンピョンデグン》を江華島に追放して賜死した。これを「癸《ケ》酉靖難《ユジョンナン》」という。癸酉年（一四五三）に君側の奸（難）を清（靖）めたという意味である。

「癸酉靖難」のシナリオは、一四〇二年に明国で、第二代建文帝の帝位をその叔父燕王（のちの永楽帝）が簒奪した「靖難の変」とたいへんよく似ている。じつは首陽大君はクーデターの前年の一四五二年に、端宗の即位に誥命を賜った明の景帝にたいする謝恩使として北京を訪問している。その書状官として同行したのが、これまた申叔舟であった。二人はこの旅行中に、「癸酉靖難」のシナリオを練りあげたに違いない。

「靖難」に成功した首陽大君は、当時三六歳の男盛りであった。おのずから政府の実権は、領議政に就任した首陽大君に集中した。かれはさらに、一四五五年に端宗を上王に祭りあげて即位し、第七代世祖となった。

　ところが世宗のときの集賢殿学士出身の成三問、朴彭年らが中心になって、端宗復位のための逆クーデターを計画した。その仲間の一人金礩《キムジル》の密告によってそれを知った世祖はその首謀者である六名を処刑した。世にいう「死六臣」である。

　この事件後、端宗は上王から魯山君に格下げされ、江原道の寧越《ヨンウォル》という辺地に流されたあげく、一四五七年に賜薬を受けて一七歳の短い生涯をおえた。

結局世祖はこれも永楽帝に似ているが、王位簒奪者であるうえに、甥の端宗を殺した残酷な暴君の汚名をかぶせられ、のちにかれの「癸酉靖難」とその治世に協力した文臣グループも勲旧派《フングパ》としてこきおろされた。

勲旧派はそのほとんどが世宗代のハングル制定および、世祖代の『経国大典』をはじめとする、後世に残る記念碑的な官撰事業において主導的な役割を果たしてきた文臣グループであった。勲旧派といわれる主要人物は、ほぼつぎのとおりである。

鄭麟趾、申叔舟、崔恒、権擥《クォンナム》、韓明澮《ハンミョンフェ》、姜希孟、盧思慎、梁誠之《ヤンソンジ》、徐居正など

当然のことながらかれらはその功績によって特権的地位にのぼり、功臣田をあたえられて大農荘主となった。のちに勲旧派に対決して中央政界に進出してきた地方出身の士林派《サリムパ》は、これに反発したのである。士林派の学風は実学本位の勲旧派の学風とは違って、「大義名分」にやかましい朱子学一辺倒であった。つまり勲旧派も士林派も儒者であるが、前者は儒教を包括的に考えたのにたいし、後者は一辺倒的に考えたのである。

また世祖には、朱子学一辺倒の士林派から憎まれるもう一つの理由があった。かれは「崇儒排仏」を否定して儒仏併用の方針を貫いた護仏の国王だったからである。かれは一四六〇年に刊経都監を設けて、湮滅《いんめつ》寸前にあった仏教経典をつぎからつぎへと

ハングル訳させて、漢文を読めない民衆のなかに普及させた。勲旧派がこれに協力したことはいうまでもない。だから世祖は仏教経典のハングル訳をつうじて、父王世宗が制定したハングルを漢文を読めない民衆のなかに普及させた功労者といえる。

四

士林派の形成

世祖の治世期に、その政治を補佐した勲旧派に対抗して、士林派が登場したのは、第九代成宗（在位一四六九～一四九四）のときである。

かれは世祖の孫に当たり、即位当時は一二歳の幼齢であった。そのため勲旧派の申叔舟、韓明澮らの勧告によって、世祖妃尹《ユン》氏（貞熹王后）が成宗が成人するまでの七年間、垂簾聴政《スリョムチョンジョン》をおこなった。垂簾聴政とは、幼王に代わってその生母または祖母が、すだれごしに政務をとることである。だから成宗初期の七年間は、世祖の治世期の延長といえる。これが朝鮮王朝さいしょの垂簾聴政である。

成宗は性命義理の程朱学に傾倒し、親政をはじめると祖父の世祖とは違ってきびしい崇儒抑仏策をとった。そして勲旧派の権勢を抑えるために、権力から遠ざかっていた地方の儒者たちを中央に起用した。その代表者が金宗直《キムジョンジク》（号佔畢斎、一四三一～一四九二）であり、その系譜を引く新進の儒者グループが士林派である。

高麗から朝鮮への王朝交替期に、易姓革命に反対して慶尚道善山に隠遁した吉再《キルジェ》（号治隠、一三五三〜一四一九）は、「二つの王朝に事《つか》えず」（不事二朝）の義理を守り、新しい王朝から疎外された後進たちの教育に努めた。これが嶺南《ヨンナム》士林派の発端であり（嶺南＝慶尚道）、士林派の思想と学問は、高麗末期から朝鮮初期の鄭夢周《チョンモンジュ》、吉再の系譜に属する。

朝鮮王朝の創業と守成の時期に、かれらは第三者的立場であったから、建国初期の王子の乱をはじめとするはげしい権力争い、世祖の「癸酉靖難」などの争いのなかで汚染されることはなかった。だからつねに古い傷をもつ勲旧派にたいし、きわめて攻撃的であった。

勲旧派と士林派の激突――「士禍」

勲旧派の系譜を引く文臣グループは、士林派の進出にはげしい弾圧を加えた。これを「四大士禍《サファ》」という。

①戊午《ムオ》士禍（一四九八、燕山君四年）
②甲子《カプジャ》士禍（一五〇四、燕山君一〇年）
③己卯《キミョ》士禍（一五一九、中宗一四年）

④乙巳《ウルサ》士禍（一五四五、明宗元年）

ここでは「士禍」の原因、いきさつ、結果についての説明は長くなるので省きたいが、厳密な意味での「士禍」は、一四九八年（戊午）と一五一九年（己卯）のそれである。

一四九八年の戊午士禍では、金宗直の門人――金馹孫《キムイルソン》、鄭汝昌《チョンヨチャン》らが弾圧され、嶺南士林派が大打撃をうけた。金宗直はすでに一四九二年に死んでいるにもかかわらず、「剖棺斬屍」（棺をあばき屍を斬る）に処せられた。

その事件は、燕山君《ヨンサングン》（在位一四九四〜一五〇六）の前王の『成宗実録』の編纂過程でおきた。成宗の実録を編纂するために実録庁が設置され、その堂上官になったのが、勲旧派の李克墩《イグクトン》であった。かれは金馹孫の史草のなかに、金宗直の「弔義帝文」（義帝を弔う文）を発見した。

李克墩は柳子光《ユジャグアン》ら勲旧派大臣とその内容を検討した結果、金宗直は西楚の覇王項羽が楚の義帝を殺した故事になぞらえて、世祖が端宗の王位を奪ったばかりでなく、殺したことを批判し、世祖を擁立した勲旧派に突きつけた挑戦状と理解し、嶺南士林派に苛烈な弾圧を加えた。

また一五一九年の己卯士禍では、道学政治によって程朱学の理想を実現しようとした趙光祖《チョグァンジョ》をはじめとする士林派グループが勲旧派大臣と対決し、大弾圧をうけた事件である。金宗直と趙光祖は、士林派の巨頭としてその崇敬の的になっている。

士林派の分裂と朋党争い

士林派の思想と学問は、朝鮮王朝の創業と守成の時期に活躍した勲旧派の実用の学問とは異質の、鄭夢周→吉再→金宗直→趙光祖につらなる朱子学一辺倒であった。朝鮮の儒教が朱子学一尊主義になるのは、この士林派からはじまる。

先にのべた勲旧派も、一時的には士林派の進出を弾圧してその地位を保ったが、時代が降るにしたがって老齢化し、またその政治も社会の変化に対応できなくなっていった。

第一三代明宗（在位一五四五～一五六七）の治世期は、一五四五年の「士禍」からはじまるが、その治世末期から士林派が再び台頭し、第一四代宣祖《ソンジョ》（一五六七～一六〇八）の時代には、士林派の天下となった。明宗の末期から宣祖の時代は、朝鮮朱子学の最盛期であった。この時期、科挙文科（大科）に合格して政界に進出した代表的な朱子学者として――

李彦迪《イオンジョク》――号晦斎、一四九一～一五五三
李滉《イファン》――号退渓、一五〇一～一五七〇
奇大升《キデスン》――号高峯、一五二七～一五七二

李珥《イイ》――号栗谷、一五三六〜一五八四
また科挙に応試することをせず、在野の学者としてもっぱら「為己」の学問を志し、多くの門人を育てた儒者として――
徐敬徳《ソギョンドク》――号花潭、一四八九〜一五四六
曺植《チョシク》――号南冥、一五〇一〜一五七二
成渾《ソンホン》――号牛渓、一五三五〜一五九八

かれらは、ほぼ朝鮮朱子学史を代表する儒者たちであり、また朱子学史上、もっとも活発な性理学論争が展開された時期でもあった。とくに李滉と奇大升、李珥と成渾との論争が有名である。

この時期の性理学論争をつうじて、朝鮮朱子学は、李滉を宗主とする嶺南学派と、

李珥（上）と李滉（下）

李珥を宗主とする嶺湖学派に分かれた(性理学論争については、拙著『朝鮮儒教の二千年』参照のこと)。

一五六七年の宣祖の即位と同時に、一五一九年の己卯士禍、一五四五年の乙巳士禍で被害をうけた士林たちの名誉回復と、弾圧した権臣たちの処罰の問題が盛んに論議された。そして宣祖は即位した一五六七年に、己卯士禍で処刑された趙光祖の名誉を回復し、領議政を贈職した。また翌六八年には、かれを弾圧した勲旧派の南袞《ナムゴン》の生前の官爵を追奪した。宣祖初期のこの措置は、士林派の勝利を象徴し、士林派政治のはじまりを告げるものであった。

ところが士林派も、在野勢力として勲旧派に批判的な論議をしている間はよかったが、いざ権力の座に就いた途端お互いの利害が衝突し、一五七五年には、西人派(中心人物は沈義謙《シムウイギヨム》)と東人派(中心人物は金孝元《キムヒョウオン》)に分裂した。

朋党争いを予見した李浚慶

宣祖は、実はその前王明宗に跡継ぎがなかったため、傍系王族から即位した国王である。その宣祖を擁立して士林派政治への道を切り拓いた功労者が、当時の領議政李《イ》浚慶《ジュンギョン》(号東皐、一四九九〜一五七二)であった。

かれは一五三一年、科挙文科に合格して以来、中宗、仁宗、明宗、宣祖の四代国王に仕え、勲旧派のことも士林派のことも知り尽くしていた。だから勲旧派にたいする士林派の過激な論議には同調しなかった。ゆえに士林派からしだいに敬遠された。

先に宣祖代の初期、趙光祖の名誉回復と、南袞の官爵追奪が、士林派政治のはじまりだ、とのべた。この問題を論議する席上で、李浚慶は趙光祖の名誉回復には大いに賛成し、またかれらを弾圧した南袞一派を批判しながらも、四十数年前の過去にさかのぼって南袞の罪を問い、その生前の官爵を追奪することには反対した。

当時若輩の士林派は自派を「君子」とし、勲旧派を「小人」と呼んで、こきおろしていた。李浚慶によれば南袞は「文章の才があり、先人の言論や行状を多く識っており、まったく無識の人ではない」と前提したうえで、つぎのようにのべている（前掲『記述』宣宗朝「追罪南袞」）。

いま天運が巡り来て道義が明らかになり、すでに趙光祖の官爵を表彰したから、まさに南袞の罪を正さなければ、群議のうっ憤をそそぐことはできないでしょう。ただし老臣の愚かな見解としては……四〇年前の（南袞の）枯れた骨に追罪しなくとも、国脈が深くて永く、道義があまねく隆盛するでありましょう。いわんや小人のいない世はありえないから、罪を罰したからとして、後につづく邪悪な奸臣を止めることができるでしょうか。

かれは士林派の過激な報復主義が、さらに新たな報復を呼び、泥沼化することを憂慮したのである。そして、南袞の生前の官爵を追奪した一五六八年には領議政を退いて、政界の動向を静観していた。

己卯士禍（一五一九年）のときの南袞（礼曹判書）と趙光祖（大司憲）との対立は、勲旧派と士林派の新旧世代間の対立のほかに、儒教における詞章派《サジャンパ》と道学派との対立でもあった。南袞は詞章派を代表する文臣官僚であった。士林派は「経学」を重視し、勲旧派の「詞章」を、極度に嫌っていた。

一五七二年、李浚慶は臨終の病床で宣祖への遺箚《いさつ》を書いた。その内容は四ヵ条からなり、さいごの第四条では、若い士林派の排他的な言論による「朋党」の兆しがあることを警告し、つぎのようにのべている（前掲『記述』宣宗朝「李浚慶遺箚」）。

> 四にいわく、朋党の私を打破しなければなりません。いまの世人たちはあるいは身に過ちがなく、事に違《たが》うことがなくとも、一言でも自分に合わなければ排斥して容赦しません。
>
> 自分たちは品行をつつしむことなく、読書に務めることもなく、高談大論をして朋党を結んで自ら高しとし、ついに虚偽の風がはびこっています……殿下は両

方の言を聞き、両方に目を向けて、このような弊風を除去すべき時であります。然らざればついには、必ず国家のために救い難い患になるでありましょう。

士林派のなかの過激分子たちにかつがれた李珥（号栗谷）さえも、ありもしない「朋党」を云々しながら国王を眩惑するものとして、かれの生前の官爵を剝奪すべきだと極論した。

ところがすでにのべたように、それから三年後の一五七五年には、士林派が東西に分党し、泥仕合がはじまった。李浚慶が指摘したように問題の深刻さは、東西分党が一過的なものではなく、「国家のために救い難い患」となる果てしない朋党争いのはじまりであった、ということである。

霧散した「改革」

一三九二年に朝鮮王朝が創建されて以来、宣祖代までには二〇〇年になろうとしている。創業と守成期の勲旧派政治は、しだいに新しい現実に合わないばかりでなく、いろいろな分野での矛盾を露出させた。李珥がこの時代を変法による「更張期」（新しい発展のための改革期）と規定したのは、正しかった。

李浚慶の老成の言を、士林派の進出に水をさすものとしてはげしく反発した李珥は、東西分党による泥仕合をどのように収拾しようとしたのだろうか。かれは宣祖から最高の信任を得ていた士林派の中心人物であった。かれは宣祖の同意を得て両派間の冷却期間をおくために、東人の金孝元を咸鏡道富寧《プリヨン》府使、西人の沈義謙を開城《ケソン》府留守、つまりそれぞれの地方長官に転出させた。

開城はソウルに近く、高麗時代の旧都である。ところが富寧はソウルから遠い北辺の地である。東人派はこれを差別的な人事として、李珥を「扶西抑東」つまり西人派を扶《たす》け、東人派を抑《おさ》える西人派の一味として糾弾した。東人派は李珥の仲裁者としての役割を認めなかった。

李珥は宣祖代を「更新期」と認識し、それに対処すべき国政改革プランを提言した。その代表的なものとして、一五六九年の「東湖問答」（三四歳のとき）、一五七四年の「万言封事」（三九歳のとき）、一五八三年の「癸未六条啓」（四八歳のとき）などがそうである。

ここではそれぞれの内容について詳述する余裕はないが、朝鮮王朝が創建されてほぼ二〇〇年、老化した体制を立て直すのにふさわしい改革プランであった。ところが東人派から西人派の一味と見なされたかれの改革プランは、ことごとく東人派の糾弾を受けて一歩も前進できなかった。

李珥の一〇万人養兵論

一五八二年、李珥は四七歳のとき兵曹判書に任命された。いいかえれば国防長官である。

かれは文臣としては珍しく、国防問題にも深い造詣をもっていた。それは先にあげた「癸未六条啓」のなかの第二条「養軍民」、第五条「備戦馬」などによく現われている。

一五八三年に、かれは国王との経筵《けいえん》の席で、「一〇年内に土崩の禍」（土が崩れるように混乱が起こり、とりかえしのつかない事態となってしまうこと）があることを予見し、一〇万人養兵論を展開した。その具体的内容は、都城（首都）に二万人、各道（八道）に一万人ずつ常備して、その現役兵には戸税を免除して武芸を鍛錬するようにする。そして都城の守備は各地方の兵力と六ヵ月間の交替制にして中央と地方との軍事的交流をはかり、変乱が起きれば、中央および地方を合わせた一〇万人の兵力で国難に当たるようにすべきである。もし危急の変があった場合、訓練をうけていない市井の民を駆り集めて戦うようになれば、大事を招くようになるであろう、というのがその骨子である。

ところが東人派の柳成龍《ユソンニヨン》（李滉の高弟）は、太平のときの「養兵」は「養禍」であると反論し、経筵の席に参加した他の筵臣たちも柳成龍に賛同した。

李珥は東人派の糾弾をうけて、一時隠退したが、再び宣祖の召命を受けて上京し、吏曹判書になったが一五八四年正月、四九歳で世を去った。

かれが一〇万人養兵論を提唱した九年後の一五九二年、豊臣秀吉による「壬辰倭《イムジンウェ》乱《ラン》」がはじまるのである。軍事訓練をうけたことのないアマチュアの民衆を駆り集めて、戦国時代を戦い抜いたプロの日本軍に敵対できるはずがない。

士林派内の東西分党は、学派としては、嶺南《ヨンナム》地方（慶尚道）の李滉、曺植の門人たちが東人派の中心を占め、畿湖《キホ》地方（京畿道、忠清道）の李珥、成渾の門人たちが西人派の中心を占めていた。つまり、学閥と地閥との結合による排他的な朋党である。

ところがのちに、その東人派も李滉系の南人派と、曺植系の北人派に分裂し、西人派も李珥系の老論派と、成渾系の少論派に分裂した。これを「四色《サセク》党派」という。

これを図示すれば、つぎのようになる。

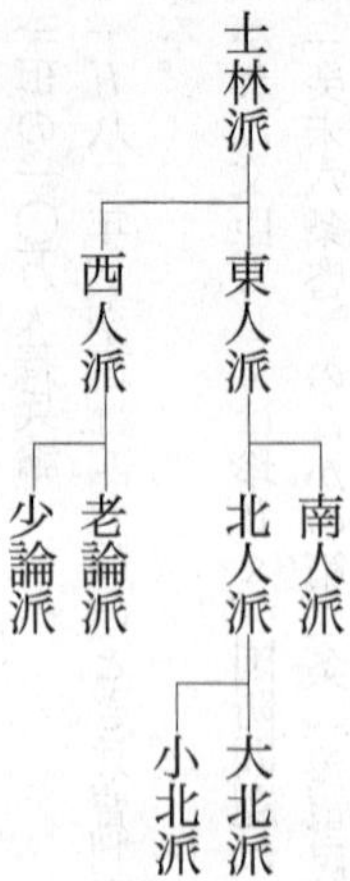

五

朝鮮通信使と豊臣秀吉

室町時代の朝鮮交隣使の訪日は、一四六七年の応仁の乱につづく日本の戦国時代に途絶えてしまった。したがって室町幕府を中心とした日本の政情にかんする情報も断絶してしまった。また戦国時代に「日本国王使」（日本国王＝足利将軍）の訪朝はつづいていても、そのなかには対馬が仕立てた「偽使」も少なくなかった。なぜなら「日本国王使」には接待および交易上の優遇があったからである。

一五八七年に九州の島津氏を平定した豊臣秀吉は、対馬の島主宗義調《よししげ》とその子義智《よしとし》に、朝鮮国王の服属入朝を交渉するよう命じ、応じなければ成敗するといいつけた。朝鮮貿易に依存してきた対馬は両国関係の決裂を恐れて、朝鮮国王の「服属入朝」をそのまま伝えるわけにもいかなかった。

宗義智の妻は、キリシタン大名小西行長の娘マリアであった。義調と義智は小西に相談した。けっきょく秀吉を騙し、朝鮮を騙すことによって、この難局を切り抜ける他はない。

室町時代の先例にならって、対馬から「日本国王使」を派遣して、新しい支配者である豊臣秀吉の天下統一を知らせ、それを祝賀する通信使の派遣を要請することにした。朝鮮側でも、日本の政情とりわけ新しい支配者にたいする「探情」の必要があった。

一五八九年に対馬は、外交僧景轍玄蘇《けいてつげんそ》を正使、宗義智を副使とする「日本国王使」が漢城を訪問し、乗り気ではない朝鮮政府に、通信使の派遣を説得した。

このようにして一五九〇年、黄允吉《ファンユンギル》を正使、金誠一《キムソンイル》を副使、許筬《ホソン》を書状官とする通信使一行が京都を訪問した。小田原城攻めから帰った秀吉は、京都の聚楽第で通信使を引見している。

かれに伝えた朝鮮国王（宣祖）の国書は、その天下統一を祝賀し、「速かに信を講じ睦を修め、以て隣好を敦《あつ》くするを望む」というものであった。

ところが通信使を、朝鮮国王の「服属使」と錯覚した秀吉の返書は（京都相国寺の西笑承兌《せいしょうじょうたい》代筆）、自分は征明軍を出発させたいから、その先導役として軍営に参加してほしい（「征明嚮導」）、「予の願いは他にない、ただ佳名を三国（日本、明、天竺＝インド）に顕《あら》わすだけである」という、実に不遜きわまるものであった。

秀吉の返書に困惑した対馬の宗氏は、景轍玄蘇を通信使の帰国に同行させて、「征明嚮導」を「仮途入明」（明に遣使したいから、道を借りたい）にすり替えて説得に努めたが、「征明」と「入明」の意味には雲泥の差がある。

一五九一年三月、通信使一行が漢城に帰って復命した。ところが政府内では、秀吉にたいする「探情」の結果をめぐって、西人派と東人派との間に意見が分かれた。西人派の黄允吉は侵略の危険があると主張したのにたいし、東人派の金誠一はそれを否定した。政府は金誠一の主張を採用した。それを強く支持したのは、金誠一と同じく李滉（退渓）の門下で学び、政府の中枢にいた柳成龍であった。

秀吉は一五九一年一〇月から、朝鮮出兵の前進基地として、北九州の名護屋城の築造を開始し、翌年二月には竣工している。侵略があるかないかの机上の空論よりは、朝鮮の南岸から北九州までは一衣帯水であり、情報を収集すればすぐ分かることである。間の抜けた文臣たちである。

第一次「倭乱」（文禄の役）

一五九〇年の朝鮮通信使の「交隣」にたいし、九二年に秀吉は「倭乱」で応えた。一三九二年の朝鮮王朝創建から二〇〇年目である。

兵農分離によってプロ化し、一世紀余りの戦国時代のなかで鍛え抜かれた日本軍にたいし、にわかに農民をかき集めた朝鮮軍は物の数ではなかった。また日本軍には、朝鮮軍にはない鉄砲隊が常備されていた。

日本軍の第一軍（小西行長、宗義智など）が釜山《プサン》に上陸したのが一五九二年四月一

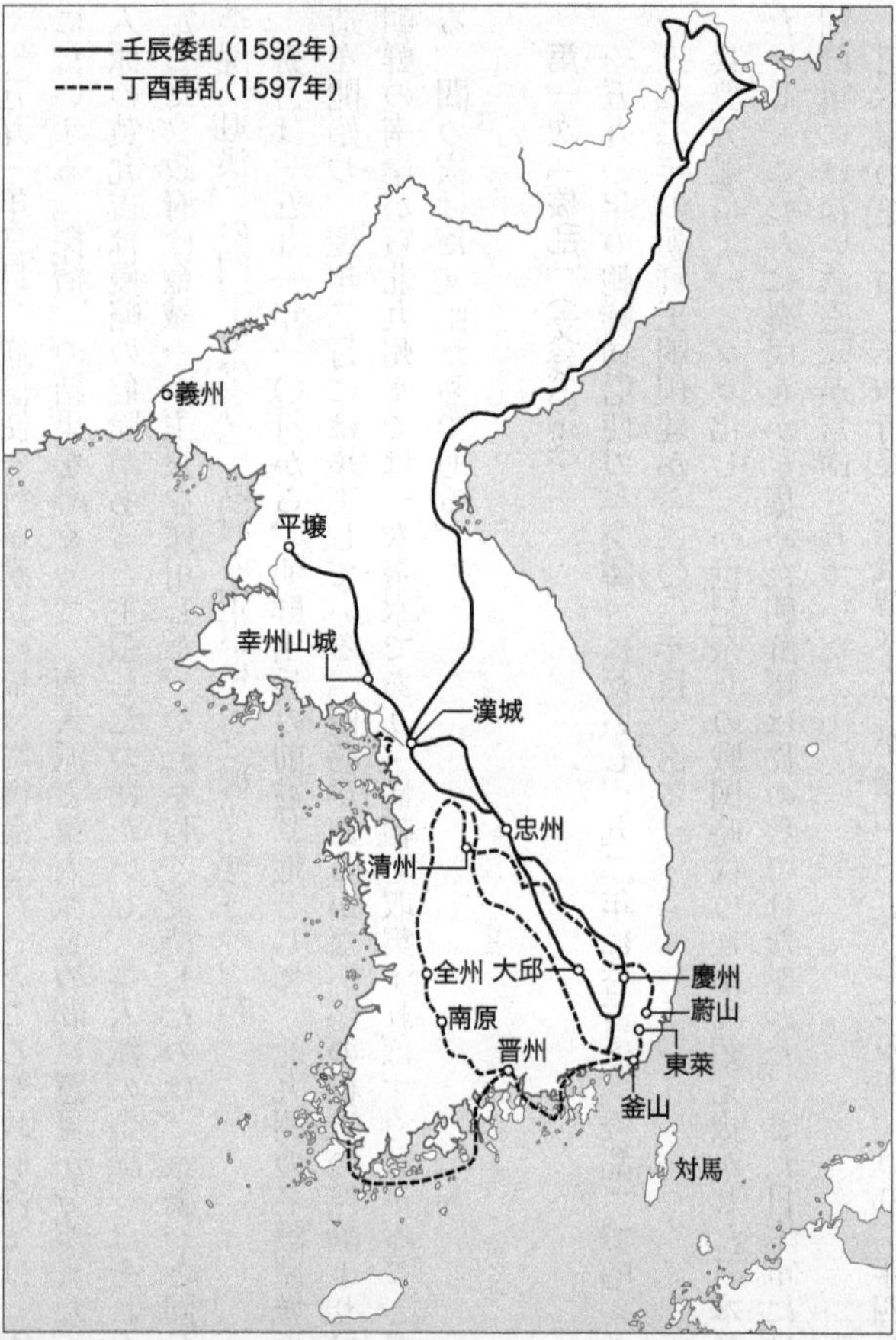

日本軍の主な進路（吉田光男『朝鮮の歴史と社会』放送大学教育振興会「日本軍の侵入と戦闘」図をもとに作成）

二日。釜山鎮《プサンジン》、東莱城《トンネソン》を攻略し、第二軍（加藤清正、鍋島直茂など）、第三軍（黒田長政、大友義統など）から第九軍まで一六万名におよぶ軍勢が出兵した。朝鮮史の「壬辰倭乱」、日本史の「文禄の役」である。

室町時代に、日本使のために指定した三つの上京路を利用して、第一軍はそのなかの中路、第二軍は東路、第三軍は西路を北進し、釜山上陸から二〇日目の五月二日には第一、二軍が相前後して漢城に入城した。

さらに小西らの第一軍は平壌に、加藤らの第二軍は開城から東北の咸鏡道に、黒田らの第三軍は第一軍の後続部隊として黄海道に北進した。いうまでもなく主攻目標は平壌からさらに義州《ウイジュ》に北進して、「征明」することであった。国王宣祖をはじめとする政府の臣僚たちは、鴨緑江河口の義州に避難し、明の出兵を要請した。

「倭乱」の緒戦における敗走は、日本軍の不意打ちもさることながら、政府内部における西人と東人との党争のために、意思統一による対応策がとれなかったことが大きい。宣祖は義州で賦した詩で、それを慨嘆している。

国事蒼黄日　誰能李郭忠
　国事が蒼黄たるいま　誰が能く李公、郭公のような忠臣たりえようか（注）
去邠存大計　恢社仗諸公

都を去って大計を立て　社稷《しゃしょく》の恢復《かいふく》を諸公たちに頼む
痛哭関山月　傷心鴨水風
国境の山にのぼる月に哭《な》き　鴨緑江の風に心は痛む
諸臣今日後　寧複更西東
諸臣たちよ！　今日からのちも、また西人だ東人だと争うのか
(注) 李公、郭公は、唐代の安禄山・史思明の乱のときの忠臣李光弼《りこうひつ》、郭子儀《かくしぎ》のこと。

反撃のはじまり

政府の無策、政府軍の瓦解を乗り越えて、陸上および海上で反撃がはじまった。日本の「征明」の主攻部隊である第一軍が平壌から北進できなくなったばかりでなく、北進した日本軍への補給がむずかしくなった。それには二つの理由がある。その一つは各地で郷土防衛のために起ちあがった義兵《ウイビヨン》という民衆のゲリラ戦である。さいしょの義兵は一五九二年四月二〇日、慶尚道宣寧《ウイリヨン》で蜂起した郭再祐《クアクチエウ》部隊である。それにつづいて各地で、地方の名望ある儒者や前官僚たちの呼びかけに応えて義兵部隊がゲリラ戦を展開し、北進した日本軍の後方を脅かした。

他の一つは、半島南海上における李舜臣《イスンシン》水軍の活躍である。北進した日本軍への補給は陸路のほかに、半島の南岸を西進して西海岸を北上する海路があった。全羅左水

使であった李舜臣の水軍は、その守備範囲である全羅道の海域を越えて慶尚道海域に出撃し、連戦連勝したのである。

きびしい冬の到来とともに、来援した明軍と朝鮮軍の連合作戦によって、北進した日本軍を南方に押し返しはじめた。

一五九三年一月八日、明の提督李如松が指揮する明・朝連合軍は平壌を奪回し、南方に敗走する日本軍を追撃したが、碧蹄館での日本軍の反撃に敗れた。

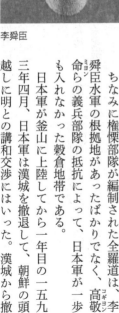

同じころ全羅道巡察使権慄《クォンユル》が率いる朝鮮軍が北進し、漢城近郊の幸州山城《ヘンジュサンソン》に立て籠った。これは漢城から北進した日本軍の退路を断つ要害の地であった。宇喜多秀家を総大将とする約三万の日本軍が幸州山城を包囲攻撃したが、軍民一体化した籠城戦によってこれを撃退した。

李舜臣

ちなみに権慄部隊が編制された全羅道は、李舜臣水軍の根拠地があったばかりでなく、高敬命《コギョンミョン》らの義兵部隊の抵抗によって、日本軍が一歩も入れなかった穀倉地帯である。

日本軍が釜山に上陸してから一年目の一五九三年四月、日本軍は漢城を撤退して、朝鮮の頭越しに明との講和交渉にはいった。漢城から撤退した日本軍は慶尚南道の沿岸地方に倭城をつくって戦線を縮小し、ようやく日本からの補給をうけることができた。

第二次「倭乱」（慶長の役）

明軍経略宋応昌《そうおうしょう》は講和交渉のため、その配下の謝用梓《しやようし》と徐一貫《じよいっかん》を名護屋城に派遣した。ここで秀吉は講和条件七ヵ条を提示しているが、朝鮮にかんする部分は、大要つぎのようなものであった。

①朝鮮八道を分割して、南の四道を日本に割譲する。

②加藤清正が咸鏡道で捕虜にした二人の王子（臨海君と順和君）を返す代わりに、一人の王子を人質として日本に送る。

秀吉の「征明」の計画ははるかに後退して、朝鮮の南部四道（漢城を除く京畿道、忠清道、慶尚道、全羅道）の割譲を要求した。

一五九六年九月一日、明の冊封使（正使楊方亨、副使沈惟敬）は大坂城で秀吉の講和条件を完全に無視して、「なんじを封じて日本国王と為す」という明皇帝の誥命（任命状）を伝えた。朝鮮通信使（正使黄慎《ファンシン》）も冊封使に同行したが、秀吉は人質の王子を送らなかったことを怒って、引見もしなかった。

その間朝鮮の水軍にとって悲劇的な事件が起こった。というのは九三年八月に、慶尚、全羅、忠清三道水軍統制使になった李舜臣が、九七年一月に西人派の謀略によって投獄された。かれは東人派の柳成龍が抜擢した将軍だったから、党派争いのとばっちりをうけたのである。代わりに三道水軍統制使に任命された元均《ウォンギュン》は、倭乱の初期慶尚道水域を防衛する慶尚道右水使でありながら、日本水軍の侵入を防げなかった敗軍の将である。

秀吉は一五九七年から一四万名余りの大軍を再出兵し、同年七月に巨済島《コジェド》沖の漆川《チルチョル》梁《リャン》海戦で朝鮮水軍に大打撃を与え、元均も戦死した。ここで李舜臣を統制使に復帰させたが、朝鮮水軍の船舶は一二隻だけとなり、制海権は日本水軍の手中に入ってしまった。

第二次出兵の侵入目標は、第一次のとき占領できなかった全羅道、忠清道方面の穀倉地帯であった。これが朝鮮史の「丁酉再乱《チョンユジェラン》」、日本史の「慶長の役」である。

日本軍の総大将小早川秀秋は釜山で指揮をとり、毛利秀元を大将とする右軍は忠清道に向かい、宇喜多秀家を大将とする左軍は、全羅道の南原《ナムオン》を攻撃して、八月一五日ここを占領した。

右軍の先鋒となった黒田長政軍は九月初旬、忠清道稷山《チクサン》で、副総兵解生が率いる明軍と激突したが決着がつかず、両軍とも引き揚げた。

日本軍の再出兵は第一次出兵の不意打ちとは違って、明・朝連合軍の臨戦態勢がで

李舜臣を祀る顕忠祠。粛宗が建てたとされる（韓国観光公社提供）

きていた。日本軍は、行動開始から一ヵ月半ばにして再び半島南岸沿いの東は蔚山《ウルサン》（加藤清正）、西は順天《スンチョン》（小西行長）をつなぐ沿海地の倭城に立て籠り、攻守所を変えた攻防戦がつづいた。

一五九八年八月一八日、秀吉は伏見城で世を去った。朝鮮で釘付けになっている一四万人余りの将兵の問題についてかれは何ら遺言を残していない。五大老の徳川家康と前田利家は、秀吉の死をかくして徳永寿昌と宮城豊盛を朝鮮に派遣して、諸将に撤兵を指示した。さいごに釜山から日本に撤収したのは、一一月二五日の順天の小西軍と泗川《サチョン》の島津軍であった。

順天倭城の小西軍は、陸上からは明の劉綎《りゅうえん》提督が率いる明・朝連合軍に包囲され、脱出すべき海路にも明の水軍提督陳璘《ちんりん》、朝鮮の水軍統制使李舜臣が率いる連合水軍が待機していた。泗川倭城の島津水軍は、包囲下の小西軍を救うために露梁津《ノリャンジン》（半島と南海島との海峡）に西進し、明・朝連合水軍との間に激戦が展開された。その隙に小西軍は南海上に脱出した。島津軍は小西軍を救うためにしんがりになったのである。倭乱さいごの露梁津の戦いで、李舜臣も倒れた。

「倭乱」から「交隣」へ

秀吉の死後、一六〇〇年の関ヶ原の戦いに勝利した徳川家康は、豊臣政権の実権を掌握した。さらに一六〇三年には自ら征夷大将軍となり、江戸幕府を開いた。

対馬の宗義智は、朝鮮との国交を回復し、貿易を再開するために積極的に動いた。一方的に使節を朝鮮に派遣したり、秀吉軍に拉致されてきた朝鮮人捕虜を集めて、一六〇一年から〇四年まで一七〇二名も送り返した。

朝鮮でも秀吉死後の政情について重大な関心を寄せていた。藤堂高虎の水軍に捕われた姜沆《カンハン》、薩摩の島津軍に捕われた金光《キムグァン》などの儒者たちが帰国して、関ヶ原の戦いとその後の日本の政治的変動を知らせたからである。

国交回復の決定的な端緒になったのは、一六〇四年の僧惟政《ユジョン》（松雲大師、一五四四～一六一〇）と孫文彧《ソンムヌク》の対馬訪問である。惟政は倭乱中に義兵僧部隊を率いて各地に転戦した経歴がある。

惟政の表向きの任務は、対馬からの再三の要求に応えて、日本本土とは切り離して対馬だけの「許和・開市」（和を許し、市を開く）を対馬に伝えることであった。しかしそれ以上に「探賊使」として、日本の政情を探る意図があった。

対馬から連絡を受けた家康は、惟政一行を京都に案内するよう命じた。一六〇五年三月五日、家康は新しい将軍に就任する秀忠とともに伏見城で惟政一行を謁見し、本多正信と西笑承兌に、国交回復について交渉するよう命じた。しかもかれらが帰国するとき、捕虜人一三九一人を送還している。

『攷事撮要』に記録されている惟政の帰国報告によると、家康は謁見の席上、つぎのように発言している。

私は壬辰（壬辰倭乱）のとき関東にあって、この兵事にはまったくかかわっていない。朝鮮と私との間に讐怨《しゅうおん》はない。和を通じることを請う。このことは明の遼東巡撫や鎮の各衙門にも知らせてほしい。

つまり家康は壬辰倭乱（文禄の役）のとき、関東にあって一兵も朝鮮に出兵していないことを強調して、この戦争にたいする秀吉との違いをアピールしている。

朝鮮政府は国交回復のための二つの条件を提示した。その一つは、家康から先に国書を送ること（家康先為国書）、その二つは、戦争中に王陵をあばいた犯人を縛送すること（王陵犯人縛送）。

対馬の宗氏は、家康の国書を偽造し、王陵をあばいた犯人とは別の罪人を縛送することによって、この難関を切り抜けた。朝鮮と日本との中間にあって、緩衝地帯の役割を担う対馬の苦悩は絶えない。

一六〇七年に戦後はじめて、朝鮮は呂祐吉《ヨウギル》を正使、慶暹《キョンソム》を副使、丁好寛《チョンホグアン》を従事官（以上を三使という）とする一行四六七名の大使節団を派遣した。その使節名は、家康の国書に回答する「回答使」と、戦争中の被虜人の送還を要求する「刷還使《さっかんし》」とを合わせて、「回答兼刷還使」とした。この名称を「通信使」に改めたのは三代将軍家光のときの一六三六年からである。

また一六〇九年の己酉約条によって、対馬の倭館貿易もはじまった。釜山の倭館には、対馬藩士および商人たち五〇〇名前後が常駐して、対朝鮮外交および通商に従事し、これは明治初期までつづいた。

ただし室町時代と違って、日本使の漢城への上京は、原則的に禁ぜられた。室町時代に「日本国王使」のために指定した三つ

西暦	将軍名	正使名	行先地
1607	徳川秀忠	呂佑吉	江戸
1617	〃	呉允謙	京都
1624	家光	鄭岦	江戸
1636	〃	任絖	〃
1643	〃	尹順之	〃
1655	家綱	趙珩	〃
1682	綱吉	尹趾完	〃
1711	家宣	趙泰億	〃
1719	吉宗	洪致中	〃
1748	家重	洪啓禧	〃
1764	家治	趙曮	〃
1811	家斉	金履喬	対馬厳原

江戸時代の朝鮮通信使

の上京路が秀吉軍に利用された経験から、地理上の探偵を防ぐためである。また倭館からの自由な出入りや内地旅行も禁じた。それは長崎の出島や唐人屋敷と同様である。釜山（草梁項《チョリャンハン》）の倭館は、その面積がほぼ一〇万坪、長崎の唐人屋敷（約一万坪）の一〇倍、出島（約四千坪）の二五倍であった。

このようにして徳川家康は、豊臣秀吉の「倭乱」を、みごとに「交隣」に切り替え、幕末までの二百六十余年間、歴代の将軍はそれを「祖法」として守りつづけた。

明治維新後の日本では、日朝間の国交回復をめぐるトラブルから「征韓論」が台頭して家康の「交隣」の歴史が埋没された反面、秀吉は「皇威ヲ東洋ニ発揮シ、国光ヲ海外ニ宣揚セラレタル」（明治三一年＝一八九八年の豊太閤三〇〇年祭のための「豊国会趣意書」）、国民的英雄として祭りあげられた。

第六章　朝鮮時代後期

一五九八年〜一八七六年

西暦	朝鮮後期	西暦	日本
1598	日本軍撤退、丁酉再乱終わる		
		1600	関ヶ原の戦い
		1603	徳川家康、征夷大将軍となる。江戸幕府を開く
		1607	朝鮮「回答兼制環使」の来日
1608	光海君即位（〜1623年）	1608	家康、林羅山を起用して駿河文庫を掌らしむ
		1615	大坂夏の陣（豊臣氏滅亡）
1623	西人派の主導による仁祖反正		
1627	後金（清）の第一次侵入（丁卯胡乱）		
1636	清の第二次侵入（丙子胡乱）		
		1637	島原の乱
1644	（中国）明清交替		
1683	西人派が老論派と少論派に分かれる		
		1711	新井白石、朝鮮通信使の聘礼を改める
1729	英祖の蕩平策		
1776	正祖の即位（〜1800年）		
		1790	寛政異学の禁
1800	純祖の即位（〜1834年）→安東金氏の勢道政治		
1811	洪景来の乱	1811	対馬に最後の朝鮮通信使
		1853	ペリー来航
		1858	日米修好通商条約
1863	大院君の執権（〜1873年）		
1866	フランス艦隊の江華島侵入（丙寅洋擾）		
		1867	大政奉還、王政復古
1871	アメリカ艦隊の江華島侵入（辛未洋擾）	1871	廃藩置県
1873	大院君の隠退、国王高宗の親政		
		1874	台湾出兵
1876	日本との江華島条約		
		1877	西南戦争

年表　朝鮮時代後期と日本

一

明清間の角逐と光海君

一五九二〜一五九八年の豊臣秀吉の朝鮮侵略を震源として、一六四四年の明から清への王朝交替まで、東アジアの激動がつづいた。

明の支配下にあった満州の女真族のなかで、朝鮮の鴨緑江北部に接境している建州衛の部族長ヌルハチ（清の太祖）が、明が分断支配してきた女真族を統合し、一六一六年にヘトアラ（興京）でハン（汗）の位につき、国号を北宋を滅ぼした金の継承者として後金とした。そしてかれは、明から受けた積年の「七大恨」をかかげて女真族の民族主義に火を付けた。

朝鮮からみるとようやく南方からの倭乱を収拾して平和が回復したのに、北方では明清対立という厄介な問題が起こったのである。しかも明には倭乱のとき援軍を派遣してくれた「再造の恩」がある。この時期に光海君《クァンヘグン》（在位一六〇八〜一六二三）は、国王としてこれらの問題に対処しなければならなくなった。

かれの前には倭乱後の内政問題が山積していた。だから明清間の戦乱に巻き込まれるのを極力避けた。各地の人口が離散し、田地が荒廃した。国家財政を立て直すためには、土地台帳や戸籍を整備しなければならない。

何よりも国王が政務をとる王宮がなかった。朝鮮初期以来の本宮であった景福宮《キョンボックン》も、離宮であった昌徳宮《チャンドックン》もすべて焼失してしまった。だから朝廷は月山大君《ウォルサンデグン》の旧私邸を行宮《あん ぐう》として使っていた（いまの徳寿宮《トクスグン》の位置）。ようやく苦しい財政のなかで昌徳宮を再建したのが一六一五年。ここが王朝政治の中心舞台となった。

ちなみに景福宮が再建されたのは一九世紀にはいってから、大院君執政期の一八六五〜一八六八年であった。

ところが光海君は内政の立て直しに全力を集中する暇もなく、明清間の争いに巻き込まれるようになった。というのは、一六一九年三月に明は後金の根拠地ヘトアラを一気に叩きつぶすつもりで、倭乱のとき朝鮮にも出陣した楊鎬《ようこう》を総大将とする一〇万名の大軍をもって包囲作戦を展開した。明帝はここに朝鮮軍の合流を要求してきたからである。

光海君は倭乱にたいする明の援軍に報いるためにも拒否できない。しかしそれに応じることは、後金と敵対することになる。かれは刑曹参判姜弘立《カンホンニプ》を都元帥、平安兵使金景瑞《キムギョンソ》を副元帥に任命して一万三〇〇〇名の軍勢を出動させた。そして姜弘立には明清間の動向をみて向背を決するよう密旨をあたえた。

ヌルハチはサルフで明軍の包囲網の一角を突破し、破竹の勢いで瀋陽から遼陽に進出した。姜弘立は降伏して、後金＝清との敵対を避けた。賢明な選択であった。

ところが国内では光海君の密旨、姜弘立の降伏を糾弾する「崇明排清」の声が高く、その急先鋒の西人派が、光海君を擁立していた大北派に敵対した。

光海君は一六〇八年、三三歳で宣祖の跡継ぎとして即位した。かれは倭乱のとき、つぎの王位を継ぐべき王世子の指命を受けて分朝（義州《ウイジュ》に逃げた宣祖の本朝廷に代わる臨時朝廷）を設け、国王に代わって抗日戦の求心力として活躍した。

しかしかれは宣祖の長男でも嫡子でもなく、庶子の次男であった。したがってかれは、反対派から王位継承の正統性を問われる弱点をもっていた。

仁祖反正と「胡乱」

当時の党派をみると、一五七五年に士林派《サリムパ》が東人と西人とに分党して以来、東人派は南人派と北人派に分かれた。南人派の人脈は李滉《イファン》（退渓）の系譜を引き、北人派は曺植《チョシク》（南冥）の系譜を引く。東人派内の南人と北人の両派対立の底流には、同じ嶺南《ヨンナム》地方（慶尚道）のなかでの退渓学派と南冥学派との対立があった。その北人派も、小北派と大北派とに分かれた。

光海君を擁立したのは、鄭仁弘《チョンインホン》、李《イ》爾瞻《イチョム》を中心とする大北派であった。かれらは光海君の王権に挑戦する者たちを、容赦なく粛清したため、反対派の怨みが渦巻いていた。

鄭仁弘は南冥学派を代表する学者であり、「倭乱」のときは慶尚道に踏みとどまって郭再祐《クァクチェウ》らとともに義兵将として活躍した。かれは李退渓をきびしく批判したため、南人派からも敵視された。

一六二三年三月、西人派の李貴《イグィ》、金自點《キムジャジョム》らは宣祖の孫、光海君の甥になる綾陽君《ヌンヤングン》を擁立して光海君を追放し、綾陽君が即位して仁祖《インジョ》（在位一六二三～一六四九）となった。「仁祖反正」である。

西人派は南人派を連合して大北派を一掃し、光海君は江華島《カンファド》に流配した。のちに済州島に移され、そこで生涯を終えた。

朝鮮王朝五〇〇年余りの歴史のなかで、「祖」と「宗」の付いた廟号がないのは、「暴君」として有名な燕山君《ヨンサングン》（在位一四九四～一五〇六）とこの光海君だけである。いずれも「反正」（クーデター）によって王位を追放されたからである。

明との戦いをつづけていた後金＝清にとって、「崇明排清」を大義名分とする西人派政権の出現は、座視できない。また後金が遼東地方を制圧したとき、明将毛文龍が平安道の椵島《カド》（皮島ともいう）に拠点を移して、遼東地方にたいする後方攪乱作戦を展開した。西人派政権はそれを庇護した。

後金が中国の関内に攻め入るためには、まず明と朝鮮との宗属関係を断ち切り、後金の背後を脅かす毛文龍が率いる明軍を叩きつぶさなければならない。

一六二六年にヌルハチが死に、ホンタイジ（清の太宗）がハン（汗）になった。かれは阿敏に三万名の軍を与えて、二七年一月に朝鮮を攻めた。仁祖は和を請い、後金と兄弟の盟約を結んで引き揚げさせた。丁卯胡乱《チョンミョホラン》（胡＝女真族）という。

一六三六年にホンタイジは、瀋陽（盛京）で満、蒙、漢の三族代表の推戴をうけて皇帝に即位し、国号の後金を大清に改めた。そして朝鮮に使臣を派遣して、仁祖に明との宗属関係を断って臣礼をとるよう要求した。仁祖はこれを黙殺し、清の使臣を謁見することもしなかった。

ホンタイジは一六三六年一二月、みずから一〇万の騎馬軍団を率いて朝鮮を攻めた。丙子胡乱《ピョンジャホラン》である。

仁祖は臣僚たちと南漢山城《ナムハンサンソン》に逃げて籠城したが、その家族たちは江華島に逃げて清軍の捕虜となった。

清軍に包囲された南漢山城には、守城軍が一万二〇〇〇名、食糧は五〇日分しかなかった。城外との連絡はすべて断たれ孤立無援となった。

城内では清軍との和戦をめぐって、斥和論と主和論が対立した。主和論を圧倒していた斥和論も、勝算があってのことではなく掛け声だけであった。けっきょく主和論をリードしてきた吏曹判書崔鳴吉《チェミョンギル》たちの交渉によって、一六三七年一月仁祖は臣僚たちを率いて南漢山城から出城し、ソウル郊外の三田渡《サムジョンド》（いまのソウル松坡区）で、ホンタイジの前に伏して城下の盟を誓わざるをえなくなった。

　ホンタイジは軍を引き揚げるとき、仁祖は国王として残したが、二人の王子（昭顕《ソヒョン》世子《セジャ》と鳳林大君《ホンニムデクン》）を人質として瀋陽に連行した。また強硬な斥和論者洪翼漢《ホンイクハン》、尹集《ユンチプ》、呉達済《オタルジェ》の三学士も、瀋陽に連行され、殺された。

　二回にわたる「胡乱」の戦争被害は、「倭乱」ほどではなかった。ところが清を建国したのは、朝鮮の為政者＝儒者たちが夷狄《いてき》視していた女真族（＝胡）であった。だからかれらはその夷狄＝清に征服された精神的屈辱感によって、明を慕い清を嫌う「崇明排清」の風潮が、長い間持続した。

昭顕世子とアダム・シャール

　瀋陽に連行された二人の王子のうち、昭顕世子は仁祖の王位継承者である。清はかれを窓口として、仁祖が約束した降服条項の履行を迫った。

　昭顕世子とその妻姜嬪《カンビン》は、できるだけかれらとのトラブルを避け、恭順の意を示した。仁祖およびかれをとりまく西人派は、世子夫妻のそういう行為を苦々しく思い、中傷誹謗した。

　一六四三年に清の太宗ホンタイジも世を去り、わずか六歳の順治帝が即位したが、その叔父の睿親王《えいしんおう》ドルゴンが摂政となり、万里の長城の東端にある山海関を挟んで、呉三桂《ごさんけい》が率いる明の精鋭部隊と対峙していた。ところが明末の大民乱のなかで頭角を現わした李秀民《りしゅうみん》軍が、四四年三月北京に侵入し、明朝最後の崇禎帝は自殺した。

呉三桂は敵対していた清軍に協力を要請して北京に回軍し、李秀民の民乱軍を制圧したが、清軍は呉三桂軍の先導によって難攻不落の山海関を突破し、北京に入城した。そして同年一〇月、睿親王ドルゴンは順治帝を北京に迎え入れて、明から清への王朝交替が実現した。

昭顕世子はこのとき順治帝に随行して、瀋陽から北京に移った。当時北京には、明末に西洋の天文学と数学の集大成である『崇禎暦書』（一三五巻）編纂の中心人物であったアダム・シャール（Johann Adam Schall von Bell 漢名湯若望）が生存していた。ドイツ生まれの宣教師であるかれは、ヨーロッパの最先端の科学者であるばかりでなく、漢文を自由に駆使して

アダム・シャール

いた。

昭顕世子は北京でアダム・シャールと親交を結び、西洋のすぐれた天文学や数学に接するきっかけとなった。世子はいうまでもなく朝鮮の次代の国王となるべき人物である。

一六四五年一月、世子は姜嬪とともに八年間の人質生活をおえて帰国を許された。シャールは世子に天主教書をはじめ西洋の漢訳科学書や珍しい儀器類を贈呈したが、世子は天主教書だけは辞退して、それらを持参した。

ところが昭顕世子やその家族を迎える仁祖の態度は冷酷そのものであった。帰国二カ月後に世子は怪死し（明らかに毒殺）、姜嬪もその一年後に賜死した。そして仁祖は、やはり人質生活から解放されて帰国した次男の鳳林大君を世子に指命した。

つまり仁祖とかれをとりまく「崇明排清」論者たちは、清に友好的な昭顕世子とその家族を皆殺しにし、鳳林大君を世子に立てて、清にたいする復讐と雪辱とを期待したのである。そして西人派政権のもとで、朝鮮の儒教界では依然として清を夷狄視し、亡びた明を慕う「小中華」思想が風靡するようになった。とりわけ昭顕世子とアダム・シャールとの交友は、朝鮮が西洋の先端的科学文明とつながる貴重な人的パイプであった。それが断ち切れてしまったのである。

北京に入城した順治帝の叔父ドルゴン（睿親王）は、科学者としてのシャールを重用して、一六四六年には宣教師としてははじめて、清の欽天監正（天文台長）に任命している。そして天文観測と暦書の編纂をつづけさせた。

虚妄なる「北伐論」

一六四九年に仁祖の死にともなって、鳳林大君は即位して孝宗（在位一六四九～一六五九）となった。かれは「倭乱」とそれにつづく「胡乱」による国土の荒廃と、零落した民生問題をかえりみず、勝算のない「北伐計画」を進めた。かれの計画を政治的および思想的にバックアップしたのが、西人派の領袖宋時烈《ソンシヨル》（号尤庵、一六〇七～一六八九）であった。

宋時烈

ところがこの「北伐論」は、女真族にたいする人種的偏見で凝り固まったかれの、無謀かつ危険な思想であった。たとえば一六七三年の「三藩の乱」の平定過程をみると、それがなぜ危険なのか、分かりやすい。

「三藩の乱」とは、清に降伏した明将たち――雲南省の呉三桂、広東省の尚可喜《しょうかき》、福建省の耿継茂《こうけいも》（耿仲明の子）らが呼応して、「反清復明」をかかげて叛旗をひるがえした大乱であった。

ところが一六七三年当時、二〇歳であった康熙帝《こうきてい》（在位一六六一〜一七二二）は、不退転の決意で反撃戦を展開し、一六八一年にはほとんど中国を南北に二分するほどの大乱を平定した。さらにかれは海を越えて台湾を攻略し、鄭成功《ていせいこう》以来の反清的拠点を一掃してしまった。

恐らく孝宗をバックアップした西人派政権が、もし「北伐計画」を実行したなら、一六三七年一月の丙子胡乱の際に、仁祖がソウル郊外の三田渡で、清の太宗ホンタイジの足下に平伏して、三跪九叩頭《さんききゅうこうとう》した屈辱程度では済まされなかったであろう。

幸いにして「北伐計画」そのものは孝宗の死とともに霧散してしまった。ところが「北伐論」の思想そのものは独り歩きして、儒教界では掛け声だけの「北伐」を大言壮語する者が、後を絶たなかった。かれらは、宋時烈を「朱子」と並ぶ「宋子」と崇めたのである。

かえりみると一六二三年に、西人派が光海君を追放して仁祖を擁立した「仁祖反正」のときから、「崇明排清」の大義名分にしばられて明清交替期の中国にたいする現実的対応をあやまり、二回にわたる「胡乱」を自ら招く結果となった。

だとすると「仁祖反正」とは、歴史の「反正」（正しきに反《かえ》す）とは逆に、歴史の「反動」（正しきに逆《さから》う）であったというにふさわしい。

清国への燕行使、日本への通信使

丙子胡乱の結果、朝鮮国王は清皇帝に臣礼をとることになった。この宗属関係は、清国が一八九四～九五年の日清戦争に敗北した一八九五年までつづいた。

朝鮮の漢城（ソウル）と清の北京（燕京）とを結ぶ陸路は、両国間の人的および物的交流の太いパイプとなった。朝鮮では北京行きの使節を燕行使《ヨンヘンサ》といった。漢城を出発した燕行使は、義州で鴨緑江を越え鳳凰城柵門で入国手続きをした。そこからさらに北上して盛京（瀋陽）に至り、万里長城の東端にある山海関の方向に南下して、広寧、山海関、薊州、通州を経て北京に着いた。往復ほぼ半年間の行程である。

朝鮮からは年四回の朝貢使――冬至使、正朝使、聖節使、歳幣使があり、そのほかにも臨時送使があった。朝貢使の往来は、朝鮮からの「朝貢」にたいする清からの「回賜」の形式による、定期的な一種の官貿易の性格をもっていた。

燕行使の往来には、民間人の湾商《マンサン》（義州商人）、柳商《ユサン》（平壌商人）、松商《ソンサン》（開城《ケソン》商人）などが同行し、鳳凰城柵門で両国商人たちの国境貿易が開かれた。

清国との民間貿易は、この鳳凰城柵門での国境貿易のほかにも、豆満江沿岸でおこなわれた会寧《ファリヨン》開市と慶源《キヨンウオン》開市があった。

北京には朝鮮のほかの朝貢国の使節の往来によって西域、東南アジアの珍しい朝貢

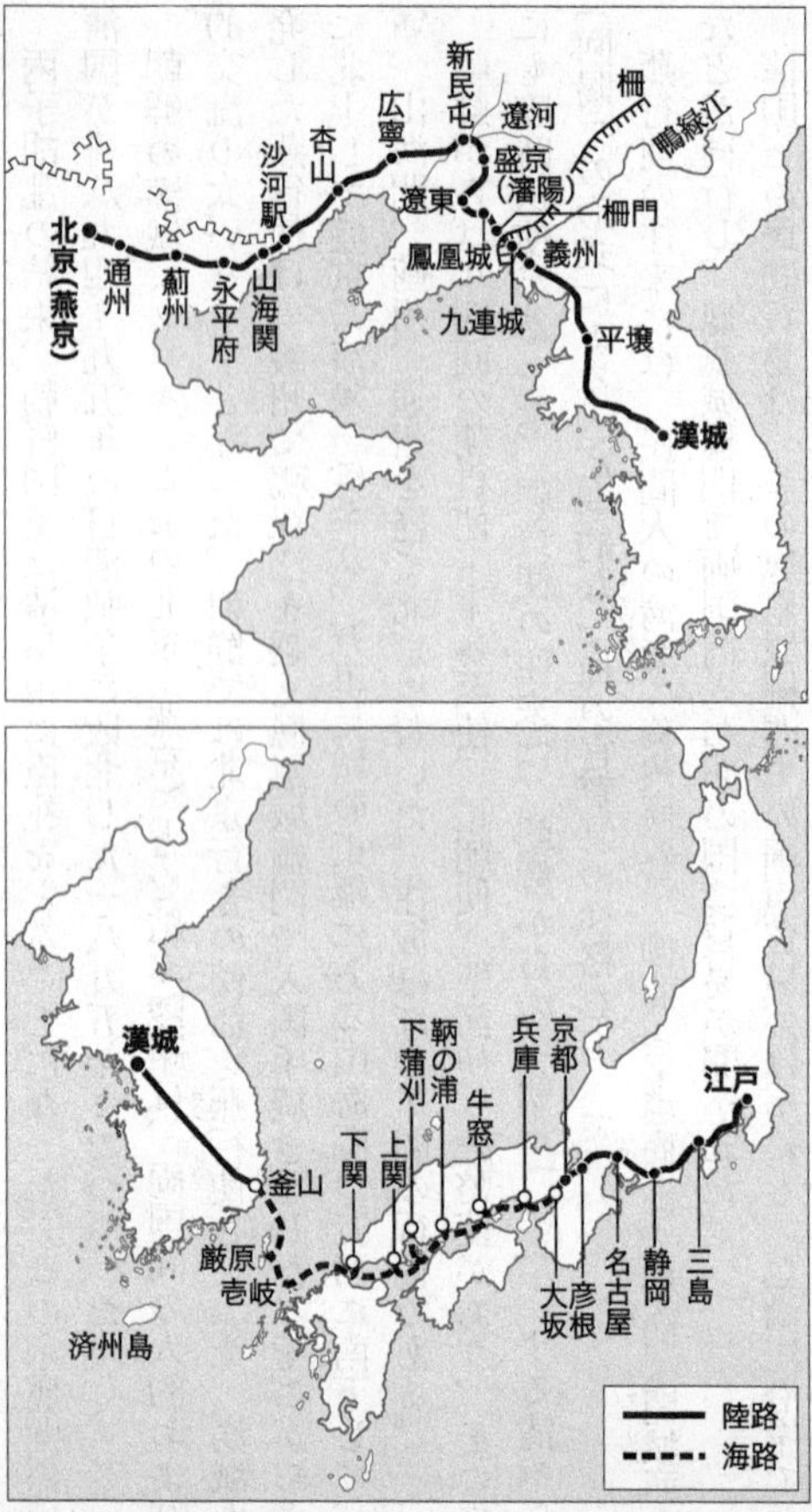

燕行使陸路（上：漢城から北京）と日本への通信使（下：漢城から江戸）

品が集散し、朝鮮にとって世界に開かれた窓口となっていた。中国で活躍していたイエズス会士たちの漢訳西洋書や世界地図を入手したのも、北京に往来した燕行使によるものであった。

本章の冒頭でものべたように、一五九二年四月の豊臣秀吉による第一次倭乱からはじまって、一六四四年の明清の王朝交替に至る半世紀余りの間、東アジアは激動期であった。

朝鮮はこの激動の試練を乗り越えて、日本との交隣外交、清国との事大外交を確立し、朝鮮半島を挟む両国との関係を正常化することができた。

つまり朝鮮の首都ソウル（漢城）から、日本の江戸に通じる朝鮮通信使の道、清国の北京に通じる燕行使の道は、相互間の人的および物的交流のパイプとして、近代に至るまで東アジア三国の平和と安定に寄与した。

二

大同法の背景

前節では、中国における明清角逐期にその戦乱に巻き込まれないための光海君の政策が、「崇明排清」の西人派の糾弾をうけ、ついに廃位させられたいきさつをのべた。

その光海君の治世期の内政改革のなかで、社会経済的に大きな意味をもつ、大同法による貢納制の改革がある。朝鮮王朝時代の階級関係は、おおまかに両班《ヤンバン》（文班《ムンバン》と武《ム》班《バン》）、中人《チュンイン》、常民《サンミン》（良民）、賤民《チョンミン》に分けられていた。そのなかの支配階級が両班であり、中人がこれを補助する。被支配階級は常民と賤民であるが、租税や兵役を負担することによって国家の存立を支える基本階級が常民階級であった。だから支配と被支配関係を単純化して、班常《バンサン》制度ともいう。

まず賤民階級についてのべることにしたい。

賤民階級のなかで、その大多数を占めるのは奴婢《ノビ》である。奴婢のなかには中央や地方の官庁に所属して使役される公奴婢と、両班個人に所属して使役される私奴婢があった。かれらを殺すことはできないが、売買と譲渡の対象となった。

奴婢のほかにも、賤民階級のなかには、屠畜や柳器匠（柳行李《やなぎこうり》などをつくる職人）などに従事する白丁《ペクチョン》をはじめ、広大《クアンデ》（芸人）、妓生《キーセン》、男女のシャーマンその他がいた。日本で異様に思われるのは、高麗時代とは違って「崇儒排仏」の朝鮮時代には僧尼もこのなかに含まれた。

常民階級のなかには匠人（手工業者）、商人も含まれるが、その絶対多数を占めるのが農民である。したがって王朝政治を下から支える基本階級は農民であり、その疲弊は国家そのものの衰退に直結する。だから歴代の政府は、産業政策の基本を勧農においた。「農者天下之大本」がそれである。

両班と農民との間には、越え難い壁はなく、教育に熱心な富農の子弟たちが科挙《クァゴ》に合格して両班にもなり、何代かにわたって官職に就けなかった両班が、農民に転落することもあった。

王朝政治を下から支える基本階級としての農民には、三つの負担があった。そのなかで国家の財源としてもっとも重要なのが、土地に課せられた田税であった。また官営の土木工事や物資の輸送などに労働力を提供する徭役（軍役を含む）、さらに王室や政府の諸機関で必要とする地方の特産品を、現物で納入する貢納（進上《チンサン》を含む）があった。

ところが一五九二〜一五九八年の「倭乱」によって耕地が荒廃して離農民が激増し、量案（土地台帳）が散逸して田税の収入が激減した。たとえば戦争前には課税の対象となった土地面積が一七〇万結《キョル》以上であったのが（たとえば世宗代には一七二万結）、光海君の時代には五四万結にすぎなかった。

「結」とは農地の面積単位で、その肥沃度によって六等級に分けられた。一等田の面積は約一ヘクタール、最低の六等田は、約四ヘクタールになる。「倭乱」につづいて二回にわたる「胡乱」があった。疲弊した農業生産力を向上させ、量案を整備し、税収を回復することが、戦後復興の基本であった。粛宗（在位一六七四〜一七二〇）のときに土地の結数が、ようやく一四〇万結に達した。

貢納制の改革——大同法

先にものべたように、貢納は雑多な地方の特産物を、現物の形態で王室や政府に納入する現物税のことである。ところがそれを首都に運ぶための運搬費や諸雑費、その過程での中間横領による損失を農民に転嫁するなど、いろいろな弊害が生じた。また本来は、地方官が国王に礼物を献上することを進上というが、これらの礼物も農民からかき集めた。

とりわけ農民に耐え難い弊害は、ソウルの貢人《コンイン》（御用商人）たちによる代納（「防《パン》納《ナプ》」という）による中間搾取であった。というのは、王室や政府が必要とする諸物品を、地方から中央に納入する前に貢人が先に代納し、地方の守令《スリョン》や郷吏《ヒャンニ》たちと結託して各地から貢納をとりたてる過程で、その何倍もの現物代価を徴収する中間搾取であった。

このような貢納制による弊害については、たとえば李珥《イイ》（号栗谷）は一五六九年に、雑多な地方からの現物納入を米に統一して徴収する「収米法」を提起したこともあったが、代納による中間搾取に寄生していた貢人や地方の守令、郷吏たちが中央官僚たちと結託して反対し、なかなか実現できなかった。

戦争によって疲弊した農業生産力を回復するためには、農民の負担を軽くしてその生活を安定させることが先決問題である。光海君が即位した一六〇八年に、領議政李《イ》元翼《ウォニク》の提言によって、試験的に京畿道で、大同法を実施することにした。

大同法とは、雑多な地方の特産物を地税と一元化して、一結当たり一二斗の大同米を徴収することである。米が生産されないか少ない山間地方では、大同布（綿布）、または大同銭を納めることもできた。

中央には大同米・布・銭の出納を担当する宣恵庁《ソンヘチョン》を設けて、王室や官庁で必要な現物を貢人たちに注文し、その代価を大同米で払った。つまり貢人が、政府の御用商人として現物の調達に当たったのである。ソウルや地方の手工業者たちは貢人たちの注文をうけて活性化した。また大同米の一部は、それぞれの地方官庁の財源に割り当てた。

しかし大同法が地方に拡大する過程では、貢納制の中間搾取に寄生していた階級の抵抗も根強く、それが一七〇八年に全国に普及するまで一〇〇年もかかった。

大同法の全国的な普及は、つぎにのべるように商品経済の発達を促した。それにともなって大同米や地税の金納化が進み、一八八四年には大同米を廃止して地税に一本化した。

商業資本の発展

大同法の実施は、社会経済のいろいろな分野に新しい変動をもたらした。

まず従来の貢人たちは、宣恵庁が注文する各種の物品を調達するため、ソウルの六《ユ》矣廛《ギジョン》や、地方の商業都市の客主《ケクジュ》や旅閣《ヨガク》と商取引をするようになった。六矣廛とはソウルの御用商人である市廛《シジョン》のなかで六種の商品の取引を独占していた大商人で、おもに絹布、綿布、紙、苧布、魚物などの取引を独占していた。市廛は政府への国役負担の代償として、各商店が取り扱う特定商品の独占権を乱す私商を取り締まる禁乱廛権《クムナンジョングオン》があたえられていた。禁乱廛権とは、市廛が取り扱う商品の独占的販売権を侵した私商たちを取り締まる権利をいう。

客主と旅閣は旅館業のかたわら、宿泊客である商人たちの委託販売、倉庫業、金融業および運送業まで請け負う商人たちであった。かれらのなかには「都賈《トゴ》」という卸問屋に成長し、特権的御用商人と衝突することもあった。

このように御用商人と対立する私商たちが、しだいに全国的な商業網をひろげるようになった。たとえばソウルの江商は、漢江流域の各地に商業網をひろげて、商品流通と運送に従事した。

また開城の松商は、全国各地に松房《ソンバン》という支店を置いて、有名な開城人蔘を売りさばいたばかりでなく、松房という商業網を利用して各種の商品取引に従事した。

また全国各地に場市《チャンシ》という定期市（五日市）が開かれ、一七世紀半ばには一〇〇〇カ所余りを数えた。場市では近隣の農民たちが剰余の農産物や手工品を売って、褓負《ポブ》商《サン》という行商たちの商品を買う商取引がおこなわれた。

商品取引量が少なかった時代には、米や綿布が現物貨幣の役割を果たしてきたが、一六七八年から「常平通宝《サンピョントンボ》」という金属貨幣が流通しはじめ、商品流通が大量化すると、「於音《オウム》」という約束手形が使われた。

国内商業では、国内産の商品ばかりでなく、清国や日本の商品も流通するようになった。

清国産の商品は、主として義州の湾商たちが、鳳凰城の柵門で清国商人から輸入したものであり、日本産の商品は、主として東萊《トンネ》の萊商《ネサン》が釜山の倭館開市で輸入したものであった。これらの外国産商品も、松商の商業網をつうじて全国に普及した。

ソウルの三大市場

ソウルでは鍾路《チョンノ》、梨峴《イヒョン》（ペゴゲとも。東大門内）、七牌《チルペ》（南大門外）が三大市場《シジャン》であった。いま日本人観光客のなかで人気のある東大門市場の前身が梨峴市場であり、南大門市場の前身が七牌市場であった。鍾路商街とこの二つの市場とは、その成立事情が異なる。

鍾路商街は、朝鮮王朝が開城から漢城に遷都した当初から、首都の需要を満たすために、商人を誘致して計画的につくられた。政府はいまの鍾路一街、二街から昌徳宮の入口あたりまで行廊という常設店舗をつくり、分譲した。これが市廛という御用商人のはじまりである。かれらは王室や政府にたいして一定の負担を分担する代わりに、先にのべた禁乱廛権という特権をあたえられた。鍾路は別名雲従街《ウンジョンガ》といって、人と物が雲のように集まっては散るという意味で、このように呼ばれた。

ところが梨峴と七牌市場は、その形成当初から私商たちによる庶民の市場であった。東大門内から鍾路四街あたりまでのびる梨峴市場は、東大門から運び込まれた各地の穀類、雑貨、綿布、果物、野菜、水産物を委託販売し、その地方商人たちに宿所を提供する客主が、商権を握っていた。

南大門外の七牌市場は、別名「宣恵庁市場」とも呼ばれていた。先にものべたように、宣恵庁は大同米を出納するために設けた官庁であり、税穀収納倉庫があった。王室や官庁で必要な物品を、貢人たちから大同米をもって買いあげ、それにかかわる役人や商人および人夫を対象とする飲食店や酒店が集まって市《いち》をなした。

このように首都の商権をめぐって、鍾路の特権的市廛と私商とが競合するようになり、市廛は私商の活動をおさえるために禁乱廛権の行使を、しばしば政府に訴えた。しかし市廛だけで首都住民の多様な需要を満たせるはずはない。

たとえば一七四一年に漢城府尹《ブユン》（市長）李普赫《イボヒヨク》は、政府に報告した啓文のなかで、禁乱廛権の弊害を、つぎのようにのべている。

京中の遊衣遊食する輩が、さいきんの五、六年内に、平市署に市廛の新設を願い出る者がはなはだ多い。この連中はもっぱら乱廛する者を捉えることを事とし、はなはだしくは野菜や食用油、塩辛さえも、新設した市廛の専売権を侵すものとして自由に交易することができない。地方民が持ち込んできたささいな物産を取引して生計を支えている市中の小商人さえも、禁乱廛の害を被ってその苦に耐えず、将来交易の路が途絶えてしまうかもしれない。搢紳《しんしん》のあいだでは乱廛による無秩序を心配する向きもあるが、このようにいうのは禁乱廛による弊害を知らないからである。

かれはこのようにのべたのち、零細な小商人を救済するため、禁乱廛権の乱用によって私商を抑圧する市廛の新設を許可しないよう政府に訴えた。政府は一七九一年に、六矣廛以外の市廛の特権を廃止し、民間商人の自由な商活動を保証する決定をおこなった。これを「辛亥通共《シンヘトンゴン》」という。

手工業の変化

商業資本の発展は、手工業にも新しい変化をもたらした。朝鮮初期の工匠《コンジャン》（手工業者）は官営手工業に所属していた。ソウルの工匠を京工匠といい、地方の工匠を外工匠といった。かれらは「工匠案」に登録され、官庁が必要とした製品をつくった。ところが官営手工業がしだいに民営化する傾向が進み、匠人税を払えば、自由に製品をつくって売ることができた。

大同法が実施されて以来、工匠たちは貢人たちから注文をうけて製造し、その代価をうけることができた。これが手工業の発展を促進した。

工匠たちには、はじめのうちは独自の経営をするほどの資本がなかった。したがって注文をうけた商人から製品の代金を前借し、それを資金にして原料を買い、諸経費をまかない、それでつくった製品は資金を前借した商人だけに納入し、自由に販売することはできなかった。

このように匠人たちに資金を提供して注文生産させる商人を「物主《ムルジュ》」といった。したがって工匠たちは「物主」に依存し、商業資本が手工業を支配した。

ところが工匠のなかには「物主」から自立して、自己資本による生産者も現われた。一つの事例として全国的な需要に応じて大量生産した真鍮器の二大中心地は、平安道定州《チョンジュ》の納清《ナプチョン》と、京畿道の安城《アンソン》であり、ここの工匠たちは、自己資本で賃労働者を雇用し、原料を購入して分業と協業によって製品を生産した。工場制手工業の芽生えである。

また鉱山業においても、従来は個人的な採掘(潜採)を禁止して官営にし、民衆の賦役労働によって金、銀、銅などを採掘したが、一八世紀から個人の鉱山経営を許し、その代わり設店収税法によって鉱山業税を納めさせた。

鉱山を経営した「物主」は、「富商大賈」といわれる商業資本であった。かれらは店民(鉱山労働者)を募集し、これに応募した離農民が賃金をもらって生計を立てるという新しい経営形態の萌芽が生まれた。賦役労働に代わる賃労働の萌芽である。

一七八八年にある地方の県監であった禹禎圭《ウジョンギュ》という人は国王への上疏で、朝廷で銀店(「店」は鉱山)に離農した農民たちが集まり、農業の荒廃を招くという弊害が論議されていることを批判し、つぎのような対策を提言している(『経済野言』「銀店勿禁之議」)。

臣はいう、銀店も銅店もともに弊端はありません。なぜなら朝廷が各道に命じて、銀を産する邑をして鋳銀を上納するようにすれば、地方官も止むを得ず役丁を調発して鋳銀せざるをえないから、農業を廃して民弊となるでしょう。

しかし、朝廷が銀のあるところに店を設けることを許すなら、富商大賈がそれぞれ物力を出して傭人を募集するであろうし、土地なき農民が店軍（店民）に応募するでしょう。かれらはその土地に集居しながら土を掘って銀を鋳造し、地方の官庁や営邑に税を納め、その余りは物主に帰するでしょう。また土地なき民もそれを頼って生計を立てるでしょう。そうすれば公私ともに利益になるのに、どうして民弊になるでしょうか。

つまり政府が地方官に鋳銀の上納を命令すれば、賦役労働に農民を動員するから農業を荒廃させる弊害が生じる。しかし富商大賈（大商人）に銀鉱の経営を許すなら、かれらはその利益の一部を納税し、また土地なき農民に仕事をあたえるから、公私ともに利益になるという。当時銀は対清貿易で使われた貴重な通貨であった。日本との倭館貿易でも、たくさんの銀が輸入された。

このような賃金労働者が生まれ出る背景には、農村における階級分化があった。農村でも従来のような自給自足的農民のなかから、商業的農業によってその経営面積をひろげ、農業労働者を雇用する富農が現われ、さらにかれらは地主に転化した。地主階級のなかには、従来のような両班地主のほかに、平民地主が登場してくる。このようにして両班の没落層と常民の富裕層との間に、かつて磐石のように見えていた身分的壁（班常《パンサン》制度）が、しだいに流動的になってきた。

以上のべたように、大同法が実施されてからの朝鮮後期の社会には、商品経済の浸透によって封建的身分制が動揺し、内在的な「資本主義的萌芽」が見えてきた。朝鮮王朝の後期の、その前期に比べていちじるしい特徴は、以上のべたような社会的変動を反映した身分制の動揺である。とくに両班階級の衰退と平民階級の台頭にそれがいちじるしい。

すでにみてきたように、両班階級が文武官僚になるためには科挙という登竜門を通過しなければならない。しかし党派争いがはげしくなると、科挙が官僚への道に直結しなくなり、残班《チャンバン》という多くの落ちこぼれが量産された。かれらの目はおのずから、執権党の政治やその思想にたいする批判に向けられた。

また両班の権威におさえられていた中人や胥吏《ソリ》（下級官吏）が台頭して、識字階級であるかれらも、文学や芸術の分野に進出するようになった。朝鮮後期の思想、文学、芸術分野には、平民階級の進出による新しい変化が色濃く反映されている。

三

朋党争いと「蕩平策」

一六四四年に中国における明から清への王朝交替があってのち、朝鮮と清国との間には「以小事大」（小を以て大に事《つか》える）の事大外交によって、両国関係は安定した。また日本とも、徳川家康が一六〇三年に征夷大将軍に就任して江戸幕府を開いたのち、両国間の交隣外交によって平和がつづいた。

朝鮮政府にとって中国との事大外交、日本との交隣外交は、隣国との平和と安定のための二つの柱であった。このようにして対外的には外患の憂いはなくなった代わりに、対内的には文臣グループ間の党派争いが絶えなかった。

すでにのべたように一六二三年、西人派は南人派と連合して、大北派が擁立していた光海君を追い出し、仁祖を即位させた。いわゆる「仁祖反正」である。

仁祖の死後、孝宗（在位一六四九〜一六五九）、顕宗（在位一六五九〜一六七四）、粛宗（在位一六七四〜一七二〇）、景宗（在位一七二〇〜一七二四）とつづく歴代の国王は朋党争いに振り回されて、君主権は形骸化してしまった。

孝宗のときから「仁祖反正」で連合した西人派と南人派との党争がはじまった。両派間の争点は何であったか。西人派の宋時烈と南人派の尹鐫《ユンヒュ》との間の「礼訟」（礼論をめぐる論争）であった。その争点を分かりやすくいえば、一六五九年に孝宗が亡くなったとき、その父王仁祖の継妃趙《チョ》氏は存命中であった。宋の主張はその趙妃の服喪期間を、孝宗は国王であっても、仁祖の次男だから一年喪にすべきだとし、尹の主張は、孝宗は次男ではあるが、国王だから三年喪にすべきだとする論争であった。両者は礼論に関する古典を引いて自説の正当性を主張し、お互いに譲らなかった。

　この時期は豊臣秀吉による二回の倭乱、清による二回の胡乱を経ており、為政者としては国家政治の乱れを立て直し、何よりも民生問題を安定させるための難問題が山積していた。ところがかれらは、たかが宮廷内の服喪問題をめぐって、政治不在の泥仕合に明け暮れた。西人派政権は、一六八〇年の南人派にたいする弾圧によって（庚申換局）、一党専制への道を切り拓いた。ところが西人派のなかにも、南人派に徹底的に対決的な老論派と、妥協的な少論派との対立が生じ、分裂した。老論派と少論派との対立が最高頂に達したのが第二〇代国王景宗のときである。

　少論派に擁立された景宗は、その母張禧嬪《チャンヒビン》が党争に巻き込まれて賜死したことにショックを受けて病弱であった。そして嗣子がなかった。その異母弟に延《ヨ》礽君《ニングン》がいた。老論派はかれを王位継承者である王世弟に推戴したが、生命の危険を感じた本人は再三にわたって辞退した。国王の交替は、少論派から老論派への執権党の交替を意味し、勝利した反対派による報復は、従来の悪しき慣例になっていた。

　延礽君は一七二四年に、老論派に強制されて景宗の死とともに即位し、英祖（在位一七二四～一七七六）となった。一七二八年には少論派の過激分子李《イ》麟佐《イムジャ》らが、老論派による景宗の毒殺説を唱え、その報復と英祖の退位を要求して、忠清道清州で武装蜂起した。これに慶尚道および全羅道の一部地域でも呼応したが、政府軍によって鎮圧された。「李麟佐の乱」である。英祖は「蕩平策《タンピョンチェク》」をかかげて、老少両派の過激分子を排除して、両派の穏健分子による連合政権を誘導し、形骸化した君主権の回復策を推し進めた。「蕩平策」とは『書経』の洪範篇にあるつぎのくだりを論拠とするものであった。

英祖

偏なく党なく、王道蕩々たり。党なく偏なく、王道平々たり（無偏無党　王道蕩々　無党無偏　王道平々）（傍点は引用者）。

たしかに「蕩平策」によって表面的な党争はしだいに緩和されたが、やはり老論派、少論派、南人派間の確執は、深く潜在化したばかりでなく、英祖を擁立した老論派中心の一時的な妥協にすぎなかった。それが表面化したのが、一七六二年、英祖が王世子荘献世子《チャンホンセジャ》を餓死させた事件であった。英祖が正妃徐《ソ》氏の死後に迎えた継妃金《キム》氏（貞《チョン》純王后《スンワンフ》）は、老論派の巨頭金漢耈《キムハング》の娘であった。荘献世子が老論派を敬遠し、少論派に接近するのを危険視した金漢耉一派は羅景彦《ナギョンオン》なる者をそそのかして、世子の非行十余項目を英祖に上疏させた。性急な英祖は激怒して、ろくに真相究明もせず、世子を米びつに閉じ込めて八日目に餓死させた事件である。この事件をめぐって各派は世子の死を正当とする僻派《ピョクパ》と、その死に同情する時派《シパ》に分かれた。

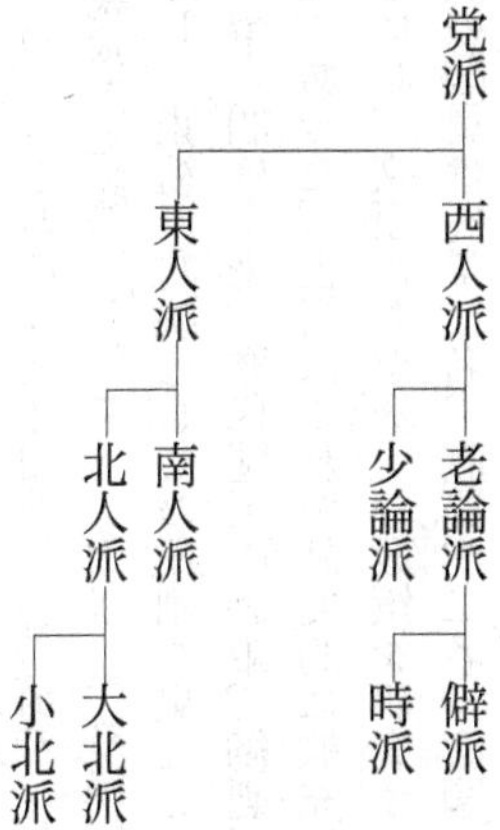

英祖はのちにこの事件を後悔し、荘献世子に「思悼世子《サドセジャ》」という諡号をあたえると同時に、その息子を王世孫に指名して、つぎの王位継承者にした。正祖（在位一七七六～一八〇〇）がそれである。

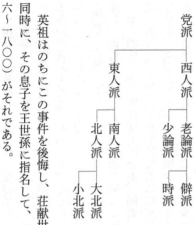

正祖と奎章閣

正祖は先王英祖の「蕩平策」を継承したが、英祖時代の最大の派閥であった西人＝老論派も、僻派と時派に分裂した。

正祖は即位と同時に、その父思悼世子の政敵である老論僻派を排除し、時派に属する各派の人材を幅広く起用した。とくに注目すべきは、西人派の政敵であった南人派から、一七八〇年（正祖四）に蔡済恭《チェジェゴン》（号樊巌、一七二〇～一七九九）を奎章閣《キュジャンガク》の提学（総裁）に起用したことである。かれはのちに臣僚としては最高職の領議政《ヨンウイジョン》にまで昇進し、正祖の右腕としての役割を果たした。

奎章閣は本来、歴代国王の御筆、御製、御物、王室の各種記録を保存、管理する機関であった。正祖はこれを制度的に拡充して中国および朝鮮の文献を集めた王立図書館にし、文臣たちが経史《けいし》や政策を研究する、王道政治の中枢機関に発展させた。奎章閣の閣員は提学二名、直提学二名、直閣一名、待教一名によって構成されていた。

一八世紀後半期の清国では、乾隆帝（在位一七三五～一七九五）の命による『四庫全書』の編纂のために、清朝考証学の碩学たちが北京に集まっていた。

正祖は老論派の庶子出身である朴斉家《パクジェガ》、李《イ》徳懋《ドンム》、柳得恭《ユドウッコン》、徐理修《ソイス》の四人を、奎章閣の検書官に任命した。かれらは北京に往来しながら清朝考証学の碩学たちと交流を深め、貴重な文献を購入した。朝鮮時代は、たとえ両班出身であっても、嫡出と庶出の間の差別が厳しい時代であった。正祖は南人派を政府の要職に起用したばかりでなく、老論派からも、そういう庶子出身の文人たちを、検書官に任命したのである。

「蕩平策」がおこなわれた英祖、正祖の治世期には、王命による官撰事業でも注目すべきものがあった。その一つが『経国大典《キョングクデジョン》』の改修事業である。

『経国大典』は第七代国王世祖（在位一四五五～一四六八）の命によって編纂された朝鮮王朝の基本法典であった。それから二百数十年、文物制度のめまぐるしい変遷にもかかわらず、その改修が放置されてきた。英祖の命によって編纂され、一七四六年に刊行された『続大典』は、『経国大典』以降の法令、制度、文物の変遷を反映させて、改修を加えた法典である。

蔡済恭

つづいて正祖の命によって、一七八五年に編纂された『大典通編』は、基本的には先の『経国大典』と『続大典』の二つの法典の体裁と内容を踏襲しながら、『続大典』後の新しい内容を追加した。

『大典通編』には、『経国大典』にある原文には〈原〉、『続大典』のそれには〈続〉、新しく追加した内容には〈増〉を並記して、朝鮮王朝の法制と文物の推移を、歴史的に分かるように編纂されている。一八六五年(高宗三)に編纂された『大典会通』は、『大典通編』を補充したもので、『経国大典』の原文を〈原〉、『続大典』のそれを〈続〉、『大典通編』のそれを〈増〉とし、それに新しく追加した内容を〈補〉として並記している。

『大典会通』は、開国以前の朝鮮王朝さいごの法典として、その史料的な価値が高い。

北学派の台頭

一六二三年の「仁祖反正」を主導した西人↓老論派の歴代政権は、政治的には清に「事大」しながら、思想的には依然として「崇明排清」を大義名分とする、ねじれた対清観を固守してきた。このようにねじれた対清観は、清国との外交および文化交流の面で大きな障害になった。

正祖の治世期に、老論派の領袖宋時烈以来の排清的な「北伐論」のアンチテーゼとして、「北学論」を主張する北学派が、しかも老論派のなかから台頭してきたことは注目に値する。

先に正祖は、老論派の庶子出身者である朴斉家をはじめとする四人の検書官を任命したことをのべた。朴斉家(号楚亭、一七五〇～?)は一七七八年(乾隆四三)に、陳奏使の随員として李徳懋とともに北京を訪問した。帰国したかれは、文字通りの『北学議』を著わして、清国を夷狄視する偏見を批判した。その師朴趾源《パクチウォン》（号燕巌、一七三七〜一八〇五）はこれに序文を寄せて、つぎのようにのべている。

然しかれら（朝鮮の儒者たち）はいう。今の中国の主《あるじ》は夷狄だから、学ぶのが恥ずかしい、と……苟《いや》しくも法が良く、制が美しければ、固《もと》より夷狄の前に進み出てこれを師としなければならない。

朴趾源も一七八〇年（乾隆四五）に燕行使の随員として中国を訪問し、朝鮮紀行文学の白眉と評価される『熱河日記』（今村与志雄訳、平凡社東洋文庫）を著わしている。朴趾源の先学である洪大容《ホンデヨン》（号湛軒、一七三一〜一七八三）もやはり、燕行使の随員として一七六五年（乾隆三〇）に北京を訪問し、欽天監（天文台）の監正ハレルシュタイン（Augustinus von Hallerstein　漢名劉松齢）や副監ゴガイスル（Antonius Gogeisl　鮑友管）と西洋の天文学や暦法について問答を交わしている。かれらにとって「北学」とは、清ばかりでなく、西洋から学ぶことでもあった。

洪大容《ホンデヨン》、朴趾源、朴斉家らはいずれも乾隆帝治世期の制度や文物を客観的に観察し、「崇明排清」の思想によってゆがめられた対清観の是正を主張した北学派を代表する学者である。かれらはいずれも老論派に属するが、たとえば朴斉家などは、のちにのべる南人派の丁若鏞《チョンヤギョン》とは、党派的対立を超えて思想的に意気投合した盟友であった。

要するにかれらの基本的な立場は、各国を「中華」と「夷狄」とに区分して差別する世界観を否定し、たとえ「夷狄」であっても、われわれより優れたものがあれば、謙虚に学ぶべきであるとして、野郎自大的な「小中華主義」を痛烈に批判したのである。一九世紀にはいって「倭夷」や「洋夷」の先進文明から学ぶというこのような思想が普及していたなら、朝鮮の「近代」は大いに変わっただろう。ところが一八〇〇年の正祖の死とともに、つぎにのべる南人派の実学派が痛烈な打撃を受けたばかりでなく、北学派も解体を余儀なくされ、その思想が政策決定に影響をあたえることはなかった。

四

「経世済民」の実学派

先に触れた「北学論」も、その主眼とするところは、朝鮮の貧困問題を解決するために、清国の「利用・厚生」から学ぶことであった。従来、朝鮮の王朝政治を担う儒者たちが、現実ばなれした朱子学の性理学や、礼論などにかんする見解の相違をもって甲論乙駁、党派を分けて反目してきた。英祖、正祖の時代に、朝鮮儒教のこのような傾向を「虚学」とし、「経世済民」（世を治め、民を救う）のための「実学」を主張する新しい学派が台頭してきた。北学派を含めてそのような学派を実学派という。

北学派は各党派のなかで最大の勢力を誇る老論派に属する、ごく一部の学者グループであるが、実学派そのものは党派を超えた学派であり、むしろその先鞭をつけたのは南人派であった。すでにのべたように、南人派は老論派との党争に敗れて、長い間権力の座から排除されていた。かれらの生活も庶民と変わらなかった。だからこそかれらは、民衆の視線から党争に明け暮れる政治の現実を批判的に観察することができたし、そういう政治のもとで苦しむ民衆の生活現実を知ることができた。この現実をいかに改革するのか、その学問が「実学」である。

実学派の先駆は、南人派の柳馨遠《ユヒョンウォン》（号磻渓、一六二二～一六七三）であった。ソウル生まれのかれは、礼論をめぐる西人派と南人派との党争が渦巻くソウルを脱出して、一六五三年に全羅道扶安郡愚《ウ》磻洞《バンドン》という僻村に移住した。かれは村民たちと生活をともにしながら、田制改革を基本とした兵制、教育、科挙制度など、国政全般にわたる改革案を、『磻渓随録』という著書のなかで展開した。この著書は英祖の命によって、一七七〇年に公刊された。柳馨遠の実学思想を発展させたのが、やはり南人派の李瀷《イイク》（号星湖、一六八一～一七六三）であった。その門弟たちによって星湖学派が形成された。

丁若鏞

李瀷の学問には、「経世済民」の改革思想ばかりでなく、清国で布教活動をしていたイエズス会士たちの漢訳西洋書をつうじて、その学問の領域を、西洋の宗教（西教＝カトリック教）および科学（西学）にまで広めた。西洋の宗教および科学にたいするかれの見解は、西教（天主教）にたいしては仏教と同じく「幻妄」にすぎないときびしく批判的でありながら、西学（科学）はかつて東洋になかった妙法であると、高く評価している。

かれの死後、星湖学派は西学と西教の受容をめぐって二つの流れに分化した。その一つは西教に批判的立場を堅持しながら、西学を研究した学者グループである。その代表的な学者が李《イ》家煥《ガファン》、丁若鏞などである。他の一つは西学の研究から西教を信仰するようになった学者グループで、李《イ》承薫《スンフン》、権日身《クオンイルシン》、丁若鍾《チョンヤクチョン》などである。李承薫は一七八四年に北京の天主教北堂で受洗して、朝鮮人キリスト者の第一号となった。

とりわけ注目すべきは、正祖と領議政の蔡済恭は李家煥、丁若鏞らを政府の要職に起用したことである。ところが南人派の進出に敵対した反対派は、星湖学派の西洋研究を、士人として学ぶべき儒教と対立する「邪学」として、「斥邪論」をかかげて糾弾した。「斥邪派」のなかには老論派ばかりでなく、南人派の一部（「攻西派」という）も呼応した。これがつぎにのべる一八〇一年の天主教弾圧（辛酉《シンユ》教難《ギョナン》）を口実とする実学派弾圧に発展した。

正祖の死と辛酉教難

正祖の治世期に、その父荘献（思悼）世子の死を正当化した老論僻派は、権力の座から排除された。にもかかわらずかれらは勢力を温存し、老論派の政敵であった南人派に報復するチャンスの到来を、虎視眈々と狙っていた。

正祖の治世期に老論僻派が勢力を温存できたのは、その背後に英祖の継妃金氏（貞純王后）が生存していたからである。彼女はすでにのべたように、老論僻派の巨頭金漢耉の娘であり、正祖からみると祖父英祖の継妃で、王室内の最長老に当たる。ところが一七九九年には正祖の右腕であった蔡済恭が八〇歳の高齢で亡くなり、不思議にも翌年の一八〇〇年には正祖が、四九歳の若さで世を去った（死因には疑問が残る）。正祖と蔡済恭は実学派の西学研究を「邪学」として糾弾する斥邪論者から、南人派のかれらを守ってきた二人であった。俄然老論僻派の反撃がはじまり、流血の大弾圧がおこなわれた。一八〇一年の辛酉教難がそれである。

一八〇〇年七月、純祖（在位一八〇〇～一八三四）は一一歳の幼齢で即位した。そして王室内の最長老である貞純王后の代理聴政がはじまった。彼女は沈煥之《シムファンジ》、金観柱《キムグァンジュ》らを起用して老論僻派の政権をつくり、国王の名による「討邪教文」を発表して天主教（キリスト旧教）弾圧を命令した。

朝鮮のキリスト教は南人派の士族たちによってはじまるが、斥邪論者たちの糾弾をうけて士族たちはしだいに脱落した。天主教に対する批判の矢は、デウス（天主）を唯一神とする「無父無君之邪教」ということに向けられ、天主教信者たちは反儒教的な邪学の徒として糾弾された。死に際まで天主教徒として殉教した唯一の士族は、丁若鍾であった。だから一八〇一年当時のキリスト教は、儒教色の薄い中人、庶民、とくに婦女層のなかにひろまっていた。信者三百余名が犠牲になった。

しかし老論僻派政権がさいごに狙った主なターゲットは、かつて西学の研究、西教の信仰の前歴がある南人派の実学派（星湖学派）であった。老論僻派は南人派の「攻西派」と野合して、南人派の摘発に利用した。李家煥、権哲身《クォンチョルシン》は獄死、李承薫、丁若鍾は死刑、丁若銓《チョンヤクチョン》、丁若鏞は流罪などによって星湖学派は壊滅し、それ以降西学（日本でいう「洋学」）研究の種は断絶してしまった。

とくに正祖の治世期には、実学派の改革思想がたんなる在野の思想にとどまらず、李家煥、丁若鏞、朴斉家などは国王の側近として要職に起用された時期であり、いずれも新しい時代への革新を担いうる有能な人材であった。蔡済恭は生前、つぎの宰相級の人材として李家煥の抜擢を考えていたらしい。

したがって一八〇一年の辛酉教難は、「邪教」弾圧に名を借りた、南人派にたいする老論僻派の政治的および思想的弾圧の性格をもつものであった。

一九世紀の東アジアでは、清国や日本でも「洋夷」の浸透に反発する攘夷運動はあった。しかし他方では、日本では幕府が「洋学」を、清国でも政府が「洋務」をつうじて、西洋研究を国家的政策として推し進めた。

ところが朝鮮では一九世紀後半期の八〇年代に、欧米諸国に門戸を開放するまで、徹底的にそれが欠落してしまった。一八〇一年から八〇年間にわたる西洋研究の欠落は、朝鮮の近代化に決定的なダメージを与えた。

安東金氏の勢道政治

一九世紀にはいって、東アジア諸国は西洋列強の外圧をうけて、それにいかに対応するかが、国家の存亡をかけた重大な問題として浮上してきた。この時期に朝鮮では、安東金氏《アンドンギム》による六〇年余りの専制的な勢道《セド》政治がつづいたのである。

勢道政治とは、安東金氏が幼弱な国王の外戚となり、その君主権を専断的に代行した政治をいう。したがってその政治は安東金氏とそれに追随する連中たちの一族一門の栄華のための政治になってしまった。そういう勢道政治がはじまったいきさつを、しばらく見ることにしたい。

正祖の死後、正祖の継妃金氏（貞純王后、慶州金氏）の僻派政権による辛酉教難については、先にのべた。純祖は一八〇二年に金祖淳《キムジョスン》（号楓皐、一七六五～一八三二）の娘を王妃として迎えた。

安東金氏は、老論派の名門であった。その理由は、一六三六～一六三七年の丙子胡乱のとき、礼曹判書であった金尚憲《キムサンホン》（号清陰、一五七〇～一六五二）が、清との講和に反対した斥和論の先鋒であったからである。安東金氏はその家系である。金祖淳は老論派の名門ではあるが、正祖の時代には老論時派に属し、正祖がその娘を純祖の王妃に決めていた。このようにして安東金氏は、国王の外戚になったのである。

一八〇五年の貞純王后の死と前後して、金祖淳は政権から老論僻派をしだいに排除し、その一族を起用して安東金氏の専制体制を確立した。純祖に次ぐ憲宗（在位一八三四～一八四九）は七歳で即位して金祖根《キムジョグン》の娘を王妃とした。憲宗には嗣子がなかったので、江華島の僻村に身を潜めて暮らしていた没落王族の李元範《イウォンボム》を引っぱりだして即位させたのが哲宗（在位一八四九～一八六三）である。その王妃も金汶根《キムムングン》の娘である。

純祖の息子には、王世子として冊封された孝明世子《ヒョミョンセジャ》がおり、豊壌趙氏《プンヤンチョ》趙万永《チョマニョン》の娘を世子嬪に迎えたが、即位する前に早逝してしまった。

したがって王室の外戚として安東金氏と豊壌趙氏との勢力争いがあったが、やはり前者が後者を圧倒していた。だから勢道政治の時代には党争もない代わりに、その腐敗と乱脈を牽制する言論もほとんど封殺されてしまった。科挙制度はあっても、安東金氏とそれに追随する者たちの出世のために利用され、政府の要職を独占したかれらによって売官売職が公然とおこなわれ、それはそのまま民衆にたいする収奪の強化に直結した。

一九世紀の六〇年間、西洋のインパクトにたいする対応策が、国の死命を制する大きな問題であったにもかかわらず、安東金氏体制の誰一人、西洋に目を向け、その対応策を研究した者はいなかった。

民乱と異端の思想

勢道政治下の積弊にたいする批判的言論は封殺されたが、知識階級に属する地方の郷班や没落した残班のなかには、地方の民乱《ミルラン》に加担して暴力による批判の方法をとる傾向が強まった。

一八一一年に平安道で蜂起した洪景来《ホンギョンネ》の乱にはじまるこの時代は「民乱の時代」といわれている。

平安道人は人材登用における地方差別によって、たとえ科挙に合格しても中央および地方の要職に就くことはできなかった。農民軍の平西大元帥に推戴された洪景来自身も地方の郷試に失敗した知識階級であったが、とくに平安道には鉱山が多く、離農民たちによる鉱山村が山間僻地に散在していた。

農民軍は勢道政治の打倒と地方差別反対をスローガンにかかげたため、鉱山労働者を中核とする農民から、地方の郷班、大商人まで参加した。平安道は漢城から北京に至る燕行路の沿線に当たり、開城商人（松商）や湾商（義州商人）の対清貿易によって商業資本が発達した地域であった。

一八一一年一二月、平安道嘉山郡多福洞《タボクトン》でのろしをあげた農民軍は、たちまちのうちに清川江《チョンチョンガン》以北の各郡を席捲し、政府軍に抵抗をつづけたが、挙兵五ヵ月目にさいごの拠点定州城《チョンジュソン》の攻防戦で敗北した。

一八六二年にも慶尚道晋州《チンジュ》民乱から端を発して、三南地方（慶尚道、全羅道、忠清道）の各地に波及した大民乱があった。これを「壬戌民乱《イムスルミルラン》」という。慶尚右道兵使（兵馬節度使）白楽莘《ペンナクシン》は、権力を乱用して収奪をほしいままにした典型的な貪官汚吏《たんかんおり》であった。一八六二年二月、柳継春《ユゲチュン》らが率いる樵軍（木こり）に多くの農民が合流して官庁を襲撃した。白楽莘は逃亡してしまったが、その代わり農民軍は悪質な郷吏たちを処断して気勢をあげた。

晋州民乱に連動してひろがった三南地方の民乱にたいして、さすがの政府も武力で弾圧することを控えざるをえなかった。政府財政の基本財源である田税の大部分を、この三南地方に依存していたから、民乱が悪化すると政府の命取りになる。政府は暗《アム》行御使《ヘンオサ》（地方官の不正を摘発するための国王直属の臨時職）や宣撫使《ソンムサ》を現地に派遣してその実情を調査させ、地方官の責任を問い、処罰することによって、事態の収拾をはかった。もちろん一時的な懐柔策にすぎない。

この時代に、慶尚道慶州《キョンジュ》出身の没落両班崔済愚《チェジェウ》（号水雲、一八二四〜一八六四）が、「東学《トンハク》」という民衆宗教を創始し、その秘密結社が三南地方を中心として農民のなかにひろがった。

東学の基本宗旨は「人すなわち天」（人乃天）、「天心すなわち民心」（天心即民心）の天人一如の思想によって、現世の変革による地上天国の実現をめざした世直しの宗教であった。

崔済愚

いうまでもなく朝鮮王朝の建国理念は儒教立国である。ところが、一九世紀にはいると民衆にはその権威が通用しなくなり、一方では「西教」（天主教）に、他方では「東学」に救いを求めて、死をも恐れぬ異端の信仰に走るようになった。

崔済愚は「惑世誣民」（世をまどわせ、民をあざむく）の罪で、一八六四年三月に大邱《テグ》で処刑された。貴賤、貧富、長幼、男女の差別を超えた「人すなわち天」の思想は、まさに封建的な身分秩序を根底からゆるがす異端の思想であった。その思想は民乱と結合して燃えひろがり、公然と各地で「教祖伸冤」（教祖の無実の罪を晴らす）の集会を開いて東学信仰の合法化を要求、政府当局を震駭させた。そのクライマックスが、一八九四年の東学農民戦争である。

大院君の執政

すでにのべたように一九世紀にはいって、第二三代の純祖、第二四代の憲宗、第二五代の哲宗の王妃は、すべて安東金氏から迎えた。それを背景にして六十余年間、安東金氏の勢道政治がおこなわれた。

ところが哲宗には嗣子がなかった。哲宗の六親等（またいとこ）に当たる興宣君李《フンソングンイ》昰応《ハウン》は、安東金氏の勢道政治のもとで、うだつのあがらない市井人として暮らしていた。かれは純祖の王世子でありながら早逝してしまった孝明世子《ヒョミョンセジャ》の未亡人趙大妃《チョデビ》が、哲宗の後継者指名に大きな発言力をもつ王室内の最長老であることに着目し、秘かに接近した。その第二子命福《ミョンボク》を哲宗の後継者として即位させたのが、第二六代高宗《コジョン》（在位一八六三～一九〇七）である。そして李昰応は国王の実父として興宣大院君《テウォングン》（以下大院君）となった。大院君とは、国王の実父にたいする尊称である。

高宗は即位当時、一二歳の幼齢であったため、それから一〇年間、大院君は摂政として政治の実権を掌握した。かれはいろいろな改革を断行したが、まず安東金氏の勢道政治を打破した。そして人材登用における「四色平等」（四色とは四つの党派）をかかげ、老論派ばかりでなく、少論、南人、北人の各派からも、政府の要職に登用した。

　ところが政府構成における「四色平等」だけで党派争いがなくなるものではない。四色党派（老論、少論、南人、北人）の根は、各地に乱立した書院であったからである。しかも書院が所有する土地と奴婢にたいしては免税と免役の特権があったため、国家財政を圧迫したばかりでなく、政府の威令が書院には通用しなかった。

　大院君は一八七一年に、国王が書院名の扁額をおろした賜額書院四七ヵ所を除いて、六五〇余りの書院の撤廃を断行した。そしてその土地と奴婢を没収して、国家財政を充実させた。

大院君

　それに先だつ一八六五年には、宋時烈《ソンシヨル》の遺言によって明末の神宗と毅宗を祀るために建立した万東廟《マンドンミヨ》（忠清道槐山郡華陽洞）を撤廃した。その万東廟は、老論派の「崇明事大」のシンボルであった。

　もちろん全国の儒学界では「儒通《ユトン》」と

いう回覧状を回して王宮前に集まり、書院撤廃の中止を直訴した。大院君はつぎのように一喝して、捕盗庁《ポドチョン》の軍卒にかれらを漢江の外側に放逐するよう厳命した。

荀《いやし》くも民に害があれば、たとえ孔子が生まれかわってきても、私はこれを許せない。いわんや書院は、本邦の先儒を祀るといいながら、盗賊どもの巣窟ではないのか（朴斎炯『近世朝鮮政鑑』上）。

ところがかれは国家財政の窮乏をかえりみず、王朝政治のシンボルである景福宮の再建工事のため民衆に重い負担をかけ、政治的失脚の原因となった。景福宮は、豊臣秀吉の侵略のとき焼失したまま放置されていた。大院君は党派争いと勢道政治のため、ないがしろにされた王朝の権威を回復するため、その再建工事を一八六五年に着工して、六八年に完成した。

大院君はこの再建工事に労働力として民衆を動員したばかりでなく、従来なかった結頭銭《キョルドチョン》（田税の付加税）とか、ソウル城門の通過税とか、願納銭《ウオンナプチョン》という寄付金などを強制して、民衆の怨みをかった。それにしても大院君の強引な決断がなければ、朝鮮建築の粋を集めた景福宮の再建は、不可能であったに違いない。

かれは対外的には、徹底した鎖国攘夷論者であった。その執政期に江華島に侵入したフランスおよびアメリカの艦隊を撃退し、強烈な鎖国攘夷策を断行したのである。

丙寅洋擾・辛未洋擾

大院君の住んだ雲峴宮（韓国観光公社提供）

天主教の朝鮮への浸透は、南人派の士族たちによってはじまったが、しだいに士族たちが脱落し、中人、常民、婦女層のなかにひろまった。

朝鮮での布教は、従来北京教区が担当していたが、一八三一年にローマ法王は、朝鮮教区を北京から独立させて、パリ外国伝道会が担当するようにした。そしてフランス宣教師たちが朝鮮に潜入して布教活動を展開するようになった。

天主教弾圧は一八〇一年の辛酉教難後も一八三九年、一八四五年とつづいたが、とくに一八三九年の己亥《キヘ》教難《ギョナン》では、国内の教徒とともに、三人のフランス宣教師が処刑された。

一八六〇年代になると、朝鮮の近海には「異様船」といわれた西洋の船舶がひんぱんに出没し、一八六〇年に英仏連合軍が天津から北京に侵入したため、清国皇帝が熱河に逃亡した第二次アヘン戦争（アロー戦争）は、朝鮮にも大きな衝撃をあたえた。

当時朝鮮にも一二名のフランス宣教師が潜入して布教活動に従事していた。大院君はこの情報をキャッチして、一二名のフランス人のうち九人を逮捕して処刑したばかりでなく、国内の天主教徒にたいする大弾圧をおこなった。丙寅教難《ピョンインギョナン》である。

一八六六年九月、朝鮮から中国に脱出したフランス宣教師や朝鮮人の教徒から情報を受けた駐清フランス艦隊司令官ローズ（Pierre Gustave Roze）は、清国および日本を基地とする七隻の遠征艦隊を編制して江華島に上陸した。江華島は首都ソウルへの水路になっている、漢江の河口に位置している。黄海道、忠清道、全羅道からの物資が、この水路をつうじてソウルに供給されていた。

フランス艦隊は宣教師を処刑した責任者の処罰と通商条約の締結を要求したが、大院君はこれを黙殺し、反撃を命令した。

江華島を占領したフランス軍の一部は、本土側に上陸してソウルに向かったが、通津郡文殊山城の韓聖根《ハンソングン》部隊の反撃をうけて敗退し、江華島内でも鼎足山城の戦闘で梁《ヤン》憲洙《ホンス》部隊のはげしい反撃をうけた。

フランス艦隊がもくろんだのは、朝鮮政府の責任ある高官を交渉のテーブルに引き出すこと、そのために、四〇日余りも武力的圧力をかけたがついに失敗し撤退せざるをえなかった。これが丙寅洋擾《ビョンインヤンヨ》である。

同じ一八六六年七月、アメリカの武装船ゼネラル・シャーマン号が、平壌への水路になっている大同江を、退去を要求する沿岸官民に発砲しながらさかのぼり、焼き打ちされる事件が起こった。

江華島付近図

一八七一年四月、アメリカのアジア艦隊司令官ロジャース（John Rodgers）は、日本の長崎でコロラド号を旗艦とする五隻からなる遠征艦隊を編制して、やはり江華島に侵入してきた。そしてシャーマン号焼き打ちにたいする謝罪と通商条約の締結を要求した。

いうまでもなく朝鮮側は交渉に応じることを拒否し、即時撤退を要求した。アメリカ軍は徳津鎮《トクチンジン》に上陸し、広城鎮《クァンソンジン》の砲台をめぐって、魚在淵《オジェヨン》部隊との間にはげしい肉迫戦が展開された。ついにアメリカも武力的圧力による交渉を断念して、二〇日余りで中国の芝罘に引き揚げた。これが辛未《シンミ》洋擾《ヤンヨ》である。

江華島の砲台を圧倒するフランスやアメリカ艦隊の威力も、地理に疎い上陸部隊にたいするそれを知り尽くした朝鮮軍の執拗な奇襲攻撃には打つ手がなかった。

二つの洋擾を撃退した大院君は、ソウルおよび全国の要所に「斥和碑」を立てて、西洋の武力的圧力によるいかなる要求にも屈しない不退転の決意を示した。「斥和碑」の文面はつぎのとおりである。

洋夷侵犯　非戦則和　主和売国

アメリカ旗艦コロラド号（アフロ提供）

洋夷が侵犯したのに、戦わざるはすなわち和することである。和を主張することは売国である。

戒我萬年子孫　丙寅作　辛未立

わが万代の子孫に戒める。丙寅年に作り、辛未年に立つ。

である。

「衛正斥邪」の思想

「斥和碑」の基本精神は、「衛正斥邪」の思想であった。「衛正」とは正学を衛《まも》ることである。正学とは孔子→孟子→程子→朱子に受け継がれてきた儒教の正統のことである。

「斥邪」とは、一八六六年の丙寅洋擾の原因になったキリスト教を、「天主」を唯一神とする「無君無父」の邪教として斥けることである。いうまでもなく儒教が教える人倫の基本は君臣間の「忠」であり、父子間の「孝」である。

朝鮮の為政者たちは、「洋夷」＝キリスト教国と交わることは、「無君無父」の邪教の浸透によって人類を「禽獣化」するものと考えた。

丙寅洋擾のとき、高宗は政府大臣の提言をいれて在野の儒者として名声の高い老儒李《イ》恒老《ハンノ》（号華西、一七九二〜一八六八）を承政院同副承旨に任命し、国家的難局に対処する指針をのべさせた。

かれは老齢（七五歳）を理由にその職を辞退しながら、その所懐を国王に上疏した。かれは冒頭からつぎのようにのべている。

いま国論は交と戦との両論に分かれている。洋賊を攻めるべきだという者は、わが側の人の説であるが、洋賊と和すべきだという者は、賊側の人の説である。

此れ（主戦）によれば国内の礼教は保たれるが、彼れ（主和）によれば人類は禽獣の域におちいる（『華西集』巻之三、「辞同副承旨兼陳所懐疏」）。

主戦論による「人類」の道か、主和論による「禽獣」の道か、その二者択一を迫る李恒老のこのような主張は、その没後も華西学派を形成する門人たちに受け継がれ、反洋夷→倭洋一体論（明治維新後の洋化した日本と西洋とは一体）→反日運動へと発展した。王朝末期における反日義兵運動のオピニオン・リーダーであった柳麟錫《ユインソク》や崔益《チェイク》鉉《ヒョン》（号勉庵、一八三三〜一九〇六）などは、いずれも華西学派を代表する儒者たちであった。

本来儒教と西教（キリスト教）とは対立的なものであった。衛正斥邪派の思想的問題点は、西教への反対にとどまらず、西学（西洋の科学技術）をも区別なしに一体的に捉えて、「斥邪」の対象にしたことであった。

すでにのべたように、一八世紀後半期の実学思想のなかには西教と西学とを区別して、「東道」（儒教）を堅持しながら「西器」（科学技術）を受容するという、「東道西器論」の思想的可能性を切り拓いた。ところが一八〇一年の辛酉教難以来、その思想的反動として西学と西教とを区別なしに排斥した衛正斥邪派の思想は、朝鮮の近代化にとって不幸なことであった。

大院君の失脚と閔氏政権

大院君の執政期は、対内的には六〇年余りもつづいた安東金氏の勢道政治の打破、書院撤廃をはじめとする内政改革、対外的には二回にわたる洋擾など、波瀾万丈の一〇年間であった。そしてその一〇年目の一八七三年に、政界から隠退を余儀なくされた。表面上の理由は、一二歳で即位した高宗が二二歳の成年となり、「国王親政」を唱える反対勢力の圧力によるものであった。しかしその裏面では、大院君と高宗の王妃、閔妃《ミンビ》（一八五一〜一八九五）との対立があった。

大院君は王室の外戚による政治への介入を排除するために、高宗の王妃選びに慎重であった。安東金氏の前例があったからである。一八六六年四月、かれは自分の夫人の実家である京畿道驪州《ヨジュ》の驪興《ヨフン》閔氏から、閔妃を迎えた。高宗は一五歳、閔妃は一六歳であった。

ところが皮肉なことに、義父である大院君と閔妃との間に亀裂が生じ、閔妃は大院君にとって手強い政敵となった。そのきっかけはつぎのとおりである。

閔妃が王世子となるべき息子を産む前に、後宮の李氏が完和君《ワンファグン》を産んだ。大院君がはじめてのこの孫を溺愛したため、閔妃は大院君が完和君を王世子（王位継承者）に冊立するのではないか、と疑心暗鬼であった。その場合王妃の地位そのものが不安定になる。完和君は生後間もなく急死した。その死因には謎が多い。ちなみに閔妃が王世子を産んだのは、一八七四年であった（王朝さいごの純宗）。

閔氏一派は閔妃をバックアップするために、大院君によって大きな打撃をうけた老論派と結託し、「国王親政」をかかげて政界からの隠退に追い込んでいったのである。その直接のきっかけは一八七三年一〇月、老論派の崔益鉉が大院君の失政をはげしく糾弾し、「国王親政」を主張した上疏であった。

閔妃は国王親政と同時に、高宗を動かして実家の閔氏一族から、その兄閔升鎬《ミンスンホ》をはじめ謙鎬、奎鎬、台鎬らを中央の要職に抜擢し、大院君派の対抗勢力としての閔氏一派の勢道政治の基礎を固めた。崔益鉉らの上疏は不本意にも、閔氏勢道政治への道を切り拓く結果となった。

かえりみれば一九世紀一〇〇年間、内外ともに国家存亡の危機に直面していた。そのなかで一〇年間の大院君の執政期を除けば、王朝政治は安東金氏と驪興閔氏の勢道政治に振り回され、王朝体制の変革による新しい政体を模索する運動も、すべて水泡に帰してしまった。

閔氏勢道政治は、一八九五年一〇月の閔妃暗殺によって終焉したが、五〇〇年余りの朝鮮王朝は、すでに救い難い斜陽の道を突き進んでいた。閔妃暗殺事件については、のちに言及するつもりである。

第七章　朝鮮の近代

一八七六年〜一九一〇年

西暦	朝鮮	西暦	日本
1876	日本との江華島条約	1876	朝鮮との江華島条約
		1879	琉球藩を廃止し、沖縄県を置く
1882	アメリカとの修好通商条約調印 壬午軍乱		
1884	甲申政変		
		1889	帝国憲法発布
1894	東学農民戦争、甲午改革(〜1896年)	1894〜1895	日清戦争、台湾の植民地化
1897	大韓帝国を宣布		
		1900	清国の義和団の乱に出兵
		1902	日英同盟
1904	日露戦争、日本の韓国駐箚軍による軍事支配	1904〜1905	日露戦争、ポーツマス条約
1905	第二次日韓協約(「保護条約」)		
1906	日本統監府を置く		
1907	ハーグ密使事件、第三次日韓協約		
		1909	韓国併合の方針を閣議決定(7月6日) ハルビン駅頭で伊藤博文暗殺(10月26日)
1910	日本による併合	1910	朝鮮の植民地化

年表　朝鮮の近代と日本

一

朝鮮の門戸開放

大院君《テウオングン》の執政期に、日本でも大きな政治的変動があった。一八六七年の王政復古による徳川幕府の崩壊である。朝鮮政府は徳川幕府との間に二六〇年余りの交隣関係を結んできた。さいごの朝鮮通信使が易地聘礼《へいれい》によって対馬の厳原《いづはら》を訪問したのは、一八一一年であった。その後も釜山《プサン》の倭館を窓口として、朝鮮の東莱府《トンネ》と日本の対馬藩との間には、相互間の交渉や使節の往来がつづいた。

一八六八年一二月、対馬藩は維新政府の命によって東莱府に、王政復古を告知してきた。江戸時代から将軍の交替を告知してきた慣例によるものであった。

いうまでもなく江戸時代の交隣外交は、朝鮮国王と征夷大将軍（日本国大君）との対等の礼（伉礼《ハンネ》または抗礼）によるものであり、相互間に交わされた書契（外交文書）も、それにふさわしい格式のものであった。

ところが王政復古を告知してきた書契には、伝統的な交隣関係にあるまじき違格の文字――朝鮮国王にたいする明治天皇の「皇」と「勅」――が使われていた。朝鮮側からみると明治天皇を朝鮮国王の上位に置き、交隣関係を一方的に否定する違格の文字として、その訂正を要求して受理を拒否した。「皇」とかそのことばの「勅」の文字は、朝鮮国王と宗属関係にある清国皇帝に限って使われていた。

大院君の執政期には、日本も武力的圧力によって書契の受理を強制することは、差し控えていた。すでにフランスおよびアメリカ艦隊による「洋擾《ヤンヨ》」について、くわしい情報を知っていたからである。

大院君が隠退した一八七三年、釜山の倭館の管轄は対馬藩から外務省に移った。対朝鮮交渉を担当することになった外務省理事副官廣津弘信（理事官は森山茂）は七五年四月、武力的圧力による交渉の打開策として、つぎのように政府に上申している。

今彼ノ内訌《ないこう》シテ攘鎖党《じょうさとう》（鎖国攘夷派）未タ其勢ヲ成サヽルノ際ニ乗シ、力ヲ用ルノ軽クシテ而《しこう》シテ事ヲ為スノ易《やす》カランニハ、即今我軍艦一、二隻ヲ発遣シ、対州ト彼国トノ間ニ往還隠見シテ海路ヲ測量シ、彼ヲシテ我意ノ所在ヲ測リ得サラシメ、又朝廷時ニ我理事ノ遷延ヲ督責スルノ状ヲ示シ、以テ彼ニ逼《せま》ルノ辞アラシメハ、内外ノ声援ニ因テ理事ノ順成ヲ促カシ、又結交上ニ於テモ幾分ノ権利ヲ進ルヲ得ヘキハ必然ノ勢ナリ。況《いわん》ヤ予《あらかじ》メ彼海ヲ測量スルハ、従来事アルト事ナキトヲ問ハス、我ニ必要ノ事ナルニ於テオヤ（『日本外交文書』第八巻。読みやすいよう、句読点を補った）。

要するに大院君政権（鎖国攘夷派）から閔《ミン》氏政権に移った隙をねらって、軍艦による武力示威によって違格の文字の訂正要求を黙殺し、書契の受理を強制させる計画である。日本政府の首脳部は軍艦春日《かすが》、雲揚《うんよう》、第二丁卯《ていぼう》の派遣を決定した。一八七五年九月の雲揚号による江華島《カンファド》事件は、このような武力的示威による一端であった。江華島の草芝鎮《チョジジン》に接近した雲揚号を砲撃した責任を問うため、特命全権黒田清隆、副全権井上馨は一八七六年二月、六隻の艦船に八〇〇人の搭乗員を率いて、江華島談判に乗り込んできた。朝鮮側の代表は接見大官申櫶《シンホン》、副官尹滋承《ユンジャスン》であった。

江華島談判は、圧倒的な武力的優位を背景にした日本側の圧力のなかで進行し、七六年二月二六日に日朝修好条規が締結された。それにつづいて結ばれた「修好条規付録」「通商章程」を含めて江華島条約という。

修好条規はその第一条で「朝鮮国ハ自主ノ邦ニシテ日本国ト平等ノ権ヲ保有セリ」とうたいあげているが、日本居留民と朝鮮人とのトラブルにたいする日本領事の裁判権をはじめ、朝鮮沿海の測量および海図作成の自由、関税自主権の否定など不平等条約にならざるをえなかった。また日本商民に釜山港のほか、二つの港を開くことを規定した（のちに仁川《インチョン》と元山《ウオンサン》を開港）。

近代における日朝関係は一八七六年二月の江華島条約によって、江戸時代の対等な交隣関係から、明治時代の不平等な関係へと暗転した。明治初期以来、日本の政界を風靡した征韓論は、その具体化の第一歩を踏み出したのである。
ところが修好条規の第一条の規定にもかかわらず、朝鮮側は日本にたいする武力的劣勢を補う後ろ盾として、清国との伝統的な宗属関係を固守するほかはなかった。むしろ清国との宗属関係を切り離そうとする日本側の圧力が強まるほど、逆に清国への依存度を強めていった。朝鮮をめぐる日清間の角逐は、一八九四〜一八九五年の日清戦争までつづいた。

朝鮮を清国との宗属関係から切り離そうとする明治期の日本は、その宗属関係を前提として二六〇年余りも朝鮮との交隣関係をつづけた江戸期の日本とは、大きな違いであった。東アジア三国間の葛藤と対立は、江華島条約のときからはじまる。

日本との江華島条約につづいて、西洋諸国も朝鮮の門戸開放を要求してきた。そのさきがけはアメリカであった。いうまでもなく一八六六年のフランス、七一年のアメリカとの二つの「洋擾」によって、とくに朝鮮のオピニオン・リーダーである儒教界のキリスト教＝西洋にたいする斥邪《せきじゃ》＝斥和の思想は強烈になった。

アメリカのシューフェルト（Robert W. Shufeldt）提督はこの思想の壁を乗り越えるために、宗主国清国の北洋大臣李鴻章《りこうしょう》に条約締結の斡旋を依頼した。かれの主導のもとで朝米間の交渉が北京でおこなわれ、ようやく一八八二年四月に仁川（済物浦）でおこなわれた調印式にも、李鴻章の外交幕僚馬建忠《ばけんちゅう》が立ち会った。はじめての「洋夷」にたいする門戸開放にたいする衛正斥邪派の反発は、宗主国の権威を借りなければならないほど猛烈であった。諸外国との開国条約の調印はつぎのとおりである。

一八七六年　二月　朝日修好条規
一八八二年　四月　朝米修好通商条約
一八八二年　九月　朝清商民水陸貿易章程
一八八三年一〇月　朝英・朝独修好通商条約（改訂）
一八八四年　六月　朝伊修好通商条約
一八八五年　十月　朝露修好通商条約
一八八六年　六月　朝仏修好通商条約
一八九二年　六月　朝墺（オーストリア）修好通商条約

開化派の形成と甲申政変

大院君執政期の鎖国攘夷下においても、政府首脳部のなかの少数派ではあったが、「主和売国」を批判し、朝鮮をとりまく列強の動向に注目して「主和開国」を主張した論者もいた。その代表的な開国論者が朴珪寿《パクキュス》（号瓛斎、一八〇七〜一八七七）である。かれの官歴を簡単にみておきたい。

かれは一八四八年の科挙《クアゴ》に合格し、アメリカのゼネラル・シャーマン号が大同江《テドンガン》に侵入した一八六六年当時は平壌監司であった。一八六九年には刑曹判書兼漢城府尹として漢城（ソウル）に赴任し、一八七三年には右議政《ウウイジョン》（臣僚としては最高職の領議政《ヨンウイジョン》、左議政《チャウイジョン》、右議政の一人）に昇進し、一八七四年九月に政界から隠退した。かれが現職大臣を歴任していたときは大院君の執政期で、公的な立場から鎖国攘夷の立場に立たざるをえなかった。しかし私的な立場からは一八七一年の辛未洋擾《シンミヤンヨ》のとき、門人金允《キムユン》植《シク》の回顧によればかれはむしろアメリカとの修交を主張した。

一八七二年には進賀正使として北京を訪問し、清国の政界や学界の重要人士との交流をつうじてその洋務運動の実態および、中国をとりまく列強の動きをつぶさに観察した。かれは北京での見聞をつうじて西洋にたいする「鎖国」から「開国」への確信をますます深めたことは、帰国後の国王との問答で知ることができる。大院君の隠退後、書契の違格の文字をめぐる日本とのトラブルにも、「皇」とか「勅」の文字に拘束されることなく、日本との武力衝突を避けるため「旧交」（江戸時代からの）の回復を主張した。かれは政界からの隠退後も、原任（原職）大臣として、時任（現職）大臣との廟堂《びょうどう》会議に列席していた。

かれは江華島条約が締結された翌一八七七年一月に世を去ったが、その門下に集まって薫陶をうけた名門両班の少壮派たちが、守旧派に対立する開化派を形成した。守旧派と開化派との政治路線上の対立は、従来の朋党争いとは本質的に異なる政党間の対立であった。開化派の中心人物の一人朴泳孝《パクヨンヒョ》は、その回顧談でつぎのようにのべている（『李光洙全集』一七巻所収の「朴泳孝との対談」）。

朴珪寿は燕巌朴趾源《パクチウォン》の孫で、李裕元《イユウオン》が領議政であったとき右議政となったが、李裕元と合わずして挂冠（官職を辞すること）し、斎洞《チェドン》（ソウル）の私宅で金玉均《キムオッキュン》ら英俊の青年たちを集め、祖父燕巌文集を講義したり、中国使臣たちが伝える新思想を鼓吹したりした。

朴泳孝の回顧談のなかで、朴珪寿が右議政を退いた理由として領議政李裕元との対立を指摘しているが、この李裕元は閔妃《ミンビ》派の人物であった。朴珪寿の祖父朴趾源は、すでに正祖の治世期の北学派についてのべたとおり、その巨匠の一人であり、その文集とは『燕巌集』のことである。その思想は、「中華」を文明、「夷狄」を野蛮とする華夷的名分論にしばられた世界観の打破であった。

また「中国使臣たちが伝える新思想」とは、一八三九年にイギリス商人の阿片を焼き捨てた林則徐の盟友魏源が書いた『海国図志』（初版は一八四四年）をはじめ、洋務運動のなかで刊行された西洋事情にかんする新書類であった。これらの新書類を伝えて開化派に提供したのは、一八七二年の朴珪寿の燕行使《ヨンヘンサ》のとき、首訳として随行した呉慶錫《オギョンソク》（号亦梅、一八三一～一八七九）であった。

朴珪寿の死後、若き開化派の指導に当たったのは、先の呉慶錫と漢医の劉《ユ》鴻基《ホンギ》（号大致、一八三一～一八八四）であった。訳官と医者は身分的には中人層に属し、政策決定のポストには就けない。そこでこの二人は、名門両班出身の若き開化派を指導し、中国で入手した新書や情報を提供して、国家革新の指導的人材になることを期待したのである。のちに一八八四年一二月の甲申政変《カプシンジョンビョン》を主導した金玉均、洪英植《ホンヨンシク》、朴泳孝、一八九四～一八九六年の甲午改革で活躍した金允植、兪吉濬《ユギルジュン》などは、いずれも朴珪寿の門下で薫陶をうけた開化派であった。しかし両者間には近代的改革の方法をめぐって、日本の明治維新をモデルにした変法的改革か、清国の洋務運動をモデルにした改良的改革かの相違があった。

さらに両者間の決定的な相違は対清スタンスにあった。金玉均らの急進的変法派は、清国の伝統的な宗属関係からの「独立」を主張したのにたいし、金允植らの漸進的改良派は清国との宗属関係を肯定し、場合によっては宗主国の権威を借りて内政改革を推進しようとした。

金玉均（号古筠、一八五一～一八九四）をリーダーとする急進的開化派は、一八八四年一二月四日クーデターによって閔氏を中心とする守旧派政権を打倒し、開化派政権を実現した。甲申政変がそれである。ところが三日目の一二月六日、袁世凱《えんせいがい》が率いる清軍の武力介入によって新政権は壊滅した。新政権を守るための防衛対策の不備が命取りとなった。

新政権が発表した十四ヵ条の新政綱をみると（金玉均『甲申日録』）、その変法的性格を読み取ることができる。

第一条は、一八八二年の壬午《イムオ》軍乱のとき、清国に連行された大院君を帰国させ、清国にたいする朝貢を廃止すること。清国による大院君の連行を、重大な国家主権の侵害とみていた。

第二条は、門閥を廃止し、人民の平等権を制定して、能力によって人材を登用すること。つまり門閥による両班政治の廃止である。

第一三条は、大臣と参賛（次官級）が議政府に会合して政令を議定し、執行すること。君主専制の廃止と、責任内閣制の実施である。

金玉均

政変の失敗によって死を免れた金玉均、朴泳孝ら九名は日本に亡命し、そのうちの徐光範《ソグアンボム》、徐載弼《ソジェピル》らはアメリカに渡った。日本での再起計画に絶望した金玉均は、清国の北洋大臣李鴻章を説得するため一八九四年三月に上海に渡った。ところが朝鮮政府が派遣した刺客洪《ホン》鍾宇《チョンウ》によって、アメリカ租界の東和洋行で暗殺された。四四歳の若さであった。

甲申政変後の一八八五年四月、李鴻章と伊藤博文との間で日清両軍の朝鮮からの撤退、もし出兵するときは事前に相手国に通告する内容の天津条約を締結した。

したがって一八八五年から一八九四年の日清戦争までの一〇年間は、朝鮮に駐留する日清軍はなかった。ところが甲申政変を武力でつぶした袁世凱は総理交渉通商事宜としてソウル（漢城）に居坐り、朝鮮の内政や外交に「宗主権」をかかげて介入した。

「洋夷」の国への派米使節団

アメリカは「洋夷」の国のなかで、さいしょに朝鮮と修交したばかりでなく、西洋諸国の外交官としてははじめて、一八八三年五月に駐朝アメリカ公使フート（Lucius H. Foote）がソウルに赴任した。だから近代的な意味での西洋世界にたいする門戸開放は、アメリカを嚆矢《こうし》とする。フートは国王高宗に、アーサー大統領（Chester A. Arthur）が使節団の派遣を歓迎するとの意向を伝えた。

高宗は日本の一方的進出にたいする牽制勢力としてアメリカとの修交を重視していた。だから使節団の派遣に積極的であった。朝鮮政府では閔妃の甥であり、閔氏政権の中心人物である閔泳翊《ミンヨンイク》を正使、洪英植を副使、徐光範を従事官とし、兪吉濬をはじめとする五人の随員による使節団を構成した。

またアメリカ当局との折衝と通訳のために在日アメリカ人のローウェル（Percival Lowell）を秘書とし、英語と中国語が話せる中国人呉礼堂、英語と日本語が話せる日本人の宮岡恒次郎も同行した。

使節団員のうち、アメリカをはじめとする西洋の事情にある程度通じていたのは兪吉濬であろう。かれは一八八一年、日本の文明開化を視察するために政府が派遣した六二名からなる「紳士遊覧団《シンサユラムダン》」に、魚允中の随員として来日して福沢諭吉の慶應義塾に留学し、日本留学の第一号となった前歴がある。

使節団一行は一八八三年七月一七日に済物浦《チェムルポ》（仁川）を出発し、日本にほぼ一カ月間滞在してのち、横浜で乗船して九月二日にサンフランシスコに着いた。それから一〇月にアメリカを出発するまでシカゴ、ワシントン、ニューヨーク、ボストンを歴訪して近代的な文物制度を視察し、九月一八日にはニューヨークでアーサー大統領の謁見をうけた。

使節団一行は二手に分かれて、洪英植一行（ローウェル、呉礼堂）は一〇月二四日にサンフランシスコを出発し、太平洋航路で帰国した。閔泳翊をはじめとする他の一行は、一二月一三日にニューヨークを出発して、大西洋航路でイギリス、フランス、イタリア、エジプトからインド洋を渡って帰国した。閔泳翊の勧告を受けて兪吉濬はアメリカに残り、アメリカ留学生第一号となった。

洪英植がアメリカからの帰国を閔泳翊と別行動としたのは、アメリカ視察中の意見の対立がその理由ではなかろうか。というのは開化派の洪英植と徐光範は、閔泳翊がアメリカ視察をつうじて開化派に加担するだろうと期待した。閔妃の甥であるかれが開化派に加担すれば、甲申政変のようなクーデターではなく平和的に「上からの改革」の可能性があった。ところが閔泳翊の守旧的立場は変わらなかった。

一八八四年一二月の甲申政変は、近代的郵便制度として創設された、洪英植を総弁とする郵政局の開設宴ではじまるが、その第一撃が閔泳翊に加えられ、刺傷をうけた。結局、政変の失敗によって洪英植は殺され、徐光範はアメリカに亡命した。このように派米使節団の三首脳——閔泳翊、洪英植、徐光範が守旧と開化との政敵に分かれ、アメリカでの外交と見聞の成果を国内政治に生かせなくなった。

朝鮮の対米修交を日本と比較してみると——

日本は一八五八年に日米修好通商条約、一八六〇年にはじめての派米使節団（外国奉行新見正興一行）。

朝鮮は一八八二年に朝米修好通商条約、一八八三年にはじめての派米使節団（閔泳翊一行）。

西洋世界（アメリカ）に対するはじめての門戸開放が、日本と朝鮮とではほぼ二〇年の隔差がある。

一九世紀後半期の東アジアをとりまく歴史的変動は、とりわけウェスタン・インパクトが加わってはげしく、かつ目まぐるしい。そのなかにあって二〇年余りの隔差は、両国の近代化にほぼ決定的影響を与えたといえそうである。

キリスト新教の「医療と教育」

すでにのべたように、朝鮮の儒教とキリスト教（天主教＝カトリック教）とは、氷炭相容れないほど対決的であった。ところが奇跡的にも甲申政変が西洋の「医療と教育」を受容するきっかけとなり、それはアメリカ宣教師によるキリスト新教（プロテスタント）の浸透と結合した。

甲申政変前にソウルに赴任したアメリカ公使館付きの医師アレン（Horace N. Allen）は、その内実はアメリカ北長老会の宣教師であった。かれは政変で負傷した閔泳翊を治療して高宗と閔妃の信頼を受け、侍医となって宮廷内に自由に出入りするようになった。

一八八五年四月、アレンの提案によって朝鮮さいしょの王立洋式病院として広恵《クアンヘ》院《ウォン》が設立され（のちに済衆院に改称）、朝鮮人助手を養成するための医学教育もおこなった。

一八八六年になるとアメリカ北監理会の宣教師スクラントン女史（Mary F. Scranton）が女子校の梨《イ》花《ファ》学堂《ハクタン》（現梨花女子大）、アペンツェラー（Henry G. Appenzeller）が男子校の培《ペ》材《ジェ》学堂《ハクタン》（現培材大学校）を設立した。また北長老会もアンダーウッド（Horace G. Underwood）がつくった孤児院が、のちの儆新《キョンシン》学校であり、エラーズ嬢（Annie J. Ellers）が貞信《チョンシン》女学校を開設した。

もちろん儒教色が濃厚であった当時、これらのミッション・スクールの道のりは、けっして平坦なものではなかったが、「医療と教育」にたいする宣教師たちの献身的な努力によって、キリスト教もしだいに民衆のなかに根をおろすようになった。とりわけ注目すべきは、儒教的しきたりによって、家庭内にしばられていた女性教育を重視したことである。宣教師たちによればキリスト教の民衆への布教は、家庭内の妻となり母となる女性教育からはじめるべきだとする確信によるものであった。近代女性解放運動の先駆者のなかにキリスト者が多くみられるのは、そのためである。

以上は宣教師たちによる洋式教育であるが、一八八六年九月には国立の洋学校として育英公院《ユギョンゴンウォン》が設立された。アメリカの神学校を卒業したハルバート（Homer B. Hulbert）をはじめとする三人のアメリカ人教師を招聘して、両班子弟のなかから英語を話せる高級官僚を養成するのが目的であった。この学校は一八九四年ごろに廃止されるまで約八年間もつづいたが、やはり両班エリートの子弟たちは新しい洋式教育になじまず、見るべき成果を収めることができなかった。

朝鮮における新しい教育が制度的に整備されたのは、一八九四〜一八九六年の甲午改革のときであるが、その土台になったのは、宣教師たちによる教育活動であった。以上みてきたようにアメリカは外交および教育の面で、キリスト教国＝西洋にたいする斥邪＝斥和の思想で凝り固まっていた「洋夷」アレルギーを解消させる先駆的役割を果たした。

しかし朝鮮が先進的な西洋文明を受容するためには、その受け皿として内政改革を先行しなければならない。一八八四年の甲申政変が三日天下で失敗し、それから一〇年間の空白があってようやく甲午改革に着手したのが一八九四年、日本の明治二七年であった。

衛正斥邪派の反西洋的思想の壁を突破するのに、あまりにも時間がかかりすぎた。それだけ思想界ばかりでなく、一般民衆にたいするオピニオン・リーダーとしてのかれらの影響力は大きかった。

二

「人乃天」の東学思想

いま韓国には天道教《チョンドギョ》という宗教団体がある。その前身が東学《トンハク》である。民衆宗教としての東学を一八六〇年四月に創始したのは、慶尚道慶州の没落両班崔済愚（号水雲、一八二四〜一八六四）であった。東学が出現した背景を簡単にのべることにしたい。

その対内的背景として、朝鮮王朝の末期的諸矛盾の噴出による社会的不安があった。安東金氏《アンドンギム》の勢道《セド》政治のもとで、一八一一年の平安道を席巻した洪景来《ホンギョンネ》の乱があり、政府軍にたいする農民軍のはげしい戦いが数カ月もつづいた。

その後も大小の民乱《ミルラン》が、ほとんど毎年頻発しており、一八六二年二月に慶尚道晋州で端を発した壬戌《イムスル》民乱は、三南地方（慶尚道、全羅道、忠清道）の各地に拡散した。政府も武力行使を控えて各地に宣撫使《ソンムサ》を派遣し、地方官を処罰して事態の収拾をはからざるをえなかった。その時代は「民乱の時代」として位置づけられている。

民衆は何を拠りどころにして、この「民乱の時代」を生きていくのか、五里霧中であった。天主教徒たちが殺人的な弾圧にもめげず、山間僻地に身をかくしてキリスト教に帰依したのも、無理からぬことであった。

対外的背景としては、一八六〇年の英仏連合軍による天津、北京への侵入がある(第二次アヘン戦争)。朝鮮の首都ソウルと北京とは燕行使《ヨンヘンサ》の往来によって直結しており、しかも国内に天主教問題をかかえていたので、西洋列強の脅威を深刻に受け止めざるをえなかった。

崔済愚は長い間全国を放浪し、思想的遍歴の末、「保国安民」の宗教として東学を創始した。その教理を説いた経典として、知識階級のための漢文による『東経大典』と、漢文を読めない庶民や女性たちのために、朝鮮固有のハングル歌辞文体で書いた『龍潭遺詞《ヨンダムユサ》』がある。

東学とは「西学」(天主教)に対抗する宗教として命名した。と同時に儒教や仏教も「儒道、仏道累千年に、運また尽きたるか」(『龍潭遺詞』教訓歌)と、すでに「保国安民」には役立たなくなったと否定した。

かれが唱えた東学の宗旨は、「人すなわち天」(人乃天)、「天心すなわち民心」(天心即民心)の天人一如の思想である。

かれが対外および対内的危機から「保国安民」する道は、貴賤、貧富、長幼、男女の差別を超えた「人乃天」の信仰によって、「億兆蒼生が同帰一体」の地上天国を実現することにあると説いた。来世に魂の救済を求める来世主義ではなく、現世変革の世直しの宗教である。

被支配階級のなかに「人乃天」の信仰が普及することは、儒教を立国の理念とする王朝体制そのものの危機を意味する。崔済愚は一八六四年三月、「惑世誣民」（世をまどわせ、民をあざむく）の罪で、大邱《テグ》で処刑された。

第二代道主は、雇農出身の崔時亨《チェシヒョン》（一八二七〜一八九八）であった。かれは官憲の追跡を避けるため、東学徒の家を転々としながら布教に努めた。そして教勢は慶尚道から忠清道、全羅道、江原道へと拡散した。

崔時亨は教団の基礎単位としての包《ポ》に教徒たちを束ね、いくつかの包を統率する接《チョプ》主《チュ》を置き、教団全体を統率するのが道主であった。

官憲は「東学徒」の摘発を口実に迫害と収奪行為を正当化した。各地では官憲の横暴に抵抗して「教祖伸冤《しんえん》」（教祖の無実の罪を晴らす）を要求して、公然と集会を開いた。政府の武力的圧力による解散要求にたいし、とりわけ全羅道の全琫準《チョンボンジュン》、孫和中《ソンファチュン》、金開男《キムゲナム》らの接主たちはそれに対抗する東学農民の武装化の問題を提起した。

古阜民乱から農民戦争へ

一八九四年の日清戦争の原因になった東学農民戦争は、九四年二月の全羅道古阜郡《コブグン》の民乱からはじまった。当時の郡守趙秉甲《チョビョンガプ》の苛斂誅求《かれんちゅうきゅう》に反対して千余名の農民が郡庁に押しかけ、横領米を農民に分配し、武器庫を破壊して火縄銃や刀槍などを押収し、農民を武装させた。その指導者が農民の子弟にたいする訓学を業としながらほそぼそと農業を自営していた全琫準（一八五四〜一八九五）で、かれは東学徒に属し、別名緑豆《ノクト》将軍と愛称された。

全琫準の古阜民乱に、全羅道の東学組織から接主孫和中、金開男が合流することによって、局地的な古阜民乱が全面的な農民戦争に発展した。そのスローガンは「逐滅倭洋」（日本と西洋を駆逐する）、「滅尽権貴」（封建的特権階級の打倒）、「駆兵入京」（農民軍を率いてソウルに進撃する）であった。

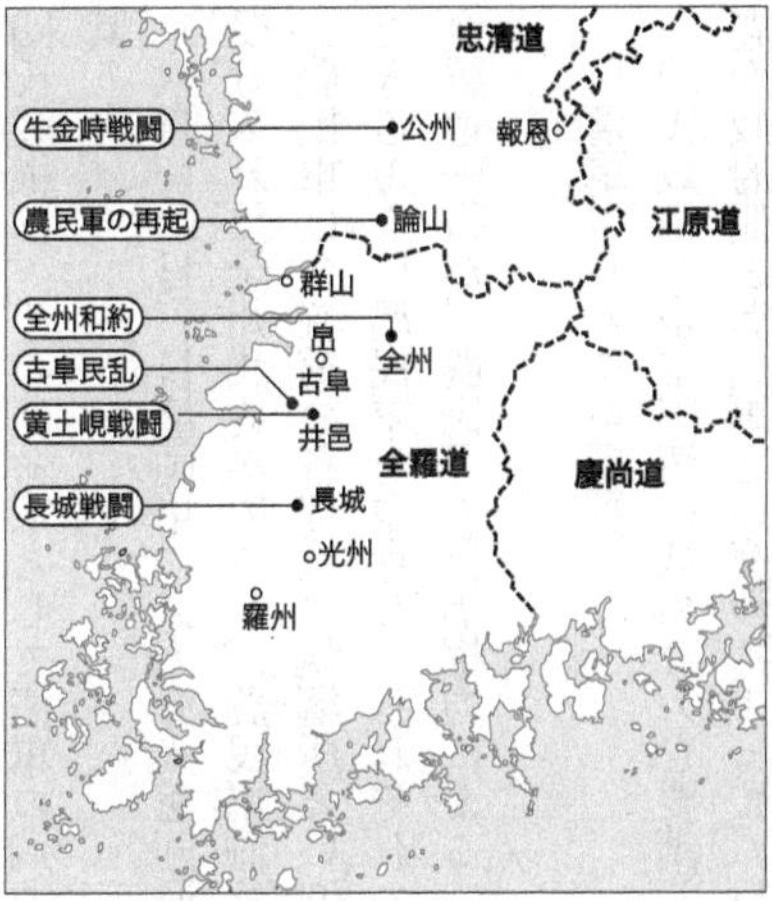

東学農民戦争関連地図

政府の中央軍と地方軍（全州営兵）は連合して農民軍を追撃したが、これを黄土峴《ファントヒョン》（全羅北道）、長城《チャンソン》（全羅南道）の戦いで撃破し、五月三一日には全羅道の首府全州《チョンジュ》に入城した。全羅道は朝鮮第一の穀倉地帯である。

政府の中央軍や地方軍からは脱走兵が続出し、農民軍のソウル進撃を阻止するほどの兵力を持っていなかった。

閔氏政権は、その延命策として清軍の武力介入を要請し、それに対抗して日本軍も出兵した。

六月一〇日、日清両軍の武力介入を回避するため、政府側は農民軍の弊政改革案を受け入れて全州和約が成立し、農民軍側は全州城から撤退した。

農民軍は全羅道の各郡県に執綱所という農民の自治機関をつくって、いつでも再起できるように農民軍を温存し、それぞれの地域の弊政改革に着手した。いいかえれば全羅道一帯が、農民軍の自治権力による「解放区」となったのである。

日清軍の介入と日清戦争

閔氏政権が宗主国清の武力介入を要請したことが日本軍出兵の口実となり、国内問題を政府側と農民軍との交渉によって、自主的に解決することが不可能となった。それまでのいきさつを垣間見たい。

すでにのべたように、甲申政変後の一八八五年、日清間の天津条約によって日清軍は朝鮮から撤退した。その条約には、一方側が朝鮮に出兵するときは、相手国に通報する規定があった。

当時朝鮮には袁世凱が総理交渉通商事宜として駐在し、朝鮮の内政および外交に干渉していた。閔氏政権の中心人物であった兵曹判書閔泳駿《ミンヨンジュン》は袁世凱と結託して高宗を説得し、清軍の出兵を要請したのが六月三日。早くも六月一〇日前後には二八〇〇名の清軍が、忠清道の牙山湾《アサンマン》に上陸して成歓《ソンファン》に進出した。日本が清国から出兵の通告を受けたのが六月六日。翌七日に日本も出兵を通告した。日本はそのことを予想して、すでに六月五日には広島に大本営を設置して動員体制をつくっていた。

日本軍は、清軍が牙山湾に上陸を開始した六月九日には四二〇名の陸戦隊をソウルに進駐させ、つづいて大島義昌少将が率いる混成旅団が仁川に上陸した。つまり日本軍は首都を制圧したのである。

ところがすでに六月一〇日、朝鮮の政府側と農民軍側との間には全州和約が成立している。朝鮮政府は日清両軍の同時撤退を要求したが、日本は朝鮮の「内政改革」を持ち出して撤退を拒否した。

日本が宣戦布告をしたのは八月一日。その前の七月二五日には豊島沖で清国艦隊に先制攻撃を加え、陸上でも七月二九日、忠清道成歓に進出した清軍を攻撃した。いずれも日本軍が勝利した。

宣戦布告後の九月一六日には平壌で清軍を破り、海上でも黄海海戦で勝利をおさめた。戦線は中国本土に移り、日本軍は遼東半島の大連、旅順を占領し、日本海軍は山東半島の威海衛の北洋艦隊に壊滅的な打撃をあたえた。

日本軍に連敗した清国は講和を求め、一八九五年三月からの講和交渉が四月一七日に妥結した(下関条約)。この条約によって江華島条約以来の日本の懸案であった朝鮮と清国との宗属関係を絶ち、それに依存して延命してきた閔氏政権は倒れた。

その間農民軍の動向はどうであったか。日清両軍にたいする閔氏政権の対応を注視してきた農民軍は、一八九四年一〇月からソウルへの進撃を決意し、そのためには、どうしても忠清道首府公州《コンジュ》を突破しなければならない。

ところが東学党内も二派に分かれ(忠清道の東学組織を北接、全羅道のそれを南接という)、忠清道の報恩に本拠を置く第二代道主崔時亨を中心とする北接は、全琫準を中心とした南接の武闘路線に批判的であった。ようやく公州攻撃を目前にして南接と北接の合流が実現し、北接からも孫秉熙《ソンビョンヒ》が率いる農民軍が参加したが、その主力は忠清道論山《ノンサン》に本営を置く全琫準部隊であった。

ところが公州城に配置された政府軍には、その中核として日本軍独立第一九大隊が参加した。農民軍は数的には優位を占めたが、その武器は火縄銃と刀槍であった。

一八九四年一一月四日から七日間にわたって、公州の防衛前線である牛金峙《ウグムチ》をめぐる攻防戦は熾烈をきわめ、ついに農民軍は敗退した。政府軍は敗走する農民軍を各個撃破しながら、全羅道西南端まで掃蕩作戦を展開した。計り知れないほどの人が殺傷され、民財が焼失した。もちろん全琫準も一八九四年一二月に逮捕され、翌九五年四月ソウルで処刑された。

九五年四月一七日の下関条約で、日本は清に遼東半島、台湾、澎湖諸島の割譲を約束させたが、その直後の四月二三日、ロシアはフランス、ドイツとともに遼東半島の還付を要求した。三国干渉である。その後朝鮮と満州問題をめぐる日露間の対立がつづき、朝鮮は両大国間の駆け引きに振り回されるようになった。大国に挟まれた小国の悲劇である。

甲午改革とその挫折

甲午改革とは甲午年（一八九四年）の七月から、一八九六年二月までの近代的改革をいう。日清戦争における日本の勝利を背景におこなわれた改革事業は、日本側の干渉のためいろいろな制約はあったが、少なくとも封建的な旧体制が解体され、政治、経済、社会、教育の各分野で「近代」を刻印する大きな変貌を遂げた。ただ残念なことには短期期間のうちの拙速による欠陥も多く、その成果が十分定着する前に挫折してしまった。

日清戦争がはじまる直前の一八九四年七月二三日、日本軍は大院君派と閔妃派の対立を利用し、大院君をかつぎ出してクーデターを起こし、景福宮を占領した。

七月二七日、金弘集《キムホンジプ》（号道園、一八四二〜一八九六）を首班とする軍国機務処が設置され、改革事業がはじまった。その中心メンバーは金弘集をはじめ金允植、魚允中、兪吉濬など、甲申政変には参加しなかった開化派系の政治家であった（第二次金弘集政権）。

甲午改革の中心人物である金弘集の経歴についてみておきたい。

かれは一八六八年に科挙の文科に合格し、一八八〇年には第二次修信使として訪日した。そのとき駐日清国公使何如璋《かじょしょう》と、朝鮮の外交および通商問題を論議した内容をまとめた参事官黄遵憲の『私擬朝鮮策略』を、国王高宗に伝えた。その内容は朝鮮にとって最大の脅威は日本ではなく北方のロシアである。それを防ぐため「親中国・結日本・連米国」こそが上策である、西洋諸国のなかでは、とくにアメリカとの修交を勧める。またキリスト教も儒教と同じく人に善を勧めることだから、排斥すべきではない、というものであった。

かれは衛正斥邪派の儒者たちの猛烈な弾劾をうけたが、これが西洋諸国のなかでさいしょにアメリカと修交するきっかけとなった。かれは訪日したとき、江華島条約後はじめて日本に密航し、明治維新後の日本の変貌を観察していた李東仁《イドンイン》という開化僧を知るようになり、つれて帰った。金玉均、朴泳孝らは李東仁から日本の情報を知り、明治維新後の日本の変革に強い関心を寄せるきっかけとなった。このように金弘集は当時の朝鮮の政界で、知日派の第一人者であった。

本来甲午改革の中心となったこれらの開化派は、中体西用的（中国の伝統を基本とし、西洋の技術を用いる）な清国の洋務運動を、朝鮮改革のモデルと考えてきた改良的開化派であった。ところが日清戦争における清国の連敗は、洋務運動による近代化の限界をさらけだす結果となった。したがって変法的コースをとらざるをえなかった。

清国でも康有為、梁啓超らが、「中体」＝祖法の変更による変法運動を起こしたのは、老大国清国の敗北によって、それまでの中体西用的な洋務運動の限界を知ったからである。

一八九四年一二月には、七月のクーデターのときかつぎ出された大院君が政界から隠退し、軍国機務処を議政府《ウイジョンブ》に改め（のちに内閣に改称）、甲申政変のとき日本に亡命していた朴泳孝、アメリカに亡命していた徐光範をも入閣させ、金弘集、朴泳孝の連立政権をつくった（第二次金弘集政権）。

一八九五年八月に朴泳孝（内部大臣）は政敵の誣告《ぶこく》によって王妃殺害をたくらんだ「謀逆犯人」とされ、日本に亡命してのち、第三次金弘集政権が成立したが、改革事業は頓挫せざるをえなかった。

ここでは改革事業の全貌についてのべる余裕がないので、一八九五年一月七日、国王が王世子および文武百官を率いて歴代国王の位牌を奉安する宗廟に参拝したとき、清国との宗属関係を断つことを奉告した独立誓告文とともに、内政改革の大方針を示した「洪範十四ヵ条」を宣布した。それをかかげる。

①清国に依附する慮念を断ち、自主独立の基礎を確建する。

②王室典範を制定し、以て大位（王位）継承と宗戚分義（宗親と外戚の区別）を明らかにする。

③大君主は正殿に出御して政事を視、国政は各大臣と親しく詢議して裁決し、后嬪宗戚が干預することを許さない。

④王室事務と国政事務は須《すべか》らく分離して、相混合することなからしむ。

⑤議政府と各衙門の職務権限を明らかに制定する。

⑥人民の出税はすべて法令定率に由り、妄りに名目を加え、濫《みだ》りに徴収することなからしむ。

⑦租税の課徴と経費の支出は、すべて度支衙門（財政省）に由り管轄する。

⑧王室費用を率先して節倹し、以て各衙門および地方官の模範となす。

⑨王室費および各官府費用として年間予算を作成し、財政基礎を確立する。

⑩地方官制を早急に改定し、以て地方官吏の職権を限定する。

⑪国中の聡明な子弟を広く外国に派遣し、学術と技芸を伝習させる。

⑫将官を教育し、徴兵法を用い、軍制基礎を確立する。

⑬民法と刑法を厳明に制定し、濫りに監禁または懲罰することを禁じ、以て人民の生命と財産を保全する。
⑭人を用うるに門閥および地閥にかかわることなく、士を求むるに朝野にあまねく及び、以て広く人材を登用する。

「洪範十四ヵ条」は、一〇年前の甲申政変のとき開化派が発表した新政綱の基本精神を発展させた内容になっている。一八九六年二月、第三次金弘集政権が倒れ、甲午改革は挫折した。その発端は一八九五年一〇月八日の閔妃暗殺事件であった。

閔妃暗殺とその波紋

日清戦争の下関条約後、すでにのべたようにロシアの主導による三国干渉があった。金弘集政権の親日的改革政策に批判的な守旧派のなかには、ロシアに接近して日本の勢力浸透を阻止しようとする「引俄拒倭」（「俄」はロシア）の傾向が強まった。日本はその黒幕を閔妃と考えた。

一八九五年八月に、井上馨に代わって日本公使に就任した三浦梧楼（陸軍中将）は、ソウルに赴任して以来外交活動を一切せず閔妃を暗殺する計画を立てた。

一〇月七日の夜から八日の未明にかけて、日本守備隊、公使館員、大陸浪人たちは、朝鮮軍の訓練隊と合流して大院君をかつぎ出し、景福宮に侵入した。当時ソウルの朝鮮軍には、日本人教官を配属していた訓練隊と、アメリカ人教官を配属していた侍衛隊があった。景福宮に進入した日本人グループの一部は王妃の寝殿である玉壺楼に侵入し、閔妃を殺してその死体を焼き払った。その現場を目撃した侍衛隊のアメリカ人教官と、ロシア人の電気技師が、その下手人が日本人であることを証言した。

この問題が国際化することを恐れた日本政府は、急遽外務省の政務局長小村寿太郎を派遣して、事件に加担した者たちの口を封じるため、三浦をはじめ首謀者四八名を広島に護送し、拘致した。ところが翌年一月二〇日の裁判では証拠不十分で無罪放免となった。まったくの茶番劇である。

国内では反日感情の高まりのなかで、儒教界の重鎮柳麟錫《ユインソク》（号毅庵、一八四二〜一九一五）をはじめ衛正斥邪派の儒者たちの呼びかけで、地方の各地で武装した義兵《ウイビョン》部隊の活動がはじまり、親日的な地方官や日本商人を襲撃した。

一八九六年二月一一日、国王高宗は景福宮を脱出してロシア公使館に保護を求めた。そして金弘集政府の閣僚を逮捕、処断するよう呼びかけた。民衆たちの手によって金弘集、魚允中らは殺され、一時身をかくしていた金允植は済州島に流配され、兪吉濬ら一部は日本に亡命した。

一八八四年の甲申政変に次ぐ、開化派の第二回目の惨憺たる結末である。閔妃暗殺事件の全貌と登場人物については、角田房子氏のノンフィクション『閔妃暗殺』（新潮社、一九八八）にくわしい。

三

『独立新聞』と独立協会

一八八四年一二月に「三日天下」でおわった甲申政変も、一八九四年七月～一八九六年二月までの甲午改革も、その改革を下から支える大衆的基盤が弱かったのが、もっとも大きな欠陥であった。いいかえれば両班エリートの少数派に属する開化派の思想が、大衆のなかに浸透しなかったために、「上からの改革」に終始してしまった。

甲午改革が失敗してのち親露的な守旧派政権が登場し、逆コースへの道を歩みだした。しかし甲午改革の成果を完全には抹殺できないから、その政治は旧制を根本としながら、新政をも参酌する（「旧本参新」）という、中途半端な性格のものであった。

一八九六年四月に創刊された『独立新聞』と、同年七月に創立された独立協会は、開化思想を大衆化して守旧派による逆コースを食い止め、甲午改革の成果をさらに発展させる歴史的使命を担って登場した。その中心人物は、徐載弼、尹致昊《ユンチホ》、李商在《イサンジェ》などであるが、そのなかでも徐載弼（一八六四～一九五一）が果たした役割が大きい。

徐載弼

　かれは一八八二年に科挙に合格し、開化派に加担して一八八三年には日本の陸軍戸山学校に留学した。帰国したかれは、甲申政変には士官長として参加し、新政府では兵曹参判として軍事部門を担当した。

　政変失敗後は日本を経由してアメリカに渡り、苦学しながらジョージ・ワシントン大学医学部に学び、医学博士の学位をとった。またアメリカの市民権を得て、その名をフィリップ・ジェーソン（Philip Jaisohn）とした。

　かれが朴泳孝の要請をうけて帰国したのが九六年初め、すでに朴泳孝は日本に亡命した後であり、兪吉濬をつうじて新聞発行の資金として国庫補助金五〇〇〇円を獲得した。

　一八九六年二月に金弘集政権が倒れたときかれが痛感したのは、改革運動を下から支える大衆啓蒙を先行させることがいかに切実であるか、そのことであった。甲午改革が潰れて兪吉濬も日本に亡命したが、『独立新聞』だけは残った。兪吉濬と徐載弼とは、日本およびアメリカ留学の体験を共有している。

『独立新聞』以前にも純漢文の『漢城旬報』、国漢混合文（ハングルと漢字の混合）の『漢城旬報』はあったが、『独立新聞』は純ハングルによるものであった。いうまでもなく漢文を読めない庶民および女性層のなかに民権思想を浸透させるためであった。そして従来両班階級が蔑視してきたハングルこそ「国文」として普及させた。

『独立新聞』が一八九六年四月に創刊されたのにつづいて、七月には独立協会（会長安駉寿《アンギョンス》）が創立された。『独立新聞』は独立協会の活動をバックアップし、その運動を先導する機関紙的役割を果たした。

独立協会は朝鮮が清との宗属関係を清算した独立国であることを内外に宣言し、ソウル西大門にあった清皇帝の勅使を迎える迎恩門を独立門、慕華館を独立館に造りかえるための募金活動を展開した。

独立館では独立協会の主催のもとに、時局問題にかんする大衆討論会が定期的におこなわれた。身分的相違を超えて政治問題を自由に討論すること自体、かつての両班政治下では、想像もできないことであった。

国王は一八九六年二月以来、ロシア公使館の保護下にあった。ようやくそれから一年後の九七年二月に慶運宮（いまの徳寿宮）に還宮した。その裏門からはロシア、アメリカ公使館に通じていた。閔妃を暗殺した日本人への警戒心から、どうしても景福宮には帰れなかった。

国王にたいする「称帝建元」の上疏に応えて、一八九七年八月には清国の元号をやめて独自の元号を「光武」とし、「称帝」を天帝に告げるための圜丘壇をつくった。一〇月には清皇帝と同格の皇帝即位式を挙行し、国号を「大韓帝国」とした（以下「韓国」）。

しかし問題は形式ではなく、その内容である。独立協会の討論会では、対内的には専制君主制を立憲君主制に変える問題、身分的差別に反対する民権伸長と教育の近代化の問題、対外的には国権擁護と利権反対などが論議された。

一八九八年にはいると、独立館内での討論会が街頭での討論集会（万民共同会《マンミンゴンドンフェ》）に発展し、親露的守旧派政府を批判する政治集会の性格をもつようになった。初期の独立協会に参加していた開明的官僚はしだいに脱落し、一八八四年の甲申政変の系譜を引く開化派の徐載弼、尹致昊、李商在らが独立協会運動の主導権を握るようになった。

官民共同会と「献議六条」

一八九八年は独立協会の主導による「下からの」改革運動が、最高潮に達した時期であった。当時独立協会に対立する親露的守旧派の中心人物は、趙秉式《チョビョンシク》、閔種黙《ミンジョンムク》であった。

独立協会の対外的な闘争目標は、三国干渉後に浸透してきたロシアの勢力を排除することであった。韓国政府の軍事および財政顧問がロシア人であり、露韓銀行が置かれていた。独立協会は万民共同会を開催して、ロシア人顧問の解雇と露韓銀行の撤収を迫った。

政府はロシア人顧問の国外退去を約束するとともに、アメリカ国籍の徐載弼の国外退去をも要求した。かれは『独立新聞』の続刊を尹致昊に任せて帰米せざるをえなかった。

対内的な国政改革の中心問題は、従来国王にたいする元老大臣の諮問機関であった中枢院を議会に改造し、国政に民意を反映させることであった。

一八九八年一〇月にはいって守旧派政権の代わりに、開化派朴定陽《パクチヨンヤン》（議政署理）、閔泳煥《ミンヨンフアン》（軍部大臣）を中心とする新しい政府が成立した。一〇月二九日ソウルの鍾路《チヨンノ》街では、一万名余りの青年、学生、市民が集まり、政府高官も参加する官民共同会（政府閣僚と市民の共同集会）が開かれた。ここで国政改革にかんする「献議六条」を可決し、政府は国王の裁可をうけることを約束したのである。官民間に合意した「献議六条」の内容は、つぎのとおりである。

①外国人に依存せず、官民が協力して専制皇権を強固にすること。

②鉱山、鉄道、石炭、森林の利権、外国人の借款および借兵ならびに、外国人との約

条の締結は、政府の各部大臣と中枢院《チユンチユウオン》議長が共同協議して署名捺印しなければ、施行しえないこと。

③国家財政はもちろん、いかなる租税も度支部（財政省）でいっさい管轄し、他府県および私会社がこれに干渉してはならず、予算と決算を人民の前に公開すること。

④今後、重大罪人は別に公判をおこなうが、被告に徹底的に説明し、自服（自らが納得）してのちに執行すること。

⑤勅任官は皇帝陛下が政府にはかり、過半数の協賛を得たのちに任命すること。

⑥章程を実践すること。

六カ条の内容について、その背景を説明することは長くなるので省きたいが、要するに国内外政策において公私混同、恣意的な皇帝権の行使に歯止めをかけることであった。そのなかで①と⑥については若干のコメントを加えたい。まず①の「専制皇権」について見ることにしたい。

一八九七年一〇月に、従来の「国王」を、清皇帝と同格の皇帝即位式を挙行したことは、先にのべた。それはロシアや日本の皇帝とも同格の意味をもつ。したがって①の「専制皇権」とは、それらの国の皇帝とも同格の地位を強固にすること、換言すれば国権擁護と理解すべきであろう。

つぎに⑥の「章程」のことである。じつは一〇月二九日の公開的な官民共同会の前に、朴定陽政府と独立協会の代表との間で、決議案についての協商がおこなわれている。そのなかに「章程は外国の議会規則にならって中枢院で起案し」というくだりがある。

つまり「章程」とは、外国の議会規則にならって、従来の国王にたいする諮問機関であった中枢院を議会に改造するための議会規則のことである。

この第六条こそ専制君主制から立憲君主制に移行する政体変革にかんする問題であり、守旧派ともっとも鋭く対立する争点であった。

中枢院を議会に改造する内容は、官選および民選議員それぞれ半数の二五名、合わせて五〇名をもって議会を構成するというものであった。朴定陽政府は官民共同会での約束どおり、一一月五日まで独立協会から二五名の民選議員を選出するよう通告した。

もちろん官民共同会で決議した「章程」の内容は、官民間の妥協による不徹底なものであるが、完全な議会政治への過渡的な形態として大きな意味をもつ。

本来君権と民権とは対立するものであり、立憲君主制とは両者間の妥協のうえに成立する。革命的手段で君権を打倒し、共和制にしない限り、民権を全面的に実現することは不可能である。

一八九六年七月に創立された独立協会は、『独立新聞』の言論に支えられて市民大衆を動員し、ようやく国政の一角に民意を反映させる議会政治への突破口を切り拓くことができた。朝鮮の民衆が初歩的ではあるが、独立協会運動をつうじて言論、出版、集会、結社の威力を体験したことは、かつてなかったことである。ところが守旧派権力は、容易に引きさがらなかった。

開化と守旧の激突――独立協会と皇国協会

独立協会では一一月五日の民選議員の選出のため、その準備にあわただしかった。ところがその前日の四日、趙秉式、閔種黙らの守旧派は朴定陽政府を倒して権力を握り、国王に独立協会が「変国制　為共和政治」(君主制を変えて共和政治にする)の反逆行為をたくらんでいると誣告した。国王はただちに依法処断せよと詔勅をおろし、独立協会の指導的幹部李商在をはじめ一七名を逮捕した。

と同時に万民共同会をつぶすための大衆動員をかけた。その大衆とは、褓負商《ホブサン》(行商のギルド団体)によって組織された皇国協会であった。その総指揮者は十三道負商都班首の吉永洙《キルヨンス》、副指揮者は、一八九四年に上海で金玉均を殺した洪鍾宇であった。

独立協会と皇国協会との間には、一二月二五日まで集団的暴力による攻防戦が、ソウル城内外で展開された。国王はその中間で、ときには独立協会に加担し、ときには皇国協会に加担し、あるいは仲裁するなど、優柔不断がつづいた。

国王はさいごの決断をおろす前に、各国公使（日、露、米、英、独、仏）の諮問をうけた。その場合、国王がもっとも懸念したのは日本であった。なぜなら当時、独立協会と人脈的、思想的につながっている朴泳孝、兪吉濬をはじめ、甲午改革のときの開化派の生き残りが少なからず日本に亡命していたからである。だから独立協会問題にたいする日本の介入を恐れた。ところが日本公使加藤増雄はそういう懸念を否定して、つぎのように具申している。

帝国政府ハ断然右亡命者連ヲ関東ニ退去セシメ、其行動ヲ充分抑制シ置キタルコトヲ言上シ、帝国政府ガ民会（独立協会）ニ左袒セルヤノ疑念ヲ除クヲ得タリ（『日本外交文書』第三十一巻第二冊。読みやすいよう、句読点を補った）。

国王は一二月二五日、独立協会および万民共同会の「悖乱」行為の一一罪をあげて、内部（警察）と軍部に徹底弾圧を命令した。

かえりみれば一八九八年一〇月二九日、鍾路街でおこなわれた独立協会と政府の参加による官民共同会から一二月二五日まで、立憲君主制をめぐる守旧派と改革派との間に、息づまるような攻防戦が展開され、ついに改革派は敗北した。

独立協会の地方支会は、平壌をはじめ一部の地方都市にあった。ところがソウルに呼応した万民共同会のような大衆行動が伴わなかった。そのため弾圧権力のソウル集中を許してしまった。また本来、独立協会運動は都市市民中心の運動であった。だから一八九四年の東学農民戦争でみせた農村の反体制エネルギーと結合できない限界があった。

以上のようにして甲申政変→甲午改革→独立協会とつづく内政改革のための開化運動はいずれも失敗し、その反動として一八九九年八月に『大韓帝国国制』が制定された。その第二条は韓国の政治は「万世不変の専制政治である」、第三条は韓国皇帝は「無限の君権を享有する」などとうたいあげている。

日露戦争後の一九〇五年一一月、伊藤博文が韓国皇帝に、「保護条約」（第二次日韓協約）の裁決を迫ったとき、皇帝は閣僚をはじめ「一般人民の意向」をも問わなければと、即答を避けた。伊藤はすかさず「君主専制」を逆手にとって、貴国は「万機総て陛下の御親裁に決すと言ふ所謂君主専制国にあらずや」と、あくまでも皇帝自身の決断を迫ったものである。

四

日露戦争と韓国

日露戦争は文字どおり日本とロシアとの戦いであって、韓国（大韓帝国）にとって両国とも敵対国ではなかった。

日清戦争後の一八九五年四月、日本にたいしてロシアの主導による三国干渉があって以来、満州・韓国にたいする優越権をめぐって日露間の対立がつづいた。この日露間の対立には、東アジアにおける英露間の対立が絡み合った。イギリスはロシアの南進政策を阻止するため韓国にたいする日本の優越権を支持して、ロシアに対決する日本と、一九〇二年に日英同盟を締結した。

日露間の対立がしだいに戦争への道にエスカレートした一九〇四年一月二〇日、韓国政府は日露両国にたいする局外中立を内外に宣言した。

日本がロシアに宣戦布告をしたのが一九〇四年二月一〇日。その前の二月八日、日本軍第一二師団の先遣隊二千余名が仁川《インチョン》に上陸してソウルを制圧し、中立港であった仁川に停泊中のロシア軍艦二隻を撃沈して日露戦争ははじまった。

日本の圧倒的な武力によって韓国の中立宣言が踏みにじられたばかりでなく、二月二三日の「日韓議定書」によって、日本政府に「軍略上必要ノ地点ヲ臨機収用スルコト」を約束させられた。

仁川上陸の第一二師団を加えた日本第一軍は鎮南浦《チンナムポ》（大同江の河口）に上陸し、五月には鴨緑江《アムノッカン》を越えて、戦線は中国東北地方に移った。日本軍の兵站基地となった韓国には、一九〇四年四月に韓国駐箚軍《ちゅうさつぐん》を置いて前線への兵力および軍需品の補給と治安警察権を行使した。

そのうえで一九〇四年八月の「第一次日韓協約」によって、韓国政府は日本政府が推薦する財政顧問（目賀田種太郎）および外交顧問（親日的アメリカ人スチーブンス）を傭聘《ようへい》することを約束させられた。財政、外交のほかにも宮内庁、軍部、警務に日本人顧問が配置され、「顧問政治」がはじまった。

日露戦争は日本軍の勝利に終り、一九〇五年九月五日にポーツマス講和条約が調印された。その前の〇五年七月にアメリカは「桂・タフト協定」でフィリピンにたいするアメリカの支配を日本が承認し、八月には第二次日英同盟によって清国におけるイギリスの特殊権益を日本が承認する代わり、アメリカとイギリスは韓国にたいする日本の「指導、監理及保護ノ措置」を認めた。東アジアにおける帝国主義間の植民地分割である。

一九〇五年一一月に全権大使伊藤博文が訪韓して、「第二次日韓協約」（以下「保護条約」）の締結を強制した。皇帝高宗が言を左右にしてその承認を拒否すると、伊藤は駐韓公使林権助ほか、韓国駐箚軍司令官長谷川好道、憲兵隊長小山三己を率いて韓国閣僚会議に押しかけ、憲兵隊包囲のなかで個人審問によって採決を迫った。さいごまで抵抗する参政大臣（首相）韓圭卨《ハンギュソル》を室外につれ出し、李完用《イワニョン》（学部大臣）をはじめとする五人の大臣の「可」をとって（乙巳《ウルサ》五賊《オジョク》）、一一月一七日の調印にこぎつけた。したがってこの「保護条約」は、韓国の皇帝も首相も承認していない。

「保護条約」によって韓国の外交権は日本外務省に移り、ソウルにあった各国公使館は撤収され、領事館だけが残った。一九〇六年二月に開設された統監府の初代統監が、伊藤博文であった。

一九〇七年六月、オランダのハーグで第二回「万国平和会議」があった。高宗は李《イ》相卨《サンソル》ら三名の密使をロシア経由で派遣し、「保護条約」の無効を訴えようとした（ハーグ密使事件）が、外交権がないため参加を拒否された。

伊藤はこれを口実として李完用政府と、日本の黒竜会の内田良平を顧問とする「一《イル》進会《ジンフェ》」に圧力をかけて高宗を退位させ、七月に朝鮮王朝さいごの純宗（在位一九〇七〜一九一〇）が即位した。同時に「第三次日韓協約」を締結した。この新協約によって韓国政府の各省の次官に、統監の政治統制をうける日本人官僚を配置した（次官政治）。したがって統監は、韓国政府の外交ばかりでなく内政をも統括する最高の権力者にのしあがり、韓国皇帝と政府の大臣は名目だけのものとなった。

またこの新協約の秘密条項によって韓国軍が解散され、司法分野でも大審院以下の裁判所には日本人判事、検事が、監獄には日本人の典獄（刑務所長）が任命されるようになった。

韓国の主権は一九〇七年のこの新協約によって完全に形骸化した。一九〇九年四月、伊藤博文と桂太郎（首相）、小村寿太郎（外務大臣）の三首脳が韓国併合の方針を協議し、七月には閣議決定ののち天皇の裁可をうけた。と同時に伊藤は統監のポストを副統監の曾禰《そね》荒助に譲り、韓国を去った。伊藤は従来、「保護政治」の目的が「韓国を啓発して自治能力を養成」することだとのべてきた。すでに併合方針が確定した以上、自分が出る幕ではない、と考えたのだろうか。

もちろん統監政治下での「保護」から「併合」への強行過程は、韓国人のはげしい抵抗を受けた。一九〇八年三月には、賜暇帰国中の外交顧問スチーブンスが、アメリカ・サンフランシスコのオークランド駅で張仁煥《チャンインファン》に射殺され、〇九年一〇月には伊藤博文がハルビン駅頭で安重根《アンジュングン》に射殺された。売国官僚李完用は〇九年一二月、李在明《イジェミョン》による刺傷を受けた。

反日義兵――「一国の大乱」

義兵たち

韓国末期における朝鮮民衆の抵抗について、日本では安重根による伊藤博文の暗殺だけが特筆大書されているが、じつは日露戦争後も五年余りにわたって、日本の韓国駐箚軍（これに憲兵、警察が合流）と、朝鮮民衆の義兵との間で血戦がつづいた。つまり日本はロシアとの戦争につづいて、抗日義兵との戦争をつづけたのである。

では「義兵」とは何か。韓末の言論人であり、陽明学者であった朴殷植《パクウンシク》は、亡命先の中国で書いた『韓国独立運動之血史』（平凡社東洋文庫に、姜徳相訳本がある）のなかで、つぎのようにのべている。

義兵は民軍である。国家有急のとき、ただちに義をもって起《た》ち、朝令による徴発を待たずして従軍する敵愾者である。

つまり義兵とは、国家危急のとき自ら起ちあがって武器をとった民軍のことである。かれは「義兵は、吾族の国粋である」（則義兵者、吾族之国粋也）と、その精神をたたえている。たとえば一五九二～一五九八年の豊臣秀吉の侵略のとき、だらしのない為政者や政府軍が敗走に次ぐ敗走をつづけ、ひたすら明軍の来援にすがるなかで、日本軍が占領した各地で義兵部隊が蜂起し、その侵略を食い止めた。

近代にはいっても、一八九五年一〇月の閔妃暗殺事件後、儒者柳麟錫らの呼びかけで初期義兵運動が展開された。

一九〇五年一一月の「保護条約」後、義兵再起の先駆となったのは、〇六年五月に忠清道の洪州《ホンジュ》で起ちあがった前参判（参判は内閣の次官級）閔宗植《ミンジョンシク》の義兵部隊であり、同六月に全羅道淳昌《スンチャン》で起ちあがった崔益鉉の義兵部隊であった。

崔益鉉（号勉庵、一八三三～一九〇六）は先にのべた柳麟錫とともに、李恒老《イハンノ》（号華西、一七九二～一八六八）の衛正斥邪派を代表する老儒であった。門人たちから義兵将に推戴された七四歳のかれは、日本憲兵隊に逮捕され、対馬に監禁されたまま世を去った。

義兵運動が全国に拡大したきっかけは「第三次日韓協約」の秘密条項により一九〇七年八月、韓国軍が解散されたことである。ソウルの侍衛隊、原州および江華島の鎮衛隊の一部が反乱を起こし、武器を持って兵営を脱出し、義兵部隊に合流したのである。

このときから従来の義兵部隊を統率してきた儒者や前高官出身の義兵将に代わって、

平民および解散軍人出身の義兵将の比重が多くなり、民衆と密着したゲリラ戦法が全国にひろがった。

義兵運動は統一的指揮系統によるものではなく、それぞれの地域および義兵将によって、その規模も活動様式も多様であった。したがってその全貌について、ここでのべることは省きたいが、忠清北道警務部長として義兵弾圧の一翼をになった今村鞆はその体験談のなかで、当時の日本の新聞は義兵に関する記事を、二行か三行の「暴徒」として扱っていたが、じつは「一国の大乱」であったと、つぎのように書いている(『朝鮮漫談』「暴徒の話」)。

崔益鉉

内地新聞なども、テンデ朝鮮の事は問題とせず、大朝〔大阪朝日〕、大毎〔大阪毎日〕の如き大新聞にも、一週間に一回位、暴徒の中の大きなものだけを、『何々の地に暴徒何百名襲来、討伐隊の為めに撃退せらる。死者十、銃十鹵獲、吾死傷軍隊下士以下三、警察一』と言ふ如く二、三行にて片付け、内地の人も此隣国の大事変に、同胞が惨害を蒙って居る事を、他人の事のやうに、感覚が遅鈍で少しも注意を仕なかつたが、其損害左の如く大したもので、実に一国の大乱であつた。隆熙元年〔一九〇七〕より約満二年間、暴徒の為めに蒙りたる損害概数は、左の如くである。

暴徒の死傷者　一万四千五百余名
憲兵警察軍隊の死者　日本人百二十七名　韓人五十二名
同上負傷　日本人二百五十二名　韓人二十五名
良民死者　日本人百二十余名　韓人千二百五十余名　清国人一名
良民被焼家屋　六千八百余戸
官庁類被焼家屋　五十余

右の数を見ても、如何に一大事変であつたかゞ判るが、近来来鮮した内地の人で、如斯一大事件が、二十何年前、朝鮮にあつた事を知つて居る人は恐らく幾人も有るまい。

義兵を構成する主要な階層は農民で、それに儒生、解散軍人および雑多な階層が加わった。日清、日露戦争に勝利した日本軍からみると、義兵は単なる戦争のアマチュア集団にすぎない。にもかかわらず義兵将たちの用語を借りるなら、「捨身就義」〔身を捨てて義に就く）の民族的な救国運動であった。

言論の戦い――『大韓毎日申報』

日露戦争は文字どおり日本とロシアとの戦いにとどまるものではなく、日本軍の占領のもと韓国の主権が回復不能なほど侵食された。すでにのべた一九〇四年二月の「日韓議定書」から第一次（〇四年八月）、第二次（〇五年一一月）、第三次（〇七年七月）に至るまでの「日韓協約」がそれである。

しかもそれらの奪権行為は、宮廷内の密室外交によっておこなわれた。したがって王朝末期の言論の戦いは、その密室外交の内容を暴露して民衆に知らせ、その奮起を呼びかけるものであった。しかしそれは容易なことではなかった。

すでに韓国駐箚軍（司令官長谷川好道）についてのべた。たとえば駐箚軍司令部が〇五年一月六日、韓国政府に一方的に通告して一般民衆に布告した一九項目にわたる「軍律」がある。その前言にはつぎのようにのべている。

左記ノ各項ニ該当スル罪ヲ犯シタル者及ビ従犯、教唆者、未遂犯者、竝予備、陰謀者ハ、情状ニヨリ、及ビ時態ノ必要ニ従ヒ、死刑、監禁、追放、過料又ハ笞刑ニ処ス。

ここで注目すべきは、現行犯だけでなく、疑わしき者は誰でも犯人にでっちあげられる内容になっていることである。そのなかの言論、出版、集会、結社にかんする項目は、つぎのようになっている。

集会、結社又ハ新聞雑誌、広告等其ノ他ノ手段ヲ以テ公安秩序ヲ紊乱《びんらん》シタル者。

一九〇五年一一月の「第二次日韓協約」（＝保護条約）については、すでにのべた。当時『皇城新聞』は、この密室外交の内容をスクープし、社長張志淵《チャンジヨン》の論説「是日也放声大哭」（この日こそ声を放ちて大哭すべし）をかかげて、検閲を受けずに無断で配付した。張志淵は逮捕され、新聞社は閉鎖された。

ここで登場するのが、『大韓毎日申報』であった。その主筆朴殷植はいう（前掲姜徳相訳『朝鮮独立運動の血史』一）――

『皇城新聞』は、この強圧的条約締結の真相をただちにスクープして、広く報道し、さらに「声をあげて慟哭するのは是の日であることを、悲しみをもって国民に告げる」との記事を掲げた。社長張志淵は逮捕されて警察に留置され、同社は閉鎖された。日は西におちてたそがれ、いっさいは闇となったかにみえた。

しかし、そのなかで『大韓毎日申報』がにわかに光明を放った。梁起鐸《ヤンギテク》とイギリス人ベッセルが論陣を張った。そして小生朴殷植が編集の任にあたり、保護条約締結の顚末を詳細に報道して、伊藤〔博文〕の奸策を攻撃し、世論を激発し、読者の心をかきたてた。

引用文中のイギリス人ベッセル（Ernest T. Bethell 韓名は裵説）は『大韓毎日申報』の社長となり、梁起鐸は総務として新聞社運営の総責任を担った。ベッセルを社長としたのは、イギリスが日本の同盟国であり、イギリス人には治外法権が適用されていたからである。つまり日本官憲の干渉を排除するためである。

朴殷植

かれは日露戦争中にイギリスの『デイリー・ニュース』の特派員として来韓し、あまりにも露骨な日本の侵略策動に反発して、韓国人の言論の自由を守るために社長の任務を引き受けた人物であった。

当時韓国にはその他の新聞もあったが、

『大韓毎日申報』は国内で最大の発行部数をほこり、真正面から日本の侵略政策に対抗して反日義兵運動および義兵将たちの事跡を報道し、抗日救国の啓蒙運動を展開した。

日刊紙であったこの新聞は各階層に普及するための文体として、純国文版（ハングル）、国漢混合文版（漢字とハングルの混合文）、英語版（The Korea Daily News）を発行した。

日本統監府は、この新聞をつぶすためにあらゆる手段を尽くした。その第一の目標は、イギリス外務省を動かしてベッセルを国外に追放することであった。一九〇八年五月、日本側は駐韓イギリス総領事コックバーン（Henry Cockburn）に、新聞のいくつかの記事内容をあげて告発し、領事裁判を要求した。その記事内容のなかでもっとも問題にしたのは、四月一七日付の記事「須知分《スチーブンス》砲殺詳報」であった。

スチーブンスはすでにのべたように、一九〇四年八月、「第一次日韓協約」によって日本政府の推薦により、韓国政府の外交顧問になったアメリカ人である。

賜暇帰国したかれは、一九〇八年三月二三日にサンフランシスコのオークランド駅で、張仁煥、田明雲《チョンミョンウン》に射殺された。サンフランシスコの韓国居留民団体――共立協会は、機関紙『共立新報』にその内容と裁判の過程を詳細に報道している。

『大韓毎日申報』はその記事内容を全文転載して国内に報道したばかりでなく、両義士にたいする裁判を「独立裁判」と位置づけ、その勝利をかちとるための支援を呼びかけた。日本官憲がもっとも恐れたのは、暗殺事件の韓国内への波及であった。

結局駐韓イギリス総領事館内でおこなわれた裁判で、日本側が意図したベッセルの国外追放は失敗したが、ベッセルは三週間の禁錮とその満期後の六ヵ月間の謹慎を言い渡された。かれは上海イギリス領事館で三週間服役し、韓国に帰国して六ヵ月間の謹慎中、一九〇九年五月一日に心臓病で世を去った。

日本統監府が狙ったつぎのターゲットは、いうまでもなく梁起鐸であった。その口実は、「国債報償運動」の募金横領であった。それがでっちあげであった事実は、一九〇八年九月の判決が、証拠不十分で無罪を言い渡されたことから分かる。

「国債報償運動」とは、日本の傀儡李完用政府が日本からの借款を重ねて、国債一三〇〇万円に達したため、国権回復運動の一環として、慶尚道大邱から大衆的募金による国債償還運動が起こった。これに呼応して禁煙、脱環（指環の拠出）、減膳（副食の節約による拠出）などによる募金活動が全国にひろがった。その募金総合所が大韓毎日申報社内に置かれ、梁起鐸が総務であった。

梁起鐸にたいする裁判問題は、ベッセル裁判との関連で日英間の外交問題に発展し、たとえ同盟国であるイギリスといえどもその裁判の虚構性には同調しなかった。結果は無罪放免となった。その結果がどうあれ、ベッセルと梁起鐸にたいする裁判騒動は、

『大韓毎日申報』はもちろん、「国債報償運動」にも決定的なダメージをあたえた。ベッセルは裁判問題が起こると、申報社の発行および編集人名義を、同じイギリス籍の社員マーナム（A. Marnham）に変更した。一九一〇年六月、マーナムは申報社の版権を親日派に売り渡し、日本に逃げた。『大韓毎日申報』は名称を『毎日申報』に変更し、韓国併合後の朝鮮総督府の、朝鮮語版御用新聞となった。

「韓国併合」の意味

日本が韓国併合の具体案を決定したのは、一九〇九年四月の三巨頭会談――桂太郎（首相）、小村寿太郎（外相）、伊藤博文（韓国統監）――であった。それを七月に閣議決定し、天皇の裁可をうけた。当時外務省政務局長であった倉知鉄吉は、三巨頭会談にかんする覚え書きのなかで、つぎのようにのべている。

当時我官民間ニ韓国併合ノ論少カラザリシモ、併合ノ思想未ダ充分明確ナラズ……従テ文字モ亦合邦或ハ合併等ノ字ヲ用キタリシガ、自分ハ韓国ガ全然廃滅ニ帰シテ帝国ノ領土ノ一部トナルノ意ヲ明カニスルト同時ニ、其語調ノ余リ過激ナラザル文字ヲ選マント欲シ、種々苦慮シタルモ、遂ニ適当ノ文字ヲ発見スルコト能ハズ。依テ当時未ダ一般ニ用キラレ居ラザル文字ヲ選ム方得策ト認メ併合ナル文字ヲ前記文書ニ用キタリ（小森徳治『明石元二郎』上）。

つまり「併合」とは、実質的には「韓国ガ全然廃滅ニ帰シテ帝国ノ領土ノ一部トナルノ意」であるが、「其語調ノ余リ過激ナラザル文字」を選んだかれの造語であった。王朝末期に日本侵略の先棒をかついだ「一進会」は、「日韓併合」を日本と対等の「合邦」または「合併」であると宣伝した。それを否定するものであった。

初代統監伊藤博文に次ぐ第二代統監曾禰荒助に代わって、第三代統監寺内正毅が、桂内閣の陸軍大臣現職のままソウルに赴任したのは、一九一〇年（明治四三）七月二三日であった。

その前の六月二四日、統監府は李完用政府との間に「韓国警察事務委託に関する日韓覚書」に調印し、韓国警察が統監府の管轄下に移管された。一九〇七年七月の「第三次日韓協約」の秘密条項によって、韓国軍が解散されたことはすでにのべた。

韓国警察の移管をうけた統監府の警務総監には、韓国駐剳憲兵隊司令官明石元二郎が兼任し、憲兵警察制度をつくった。各道（道は県に相当）の憲兵隊長が、その道の警察部長を兼任した。明石は日露戦争のとき駐スウェーデン日本公使館付武官として、「明石工作」といわれる対露諜報・謀略工作に従事した、その分野のベテランであるばかりでなく、一九〇八年以来韓国駐剳軍参謀長および憲兵隊司令官として、義兵運動弾圧に辣腕《らつわん》をふるった人物である。

寺内は七月二三日にソウルに赴任し、一ヵ月もたたない八月二二日には、韓国総理李完用と併合条約に調印した。すでに憲兵警察制度のもとで併合案をめぐる密室交渉の内容をスクープして暴露する新聞もなければ、それに抗議の声をあげる組織も解散され、その指導的要人たちは、すべて逮捕またはきびしい監視下に置かれた。「併合」と前後して国権回復運動の指導的メンバーの多くは、中国およびロシア沿海州に亡命した結果、国内の抗日運動の中心が、中国とくにその東北地方（満州）に移った。

寺内はその官邸で八月一六日、李完用に日本側が作成した併合条約案を手渡した。両者はこの一回だけの対面であった。それから二二日の調印までの一週間、さいごの詰めの密室交渉は、李完用の腹心である農商工部大臣趙重応《チョジュンウン》と、統監府外事局長小松緑との間でおこなわれた。

全八条からなる併合条約の第一条は、つぎのようなものであった。

第一条　韓国皇帝殿下ハ韓国全部ニ関スル一切ノ統治権ヲ完全且永久ニ日本国皇帝殿下ニ譲与ス。

それを公表したのは、一週間後の八月二九日。その間に地方の日本軍警の一部をソウル龍山《ヨンサン》に移動させ、韓国人の一挙一動をも制圧する万端の態勢をととのえたうえでの発表であった。戦前に朝鮮人は、この八月二九日を「国恥記念日」として、独立回復の決意を新たにした。

条約調印日の晩、寺内は下僚たちを招いて祝宴を開き、得意満面でつぎの一首を作ったという（小松緑『明治外交秘話』）。

小早川加藤小西が世にあらば
　今宵の月を如何に見るらむ

いうまでもなくかれは豊臣秀吉の「未完の夢」を果たしたのであり、明治初期以来の「征韓論」の懸案を解決したのである。

ところが石川啄木は、「併合」の先に何を予感したのだろうか、つぎの一首を残している。

地図の上朝鮮国にくろぐろと
　墨をぬりつつ秋風を聴く

韓国併合と併行した一九一〇～一九一一年に日本国内では「大逆事件」が起こり数百名を逮捕、一九一一年一月、反戦主義者幸徳秋水ら一二名が処刑された。

日本は日清戦争後の一八九五年、中国の一部を切り取って台湾を植民地にし、日露戦争後の一九一〇年、韓国を丸ごと植民地にした。それは陸つづきのアジア大陸へのドミノ現象を起こした。朝鮮を兵站基地にして満州事変→日中戦争→太平洋戦争とつづく「十五年戦争」の結果、一九四五年八月一五日の敗戦を迎えた。

日本政府が受諾したポツダム宣言は、その第八条でつぎのようにのべている――

「「カイロ」宣言ノ条項ハ履行セラルヘク又日本国ノ主権ハ本州、北海道、九州及四国並ニ吾等ノ決定スル諸小島ニ局限セラルヘシ（『日本外交年表並主要文書』）。

つまり台湾を植民地にした一八九五年から、一九四五年の敗戦までに広げた日本の版図は、日清戦争以前に戻った。一八九五年からの五〇年間、戦争と侵略の過程で得たものは何であり、失ったものは何であったのか。

日本の敗戦から六〇周年が過ぎた今もなお（二〇〇五年現在）、韓国・中国と日本の間にはこの戦前五〇年間の侵略と支配をめぐる「歴史認識」のトラブルがつづいている。「戦後」はまだ終わっていないのではないか。

朝鮮の歴史は一九一〇年八月二二日をもって日本史のなかに組み込まれ、地図のうえから消え去った。本書はその韓国併合の日をもって擱筆したい。

それにつづく日本の植民地支配については、朝日文庫の拙著『日本による朝鮮支配の四〇年』を参照していただければ幸いである。

あとがき

一九五〇年代前半期に、私はまだ二〇代半ばの若さで朝鮮史研究を志し、かれこれ半世紀の歳月が流れた。一九五〇年代前半期とは、私にとってどういう時代であったか。

一九四五年八月一五日、朝鮮は日本の植民地支配から解放された。それもつかの間、五年目の一九五〇年六月から五三年七月までの三年余り、朝鮮戦争によって祖国は焦土と化した。わが民族は果たして、植民地支配とそれにつづく戦争の傷痕から、立ち直れる潜在的可能性があるのだろうか。

私はその歳まで日本の「皇民化」（＝皇国臣民化）教育のなかで育ち、朝鮮史を「国史」として学んだことがなかった。あらためて朝鮮の過去を知るために、手当たり次第朝鮮関係の本を古本屋で見つけては読んでみた。朝鮮との縁が切れると朝鮮関係の本は、ゾッキ本なみの値段であった。

当時日本で入手できる朝鮮関係の本は、植民地時代に日本人によって書かれたそれだけであった。ところがそれらを読めば読むほど、民族的劣等感に追い討ちをかけるような内容のもので、それにたいする反発が、朝鮮史研究をはじめたきっかけである。それから五〇年余り、「在日」という生活上の制約もあって、研究一筋というわけにはいかなかったが、何とか細々とそれをつづけてきて、あっという間に傘寿の齢《よわい》を重ねてしまった。

もちろんその間には、戦前の植民地史観を無自覚に引きずっている研究動向への批判的研究もさることながら、私が朝鮮史をはじめたときのように、初心者にも分かりやすく、分量的にも手頃で、より良質の入門書を書けないものだろうかと、模索しつづけてきた。私の最晩年の著作として、この本を世に出すようになったことを、いかなる研究書の出版よりもうれしく思う。

朝鮮史をかえりみてつくづく思うことは、その半島的性格の故に、地つづきである中国および北東アジアのめまぐるしい変動のたびに、それに如何に対応するかが、ばあいによっては存亡を賭けるほどの大きな問題であった、ということである。日本列島が朝鮮半島や東シナ海を挟んで、アジア大陸と一定の距離を保ちえたことが、如何に幸いであったことか。つまりアジア大陸に対する距離の置き方が、半島と列島の歴史の違いを、大きく左右したといえる。

本書には日本史の基礎知識のある読者を意識して、各章に朝鮮史と日本史の簡単な比較年表をかかげて、朝鮮史のそれぞれの時代が日本史のどの時代に該当するかを知るために配慮した。また朝鮮半島の歴史が、一衣帯水の日本列島の歴史にとって如何に身近なものか、その関係史にもかなりのスペースを割いた。

本書の原稿は、二〇〇四年一月から〇六年四月まで、月刊『韓国文化』（〇五年一月から『韓半島』に改題、編集・発行人山崎順一郎）に二二回にわたって連載した内容に、「近代」の部分を追加したものである。

本書は朝日選書としては前著の『朝鮮儒教の二千年』につづいて、二冊目の本である。前著と同様、このたびも朝日新聞社書籍編集部の岡恵里さんには、一方ならずお世話になった。またこのたびの出版では、奈良ゆみ子さんに煩雑な編集および索引作成を担当していただいた。ここに誌して謝意を表したい。

二〇〇六年八月一五日　民族解放の日に

凡愚居士　姜　在　彦

索　引

凡例　本文中の主な人名、事項について、すべて日本語読みの五十音順で配列した。
人名のうち、朝鮮の王はその在位年を（　）に入れて示し、同名の中国皇帝は王朝名を（　）に入れた。

人名索引

【あ行】

【か行】

【さ行】

【た行】

【な行】

【は行】

【ま行】

【や行】

【ら行】

事項索引

【さ行】

【た行】

【な行】

【は行】

【ま行】

【や行】

【ら行】

【わ行】

本書は『歴史物語　朝鮮半島』（朝日選書、二〇〇六年）を改題のうえ、文庫化したものです。
文庫化にあたり、固有名詞等の誤りとみられる記述は、著作権継承者の了承を得て修正しました。

（編集部）

朝《ちょう》鮮《せん》半《はん》島《とう》史《し》

姜《カン》在《ジエ》彦《オン》

令和3年　3月25日　初版発行
令和6年 11月25日　7版発行

発行者●山下直久

発行●株式会社KADOKAWA
〒102-8177　東京都千代田区富士見2-13-3
電話　0570-002-301（ナビダイヤル）

角川文庫 22613

印刷所●株式会社KADOKAWA
製本所●株式会社KADOKAWA

表紙画●和田三造

ISBN 978-4-04-400641-9　C0122

◆◇◇

角川文庫発刊に際して

角川源義

第二次世界大戦の敗北は、軍事力の敗北であった以上に、私たちの若い文化力の敗退であった。私たちの文化が戦争に対して如何に無力であり、単なるあだ花に過ぎなかったかを、私たちは身を以て体験し痛感した。西洋近代文化の摂取にとって、明治以後八十年の歳月は決して短かすぎたとは言えない。にもかかわらず、近代文化の伝統を確立し、自由な批判と柔軟な良識に富む文化層として自らを形成することに私たちは失敗して来た。そしてこれは、各層への文化の普及滲透を任務とする出版人の責任でもあった。

一九四五年以来、私たちは再び振出しに戻り、第一歩から踏み出すことを余儀なくされた。これは大きな不幸ではあるが、反面、これまでの混沌・未熟・歪曲の中にあった我が国の文化に秩序と確たる基礎を齎らすためには絶好の機会でもある。角川書店は、このような祖国の文化的危機にあたり、微力をも顧みず再建の礎石たるべき抱負と決意とをもって出発したが、ここに創立以来の念願を果すべく角川文庫を発刊する。これまで刊行されたあらゆる全集叢書文庫類の長所と短所とを検討し、古今東西の不朽の典籍を、良心的編集のもとに、廉価に、そして書架にふさわしい美本として、多くのひとびとに提供しようとする。しかし私たちは徒らに百科全書的な知識のジレッタントを作ることを目的とせず、あくまで祖国の文化に秩序と再建への道を示し、この文庫を角川書店の栄ある事業として、今後永久に継続発展せしめ、学芸と教養との殿堂として大成せんことを期したい。多くの読書子の愛情ある忠言と支持とによって、この希望と抱負とを完遂せしめられんことを願う。

一九四九年五月三日

角川ソフィア文庫ベストセラー

倭人・倭国伝全釈
東アジアのなかの古代日本

鳥越憲三郎

「倭国」「倭人」は、古代中国の歴史書ではどのように記されてきたか。『漢書』から『旧唐書』まで11種の史書の倭人・倭国に関わるすべての記述を網羅。現代語で読み下し、注解と詳細な解説で明らかにする。

中国古代史
司馬遷「史記」の世界

渡辺精一

始皇帝、項羽、劉邦——。『史記』には彼らの善悪功罪の両面が描かれている。だからこそ、いつの時代も読む者に深い感慨を与えてやまない。人物描写にもとづき、中国古代の世界を100の物語で解き明かす。

大モンゴルの世界
陸と海の巨大帝国

杉山正明

13世紀の中央ユーラシアに突如として現れたモンゴル。世界史上の大きな分水嶺でありながら、その覇権と東西への多大な影響は歴史に埋もれ続けていた。大帝国の実像を追い、新たな世界史像を提示する。

イスラーム世界史

後藤明

肥沃な三日月地帯に産声をあげる前史から、宗教としての成立、民衆への浸透、多様化と拡大、近代化、そして民族と国家の20世紀へ——。イスラーム史の第一人者が日本人に語りかける、100の世界史物語。

諸子百家

渡辺精一

孔子、老子、荘子、孟子、荀子、韓非子、孫子……乱世に現れ、熱弁を振るった多数の思想家。彼らに共通するのは、誠実であること、そして根底にある人間愛だった。人柄を読み解き、思想の本質を解き明かす。

角川ソフィア文庫ベストセラー

西郷隆盛伝説　佐高　信

仇敵さえも魅了した西郷の真の姿を、荘内藩との深い関係から浮かび上がらせる。西郷を描くことで同時に、勝者の歴史には現れない埋もれた真実も照らし出す。維新とは何かをも問いかけた話題作。略年譜付き。

日英同盟
同盟の選択と国家の盛衰　平間洋一

明治維新後の日本が列強入りをした日英同盟、破滅に追い込まれたドイツとの同盟。軍事外交史研究の泰斗が日本の命運を決めた歴史的な選択を再検証。同盟国選定の要件と政策の意義から、近代外交の要諦を探る。

廃藩置県
近代国家誕生の舞台裏　勝田政治

王政復古で成立した維新政権は、当初から藩体制を廃絶しようとしていたのか。廃藩置県はスムーズに行われたのか。「県」制度を生み、日本の西洋化のスタートとなった明治の中央集権国家誕生の瞬間に迫る。

百万都市　江戸の経済　北原　進

「宵越しの銭は持たぬ」が信条の江戸っ子たちの暮らしぶりとはどのようなものだったのか。四季折々の庶民行事と祭祀、諸国への旅、富くじ……名所図会など、豊富な史料を使いつつ、江戸人の経済事情に迫る。

百万都市　江戸の生活　北原　進

熱い湯の銭湯でのやせ我慢、盛り上がる初物の売りだし日、贈答品のリサイクル――。現在の東京へとつながる江戸人の暮らしとその性格を明らかにし、いまも息づく「江戸の精神」を説き起こす江戸庶民史。

角川ソフィア文庫ベストセラー

黒船の世紀
〈外圧〉と〈世論〉の日米開戦秘史

猪瀬直樹

戦争に至る空気はいかに醸成されたのか。黒船以後の〈外圧〉と戦争を後押しした〈世論〉を、日露戦争以後多数出版された「日米未来戦記」と膨大な周辺取材から炙り出した、作家・猪瀬直樹の不朽の名著。

張学良秘史
六人の女傑と革命、そして愛

富永孝子

1901年。軍閥・張作霖の長男として生まれ、百歳で世を去った張学良が初めて語った女傑たちとの物語。蔣介石夫人・宋美齢、ムッソリーニ令嬢・エッダ、幽閉時代を支えた妻と秘書に最高の女友達との秘史。

東条英機と阿片の闇

太田尚樹

戦時宰相「東条英機」はなぜかくも絶大な権力を手に入れるに至ったのか。阿片という資金の秘密、共産主義の脅威、皇室の思惑などの新事実をふまえ、その人間性と思考の解剖を試みる渾身のドキュメント。

もし、日本という国がなかったら

ロジャー・パルバース
坂野由紀子＝訳

「日本ほど豊かな祭と文化を誇れる国はない」。ベトナム戦争の徴兵から逃れるためなんとなく来日した著者は、日本に魅了され、結局半世紀を過ごす。自身の数奇な半生と共に日本と日本人の魅力を軽快に語る！

中国小史 黄河の水

鳥山喜一

黄河流域の起源から現代まで、中国四〇〇〇年の歴史の動きを、その根底に流れる民族文化を見つめながら解き明かす。逸話や伝説も織り交ぜられた、子どもも大人もやさしく読める、中国史を一望できる名著。

角川ソフィア文庫ベストセラー

三国志演義 2
羅貫中
立間祥介＝訳

曹操に大敗した劉備玄徳、稀代の策士・諸葛孔明を三顧の礼をもって軍師に迎え、ついに赤壁の戦いへ――。孔明、七星壇を築いて東風を起こし、八十万の曹操軍が火の海に包まれる！　怒濤の第二巻。

三国志演義 3
羅貫中
立間祥介＝訳

ついに劉備は蜀を獲得するが、関羽と張飛を失い悲嘆に暮れる――。魏では曹丕が帝位を奪い、英傑たちの思いを受け継いだ次世代による戦いの幕が開ける。NHK人形劇で人気を博した立間祥介訳で蘇る壮大なロマン！

三国志演義 4
羅貫中
立間祥介＝訳

劉備の悲願を受け継いだ諸葛亮は「出師の表」を奉呈し北伐へ挑む。魏では司馬一族が実権を握り、晋によってついに天下は統一へ――。歴史超大作ここに完結！　NHK人形劇で人気を博した立間祥介訳で蘇る壮大なロマン！

中国古典の言葉
成功に近づくヒント106
加地伸行

「知者は惑わず、勇者は懼れず」(『論語』)、「大功を成す者は、衆に謀らず」(『戦国策』)――。時代を超えて生き続ける賢哲の英知を、著者ならではの絶妙な斬り口と、豊富なエピソードでわかりやすく紹介！

論語
ビギナーズ・クラシックス 中国の古典
加地伸行

孔子が残した言葉には、いつの時代にも共通する「人としての生きかた」の基本理念が凝縮され、現代人にも多くの知恵と勇気を与えてくれる。はじめて中国古典にふれる人に最適。中学生から読める論語入門！